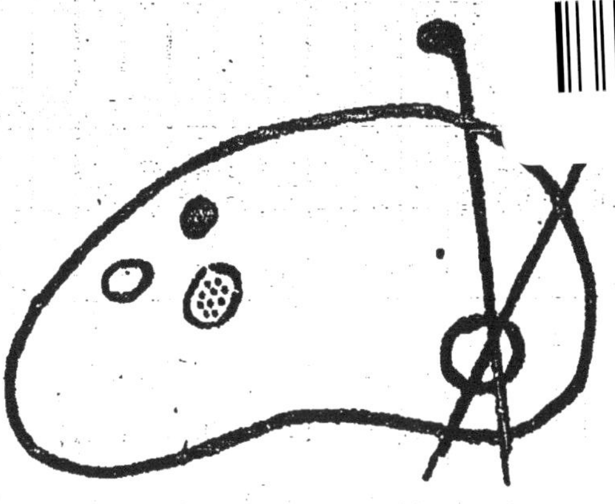

**Couvertures supérieure et inférieure
en couleur**

La Tradition Cosmique

PREMIÈRE PARTIE

Le Drame Cosmique

Tome I

PARIS

BIBLIOTHÈQUE CHACORNAC

11, QUAI SAINT-MICHEL

1903

La Tradition

AVIS

—

La marque figurée sur la première page du présent ouvrage a été légalement déposée pour servir de signe exclusif d'authenticité à **la Tradition** *et à toutes les publications qui s'y rapportent.*

La Tradition Cosmique

PREMIÈRE PARTIE

Le Drame Cosmique

Tome I

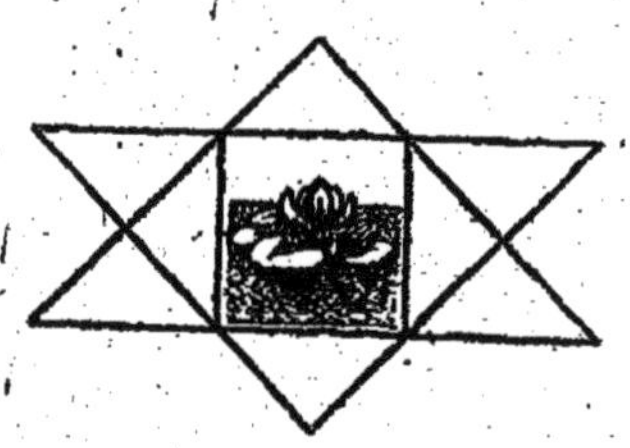

PARIS

BIBLIOTHÈQUE CHACORNAC

11, QUAI SAINT-MICHEL

1903

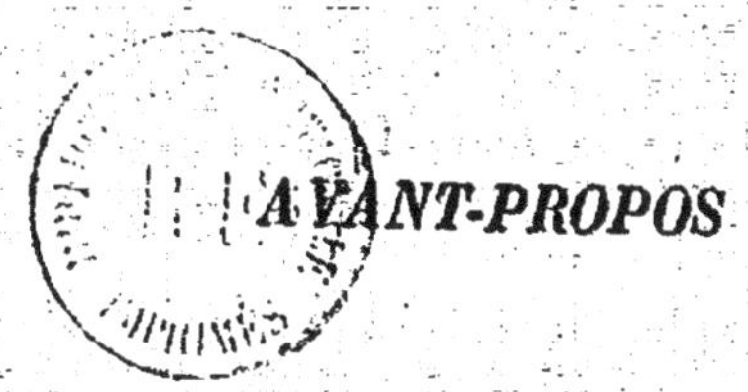

AVANT-PROPOS

L'ouvrage que nous offrons ici aux Psycho-intellectuels est une adaptation française de la Tradition la plus ancienne ; elle est donnée par ceux à qui cette Tradition a été transmise à travers les siècles et qui en ont aujourd'hui le dépôt.

Après un rapide aperçu des premiers principes cosmogoniques, il expose l'histoire des temps primitifs de l'humanité jusqu'à la formation des premiers empires. Les problèmes les plus importants y reçoivent une solution nouvelle : Origine du mal ; rôle de l'Humanité ; sort de l'homme après la mort.

Une explication inédite y est aussi donnée des phénomènes singuliers qui se multiplient de nos jours et que les nombreuses écoles spirites ou occultistes n'ont pas encore réussi à éclaircir.

Cet ouvrage est donc de nature à intéresser l'occultiste aussi bien que le savant, le religieux ou le philosophe.

Le Drame Cosmique, objet de ces deux volumes, n'est qu'une très faible partie de la Tradition. Il est offert aux Psycho-intellectuels surtout dans le but d'expliquer comment l'amélioration du sort de l'Humanité dépend de l'œuvre Cosmique de l'Equilibre, qui incombe à l'homme. Il s'adresse particulièrement aux Psycho-Intellectuels, en vue de leur enrôlement, parce qu'à eux seuls il appartient de collaborer, par l'initiation personnelle, à cette tâche qui n'a jamais été et ne peut jamais être celle des gouvernements ni d'aucun parti politique en particulier.

LA TRADITION

COSMIQUE

LE COSMOS, LE NUCLÉOLINUS. — LA SUBSTANCE ET LES
FORCES. — L'ÉTAT ATTRIBUTAL. — LES ATTRIBUTS ET
LES ÉMANATIONS.

CHAPITRE PREMIER

I

Le Cosmos.

Le Cosmos se compose de :

— L'Impénétrable et Indivisible, dont la manifestation première est :

Le Nucléolinus ;

— Les *Occultismes*, voilés par :

Le Nucléolus ;

— Les *Pathétismes*, voilés par :

Le Nucléus ;

— Les *Ethérismes*, voilés par :

La Région Attributale ;

— Et les *Matérialismes*.

Le Nucléolinus.

Le *Nucléolinus* est la première manifestation de ce qui est *Impensable, Occulte* pour l'homme dans son état actuel.

Le *Nucléolinus* est triple :

Amour, Lumière et *Vie*.

La Substance.

La *Substance* consiste en tout ce qui est pénétrable et divisible.

La substance est triple :

Pathétisme — Ether — Matière atomique et moléculaire.

La *Substance* est pénétrable, divisible, capable de tout contenir — Eternelle.

Le *Nucléolinus* est capable d'être omnipotent, c'est-à-dire que partout où la substance est *capable de le recevoir*, là se trouve le Nucléolinus.

La *Substance* est omniprésente, sauf dans l'Impensable dont la manifestation primaire est le Nucléolinus.

La Triplicité de la *Substance* est pénétrable par la triplicité du *Nucléolinus*.

La triplicité de la Substance est divisible par la triplité du Nucléolinus.

II

Les Triplicités.

L'amour se répand par le Pathétisme.

La Lumière se répand par l'Ether.

La Vie se répand par la Matière atomique et moléculaire.

Néanmoins, tout est en tout et l'Amour vêtu du Pathétisme se répand aussi dans l'Ether selon les capacités réceptives de celui-ci, comme la Lumière revêtue de l'Ether se répand dans la Matière atomique et moléculaire, selon la capacité réceptive de cette dernière.

Triplicité de la Centralisation.

A l'expansion correspond la Centralisation, qui est l'approche vers le centre.

Le Pathétisme centralise à l'Amour.

L'Éther centralise à la Lumière.

La Matière atomique et moléculaire centralise à la Vie.

Observation.

1° Les triplicités de l'expansion et de la centralisation sont éternelles et inséparables;

2° L'Amour vêtu de Pathétisme est la cause de l'ordre naturel des états, degrés, sphères et sphéroïdes.

La Lumière vêtue de l'Éther est manifestée dans la matière atomique et moléculaire selon les capacités réceptives de celle-ci.

La Vie voilée par la Matière est la cause de la *Formation* et de la *Transformation.*

3° Dans le Pathétisme, la Passivité et l'Activité sont *une* et indissolubles.

Dans l'Éther, la Passivité et l'Activité sont comme *deux en une* par affinité.

Dans la matière atomique et moléculaire la Passivité et l'Activité sont *sujettes à la division et à la mutabilité.*

III

Du voile Septénaire, ou des Etats Ethérés.

Il y a sept états éthérés, savoir :

1° L'ÉTHER PATHÉTISÉ. En qui la Passivité et l'Activité sont une et indissolubles; elles y sont manifestées comme centralisation et diffusion. Il sentiente la possibilité de la séparation de la matière.

2° L'ÉTHER LE PLUS RARÉFIÉ (ou Esprit pur en passivité).

3° L'Esprit pur en activité (ou Cause cosmique).

4° L'Intelligence en passivité (ou Lumière).

5° L'Intelligence en activité.

6° L'Essence germinative conceptive.

7° L'Essence germinative effective.

L'être humain peut connaître tous ces états, car pour l'Homme, Divin et Humain, auquel appartient par droit d'origine la connaissance de tout ce qui est connaissable, rien n'est occulte et aucune loi n'est opposable. Seulement il y a des choses que nul ne peut révéler à ses semblables sans violer la charité. Ce qui est voilé par le Nucléolinus a été désigné autrefois par les mots : *quelque chose à envelopper.*

IV

Les Forces.

1° Dès que la Triplicité de la Diffusion se confond avec l'*Ether pathétisé*, la Force Pathétique est produite.

2° Dès que l'*Ether pathétisé* se confond avec l'Esprit pur en passivité, la Force Spirituelle est produite.

3° Dès que l'*Esprit pur en activité* se confond avec l'*Intelligence en passivité*, la Force Intellectuelle est produite.

4° Dès que l'Intelligence en Activité se confond avec l'*Essence germinative conceptive*, la Force vitale est produite.

Observation.

Le Nucléolinus, les Triplicités qui centralisent et qui expansent, l'Ether septénaire et les quatre Forces sont Impersonnels et capables de devenir Universels dans l'expansion.

V

De l'Etat attributal, ou région attributale.

A l'extérieur des états septénaires de l'Ethérisme se trouve l'*Etat Attributal*.

Dans cet état sont les *sept Attributs* de la Cause cosmique : *L'Amour — la Lumière — la Vie — la Puissance — l'Effectualité — la Sustentation — et la Justice.*

Ces attributs, revêtus de l'Intelligence en passivité, de l'Intelligence en activité, de l'Essence conceptive et de l'Essence germinative ont passé au delà des états des Ethérismes et, se revêtant de matière d'une densité plus grande que celle qui constitue ces Ethérismes, se sont manifestés dans l'état Attributal comme sept rayonnements nébuleux.

L'état Attributal voile le septénaire des Ethérismes comme le Nucleus voile les Pathétismes, comme le Nucléolus voile les Occultismes, comme le Nucléolinus voile l'Impensable et Indivisible.

Aux époques de classification et de reclassification de la matière des Matérialismes (laquelle est d'une densité plus grande que celle qui constitue les éthérismes), ces attributs de la *Cause Cosmique* ont produit l'un après l'autre, selon leur ordre, deux émanations ou même plus. Ces émanations ont attiré la plus raréfiée et la plus radiante de la matière mélangée des Matérialismes et s'en sont revêtues.

L'Emanation qui s'est répandue dans cette matière mélangée des Matérialismes a produit, dans chaque état de densité, des Formations à sa propre similitude et leur a donné l'empire sur l'état où elles étaient formées.

L'Emanation de l'Attribut qui s'est dilatée, a produit à son tour une deuxième Formation qu'elle a revêtue de la densité de la Matière des Matérialismes, dans tous les états abordables et dans leurs degrés.

VI

Des émanations attributales.

De la première Emanation de l'Attribut de Justice, ou septième Attribut de la Cause Cosmique.

La matière la plus subtile est attirée, par affinité, vers la région attributale et ses forces s'éveillant répondent aux forces de l'Attribut de Justice (septième Attribut de la Cause Cosmique). De cette union procède une Emanation parfaite en elle-même, et de forme sphérique. Cette Emanation entre dans l'immensité de la *matière mélangée* et, se déroulant en spirale, forme une sphère autour de l'*Etat Attributal*.

La *matière rayonnante* la plus raréfiée et la plus parfaite est attirée vers l'*Emanation*, par affinité ; cette matière étant la plus raréfiée, rayonnante et parfaite par suite du pathétisme, de la spiritualité, de l'intellectualité et de la vitalité qui y sont inhérentes, l'Emanation y infuse, suivant qu'elle est capable de les recevoir, ses forces pathétique, spirituelle, intellectuelle et vitale.

L'*Emanation* continue à se dilater en des volutes spirales et, attirant la matière, elle infuse ses forces dans la partie la plus raréfiée et la plus radieuse d'abord de la matière atomique et, ensuite, de la matière moléculaire.

Enfin lasse, par suite de cette infusion de forces, l'*Emanation* se repose dans le centre d'une sphère sustentatrice-duelle qui peut être comparée à l'œuf où le germe vivant s'abrite avec le jaune et le blanc dans la coque protectrice ; elle attire les atomes et les molécules les plus raréfiés et les plus parfaits de la matière, elle s'en revêt et assume la forme qui est celle de *l'Homme*.

Enveloppée de cette forme rayonnante possédant la luminosité, parfaite en soi en tant que passivité et activité, l'Emanation repose dans la formation sphérique où se fait *l'assimilation*.

Pendant que l'Emanation, le Deux en Un, repose ainsi, la matière mélangée la plus raréfiée et la plus parfaite, sentientant sa présence, approche de l'état de matière moléculaire, selon la mesure de son affinité et de sa capacité réceptive, des forces pathétique, spirituelle, intellectuelle et vitale.

En s'éveillant à l'activité, l'Emanation perçoit l'imperfection et l'insuffisance d'évolution du troisième degré de la matière. Elle ne le pénètre pas, mais, émergeant de son enveloppe sphérique, elle revient à l'état Attributal. Là, percevant que l'Attribut qui est son origine immédiate procède d'une origine encore plus éthérée, la première Emanation s'extériorise et, laissant sa forme rayonnante et raréfiée dans l'état Attributal, elle entre dans le *voile septénaire* des Ethérismes, en retenant la forme qu'elle avait assumée; puis elle repose dans l'état de l'*Essence germinative effective*.

De là, y laissant comme toujours une forme éthérée, raréfiée et rayonnante, elle entre, avec la même similitude, dans l'état de l'*Essence germinative conceptive* où elle repose encore. Ensuite, s'extériorisant de nouveau, elle passe dans l'état de l'*Intelligence en activité*; sur sa route, elle sentiente les *sources cachées de la vitalité*; elle s'arrête et en pénètre les profondeurs secrètes et inépuisables.

De la deuxième Emanation.

De l'Attribut de Justice en rapport avec la matière subtile, procède une *deuxième Emanation*; elle traverse, en forme sphérique, l'état Attributal ou reposent les six autres Attributs de la *Cause Cosmique*, lesquels sont semblables à des rayonnements nébuleux.

En sortant de l'état Attributal, la *deuxième Emanation* voit la sphère dans laquelle la *première Emanation* a assumé un corps de forme humaine; elle voit la splendeur de cette sphère avec ses rayons septénaires. Elle n'a point pâli non plus la splendeur de sa sphère extérieure, aux couleurs du prisme, entourée d'une troisième sphère aux couleurs de l'arc-en-ciel semblable à une image réfléchie.

Lasse à cause de la rapidité avec laquelle elle a été enveloppée, et a assumé la forme individuelle, la *deuxième Emanation* se repose un peu dans la sphère avant de continuer son chemin. Pendant qu'elle prend du repos pour être en état de travailler, elle s'aperçoit que la matière mélangée ne cesse de se classifier: la plus parfaite et la plus rayonnante s'approche de la matière moléculaire et centralise continuellement dans celle qui est de forme sphérique de la même façon qu'un gaz s'élève dans l'eau.

Alors, surmontant le désir de se reposer et la répugnance à entrer dans une matière moins raréfiée, la *deuxième Emanation* quitte l'état lumineux de la matière moléculaire et, sortant, va droit à l'*Expansion*, sans s'arrêter, jusqu'à ce qu'elle arrive à un degré de densité de la matière mélangée où elle n'avait plus le pouvoir de pénétrer. Là elle repose dans la matière la plus dense qu'elle puisse percevoir ; elle assume un corps de cette densité et se forme une sphère duelle dans laquelle elle entre afin de ne pas continuer à affecter la matière pendant le temps de son repos.

Ayant traversé la matière atomique et moléculaire déjà pathétisée, spiritualisée, intellectualisée et vitalisée par la *première Emanation*, cette *seconde Emanation* repose sur les confins de la matière plus dense et moins radieuse. Là elle pénètre de ses forces quaternaires la matière prête à les recevoir. Puis, dans la matière la plus dense que la *seconde Emanation* soit capable de sentienter, elle revêt la forme sphérique dont elle avait été vêtue au moment de son émanation par l'Attribut de l'Equilibre de la Cause Cosmique.

Là l'*Emanation* attire la matière la plus radiante et raréfiée de la densité aux confins extérieurs de laquelle elle repose et se revêt à la similitude de la *première Emanation*. La sphère extérieure et duelle, active et passive, forme l'intermédiaire ou médium entre le formateur et la matérialité dont il forme un vêtement à la similitude de celui assumé par la première Emanation.

Cet entourage sphérique présente la splendeur saphirine de l'*Intelligence en passivité et en activité* et celle dorée de l'*Essence conceptive et germinative-effective*, elle est voilée, comme d'une ombre protectrice, par le violet de la *Puissance*.

La *deuxième Emanation* est ainsi à la similitude de la

forme assumée par la première Emanation ; cependant elles diffèrent l'une de l'autre ainsi que chaque formation diffère toujours de ses semblables. La *deuxième Emanation* se repose aussi dans son enveloppe sphérique en vue de l'assimilation.

Pendant qu'elle repose ainsi, elle voit la sphère abandonnée par la *première Emanation*, — sphère qu'elle a traversée elle-même — resplendir dans le cercle de la matière la plus rayonnante et la plus raréfiée ; elle est semblable à une étoile de lumière pure, à demi-voilée par une lumière aux couleurs du prisme, qui reluit claire et transparente à travers son enveloppe, aux couleurs de l'arc-en-ciel. Plus loin l'*Emanation* aperçoit une forme pareille à un rayonnement nébuleux où se trouve une sphère resplendissante, mais sans couleur. Elle est d'un blanc pur, cette forme, et brille comme une étoile dans l'état Attributal. La *deuxième Emanation* sait que c'est l'enveloppe où repose la forme que la *première Emanation* a quittée pour entrer dans les voiles septénaires.

VII

Les Formations.

Dans le repos de l'assimilation, la *deuxième Emanation* forme un Etre à sa propre similitude et le revêt de la matière la plus parfaite qu'elle a attirée dans la sphère de la Formation et dans laquelle elle infuse ses propres forces (pathétique, spirituelle, intellectuelle et vitale). Ensuite elle fait une *deuxième Formation* semblable à la première et ces deux Formations reposent avec elle dans son aura.

CHAPITRE II

DES TROIS ÉPOQUES DE REPOS DE LA DEUXIÈME FORMATION

Première Epoque.

C'est pendant la première époque de repos que le *Formateur* donne naissance à la *deuxième Formation* ; celle-ci passe à travers *sept extériorisations* ou dématérialisations dont voici l'ordre :

1° Dans le repos tout son être est uni, par affinité, avec son *Formateur*. La *deuxième Formation* s'extériorise et, laissant l'enveloppe extérieure en repos dans la sphère de sa formation, elle passe, avec sa forme parfaite, à l'état de la matière moléculaire raréfiée et rayonnante en y infusant sa force (pathétique, spirituelle, intellectuelle et vitale).

Il en résulte dans la totalité de cet état un aspir et un expir de lumière et d'ombre, accompagnés d'un mouvement rapide et vibratoire. Par ce mouvement la matière moléculaire la plus parfaite et la plus développée, radieuse et raréfiée (c'est-à-dire celle qui a le plus répondu aux forces émises par la *première Emanation*), se groupe, comme par affinité, laissant de côté la matière moléculaire la moins parfaite et la moins développée ; de sorte qu'il y a une lumière et une ombre alternantes.

Alors la *deuxième Formation* rentre dans l'enveloppe, ou degré d'être, d'où elle était extériorisée, et se repose.

2° La *deuxième Formation* s'extériorise une seconde

fois, laissant après soi deux degrés d'être : le premier dans la sphère de sa formation, le second, qui est plus raréfié, dans l'état de la matière moléculaire ; puis, en forme parfaite, elle entre dans l'état de matière atomique.

Ici encore il y a, dans la totalité de l'état, une respiration de lumière et d'ombre accompagnée d'un mouvement vibratoire et rapide puis, comme précédemment, la matérialité atomique la plus parfaite et la plus développée se groupe par affinité, de sorte qu'il se produit lumière et ombre alternantes. Puis la *deuxième Formation* reparaît et se repose dans *l'aura* de son Formateur, c'est-à-dire dans une exhalaison qui entourait celui-ci, en rapport avec les états et degrés variés de son être.

3° La *deuxième Formation* s'extériorise une troisième fois, passe, en forme parfaite, à l'état Attributal et se repose dans la nébulosité. Elle possède une propriété lumineuse qu'elle tient de l'*Attribut de Justice* de la *Cause Cosmique*, origine de son *Formateur*. Ensuite, dans sa *splendeur nébuleuse*, elle rentre dans la sphère de sa formation où elle repose comme auparavant.

4° S'extériorisant une quatrième fois, la *deuxième Formation* passe à travers l'*État Éthéré le plus extérieur* (c'est-à-dire celui de l'*Essence germinative effective*) après avoir laissé dans chaque densité où elle passe l'enveloppe dont elle s'est extériorisée et qui est d'un degré de matérialité en rapport avec son entourage. Ici pendant son repos, les ondulations deviennent de grandes vagues et chacune d'elles réfléchit, dans l'état de matière tout entier, l'image de la *Formation*.

Comme auparavant celle-ci réassume un à un et dans leur ordre les états et degrés d'être qu'elle a laissés, puis elle se repose dans *l'aura* de son Formateur, entourée de sa sphère qui est pénétrée d'une lumière dorée ondulante.

5° S'extériorisant une cinquième fois, la *deuxième Formation* passe à l'état de l'*Essence germinative conceptive* et, s'enfonçant jusqu'aux profondeurs calmes et immobiles de cet état, elle s'y repose. Elle remonte, ensuite, réassume ses formes l'une après l'autre, et revient à son origine.

6° Après une sixième extériorisation elle entre dans l'Etat de l'*intelligence en activité* qui, par des mouvements ondulatoires, l'emporte, en forme parfaite, à travers la totalité de cet état. Puis, s'extériorisant en ordre, elle revient et repose dans l'*aura* de son *Formateur*.

Pendant ce repos l'aura est agitée d'ondulations d'une couleur saphirine qui, se confondant avec la lumière d'or ondulante, lui donne l'apparence d'une mer calme d'émeraude.

7° S'extériorisant une septième fois en ordre, la deuxième Formation entre dans l'*état de l'Intelligence en passivité*, et s'enfonçant dans ses profondeurs elle dort du sommeil de l'Alifa.

S'éveillant, elle se trouve à la source de la force vitale, dans l'aura de lumière, aux couleurs du prisme, de la *première Emanation de l'Attribut de Justice*.

La *première Emanation* l'accueille avec joie.

Ensuite la *deuxième Formation* s'en retourne et, réassumant en ordre les degrés et états d'être, rentre dans l'aura de son *Formateur, la deuxième Emanation de l'Attribut de Justice*, qui l'accueille avec transport. Se voyant entourée d'un halo de lumière blanche et pure, la *Formation* communique comme il suit avec son Formateur, d'intelligence à intelligence :

— Le halo de lumière blanche, lui dit celui-ci, qui résulte de l'équilibre des trois couleurs, témoigne que vous avez reposé dans l'aura de la première Emanation.

— Dans ce sommeil, qui m'était inconnu auparavant, je me suis reposé et avant mon réveil j'ai eu une vision.

— De quelle nature, et quelle est sa signification ?

— Celui qui me reçut à mon réveil et que je n'avais jamais vu prit ma main droite dans sa main gauche et me conduisit vers le centre d'une immensité ondulante, transparente, sans couleur et argentée en me disant : Voici l'état de votre *Origine*, puisque vous êtes formé par l'*Ema-*

nation de l'Attribut de l'Esprit pur en activité, qui est la Cause Cosmique.

Et comme je m'émerveillais, ne comprenant pas ce qu'on me disait, je devins conscient d'une voix qui provenait de l'intérieur de mon être et qui me dit : « Qui peut connaître l'origine de CELUI qui est formé, pour l'immortalité et pour la perfection de l'ETRE ?

Deuxième Époque.

A une certaine époque le Formateur communiquait avec sa *Deuxième Formation*, comme d'intelligence à intelligence :

— Passez, lui dit-il, dans la septième extériorisation jusqu'à l'état qui vous paraît comme une transparence argentée et reposez-vous là. Ne craignez rien, car en chaque état vous laisserez des degrés et états d'être, et je les protégerai.

— Très volontiers, répondit *la Formation* ; que puis-je avoir à craindre quand je suis un avec Celui qui a, à la fois, les puissances et le pathétisme protecteur ?

1° De nouveau la *deuxième Formation* passa donc à travers le voile et, s'extériorisant une huitième fois dans la lumière d'aura de là Première Emanation (lumière qui provenait de la source de la force vitale) elle entra dans la transparence argentée. En approchant du centre, elle eut une inspiration :

— Ce qui a été est, et ce qui est sera ; car tout est éternel, sauf la forme individuelle. Néanmoins, tout tend vers le perfectionnement et la lumière d'une époque est l'ombre de celle qui lui succède. L'aube du septième éclaircissement est proche, époque de la lumière que rien ne pourra jamais obscurcir.

Et il lui fut répondu :

— Ici l'aube est apparue, aube que ne peut obscurcir aucune ombre ; mais dans la matière plus dense, l'obscurité devient de plus en plus profonde, car l'être hostile se manifeste à mesure qu'il recule devant la lumière de l'aube et là sera le conflit final et la victoire.

2° Dans une seconde extériorisation la deuxième Formation resta sur la transparence argentée immobile et demeura en repos dans le sommeil béatifique, bercée par *l'Esprit pur en passivité*.

3° S'extériorisant de nouveau, elle passa, comme toujours en forme parfaite, dans l'état de l'Unité pathétique et elle sentienta que là est la Cause qui produit l'Ordre cosmique.

Pendant qu'Elle passait en avant, émerveillée de cette immensité et de cette puissance omniprésente, elle se trouva dans la force pathétique. En en cherchant la source profonde, elle eut de nouveau cette inspiration :

— Puisez à cette source librement, car le temps viendra où tous les êtres se grouperont autour de vous.

Elle demeura donc là et reçut de la force pathétique autant qu'elle en pouvait recevoir.

4° Environnée de force pathétique, et voilée d'une nébulosité qui l'entourait en forme sphérique, la deuxième Formation se trouva dans un entourage capable de lui fournir tout ce qui lui était nécessaire pour la sustentation des états d'être moins raréfiés, de sorte qu'elle put traverser les trois centres sans s'extérioriser, c'est-à-dire approcher du *Nucléolus dans la forme pathétique*.

Là elle reposa très longtemps dans un sommeil conscient. Puis, s'éveillant, elle quitta la forme pathétique à l'endroit où le second état de centralisation autorise le *Nucléolus* ; ensuite elle fut emportée, dans sa sphère de sustentation, vers l'état Attributal où la forme qu'elle avait laissée reposait à l'ombre protectrice du *Formateur*. Rentrant dans cette forme, elle revint rapidement, d'expansion en expansion, laissant une sphère de sustentation en chaque état où elle s'était extériorisée et à l'endroit où avait reposé la forme dont elle s'était extériorisée.

Et quand, enfin, elle s'endormit du sommeil réparateur dans l'aura de son *Formateur*, une sphère de sustentation se trouva aussi sur les confins de la matière la plus dense.

Troisième Époque.

Dès que la *deuxième Formation* s'est éveillée, avec la puissance d'affinité qui constitue l'unité naturelle de *Formateur* et de sa *Formation*, elle entre dans la sphère de sustentation et pénètre dans l'immensité de la matière classifiée et mélangée.

Dans la sphère de sustentation elle peut aller çà et là à volonté ; en effet, à cause de ce qui, étant comme un isolateur, maintenait la sphère dans sa forme, la matière classifiée ou celle mélangée ne peut être influencée qu'à volonté, soit par la présence de la Formation, soit par l'entourage. La deuxième Formation sait ainsi que les sphères de sustentation sont personnelles et non cosmiques, sauf à volonté ; et, par leur moyen, celui qui serait suffisamment développé pourrait passer d'état en état sans extériorisation ou abandon de la forme.

A son retour elle dit : « Il y a dans l'au-delà quelque chose d'hostile. »

De la Forme Pathétique.

La *Forme Pathétique* dans laquelle la deuxième Formation reposait au milieu de la triple centralisation attirait à elle, comme par affinité, tous les états du pathétisme, de l'Ether et de la matière atomique et moléculaire que la *première* et la *deuxième Formation* avaient touchés, et ceux-ci, pénétrant dans la sphère de sustentation dont la *Forme Pathétique* était entourée, fournissaient, en ordre, tout ce qu'il fallait pour la perfection de l'être.

Voici l'ordre de cette Formation : Presque simultanément se sont formés les degrés de l'être intérieur les plus raréfiés, c'est-à-dire les trois degrés d'être qui ont la raréfaction correspondant aux degrés de centralisation qui en-

tourent le nucléolus ; tandis que, de l'enveloppe extérieure, étaient formés, en ordre, les états d'être de plus en
plus denses. A mesure seulement que les parties d'être
furent extériorisées, les parties d'être qui s'intériorisaient
et se développaient furent perfectionnées (chacune selon
sa nature et sa densité); elles furent unies en un seul être
par la force pathétique.

CHAPITRE III

DE L'EXPANSION DU FORMATEUR ET DE SES FORMATIONS.
— DE L'ETAT D'INTELLIGENCE LIBRE. — DES INTELLI-
GENCES LIBRES.

I

A une certaine époque, laissant dans l'immobilité la
sphère de sustentation, le *Formateur* et *ses deux Formations*
(dont la première ne fut pas éveillée), entrent dans l'expansion la plus raréfiée de la matière classifiée suivant
son affinité. Là le *Formateur* revêt sa *deuxième Formation* de la partie la plus raréfiée et la plus radiante de cette
matière, mais sans s'en revêtir lui-même, ni lui, ni sa
première Formation.

Puis, ensemble, quoique dans des degrés différents de
matérialité, ils se dilatent en puissance jusqu'à la limite
de la sensitivation active de la *deuxième Formation*, c'est-
à-dire jusqu'à la plus grande densité de matière capable
de la sustenter. Là le *deuxième Formé* s'éveille ; il attire
les forces pathétique, spirituelle, intellectuelle et vitale
de son *Formateur (la deuxième Emanation de l'Attribut
de Justice de la Cause Cosmique)* ; les puisant comme à
une source intarissable, il les unit à sa propre force quaternaire avec laquelle elles sont en affinité, et il les répand
partout dans la matière raréfiée sur les confins extérieurs
de laquelle il se trouve. Cette matière les reçoit selon ses
diverses capacités de réception, c'est-à-dire selon les forces
pathétique, spirituelle, intellectuelle et vitale qui lui sont
inhérentes et selon son développement.

Ensuite, le *Formateur* revêt la *première Formation* d'une

forme à sa propre similitude, faite de la matière la plus raréfiée et la plus radiante qu'il attire vers la plus grande densité de l'état où ils se trouvent. Tandis que la *deuxième Formation* est dans le repos de l'assimilation, le *Formateur* éveille sa *première Formation* et lui donne la domination sur l'état matériel dans lequel elle s'éveille pour la première fois ; pour qu'elle puisse y habiter, il la façonne convenablement.

Alors comme intelligence à intelligence, le *Formateur* communique avec *sa Formation* et lui dit :

— « Vous avez tout pouvoir ici : A vous de former ce qui est bon, à vous de développer et de perfectionner continuellement ce qui est insuffisant. Cependant vos Formations, non plus que vous-même, n'êtes emprisonnées dans la forme, bien que vous deviez l'avoir toujours ; vous pouvez toujours la changer à volonté et vous pouvez la perfectionner continuellement.

« A vous de subjuguer tout ce qui est hostile à l'Amour, à la Lumière, à la Vie.

« A vous de prendre soin de ne mouler aucune forme qui ne soit à votre similitude.

« Gardez la sphère de sustentation qui est le lieu où vous êtes enveloppée et éveillée et qui vous servira pour le travail et le repos.

« Sans votre consentement aucune puissance extérieure ne peut approcher de la lumière qui est en vous et qui vient de la *Cause Cosmique*.

« Quand vous aurez pathétisé, spiritualisé, intellectualisé et vitalisé tout ce qui est susceptible de l'être, reposez-vous, laissant à tous les êtres leur entière liberté. Ici se trouve l'être hostile et il faut que chacun éprouve ses propres forces. »

Ensuite la *deuxième Formation* reposant dans l'aura de son *Formateur* pénètre avec lui dans l'expansion.

II

La *première Formation* rentre dans la sphère de sustentation où elle a été vêtue et réveillée, et, attirant par affinité la matière pathétisée, spiritualisée, intellectualisée et vitalisée la plus parfaite, elle façonne des formes à sa propre similitude avec tout ce qui est bon pour de semblables formations, puis, les éveillant, elle communique avec elles en ces termes :

« Vous êtes nos *Formations* et nos aides. A vous de retenir toujours la Forme sans y être jamais assujetties, à vous appartient l'œuvre du perfectionnement des formes ; ce qui est enveloppé est de la *Cause Cosmique, du Nucléolus* qui voile ce qui nous est encore inconnu.

« Prenez bien garde de n'utiliser que ce qui est développé à votre propre similitude. Ceci est l'état de l'*Intelligence Libre* qui est en affinité avec les états *de l'Intelligence en passivité* et *de l'Intelligence en activité*, c'est-à-dire avec les troisième et quatrième *états éthérés du voile septénaire.* »

Ayant ainsi formé tout ce qui était bon pour la formation, la *première Formation* répand ses forces quaternaires dans la totalité de sa sphère d'influence jusqu'à la limite de sa puissance et de son pouvoir d'endurance ; puis elle se repose dans la sphère où elle a été vêtue et réveillée.

Dans le repos elle sentiente, elle aussi, qu'il y a quelque chose d'hostile dans ce qui n'est pas formé ; mais pendant l'activité elle n'a pas sentienté ainsi ; libre, elle ne rencontre pas d'obstacle.

Le Formateur et sa *deuxième Formation* s'extériorisant, pénètrent dans l'immensité de la matière mélangée et se reposent sur les confins de l'état de l'*Intelligence Libre*. Après ce repos ils entrent encore dans l'immensité de la matière mélangée et s'approchent par affinité de ce qui est le plus parfait et le plus développé.

Pendant qu'ils reposent, *le Formateur* communique comme d'Intelligence à Intelligence avec sa *Formation* qui l'accompagne.

« Si vous le voulez bien, dit-il, reposez-vous, regardez et décrivez ce que vous voyez dans le centre de tous les états et degrés avec lesquels vous êtes en affinité ; non ce dont vous vous souvenez, mais ce que vous voyez réellement. »

Après avoir reposé calme et immobile pendant quelque temps, la Formation encore endormie raconte ainsi, comme d'Intelligence à Intelligence, ce qu'elle a vu.

« Je vois comme une pure blancheur d'une grande clarté, immuable et possédant une propriété lumineuse. Partout où je regarde, autour, au-dessus et au-dessous de moi il y a toujours cette blancheur pure, immuable et lumineuse.

« Vers l'Est et en haut il y a à la fois son foyer et son origine. A droite de cette clarté, c'est-à-dire à ma main gauche, un Etre à ma propre similitude sommeille debout ; son visage est tourné vers moi. Cet Etre est parfait dans tous ses états et degrés d'être, depuis la triplicité centrale qui voile le *Nucléolus* jusqu'à l'état dans lequel vous venez de me revêtir.

« Je l'interroge : Pourquoi vous tenez-vous debout dans votre sommeil en regardant comme quelqu'un qui attend ?

« Et il me répond : « J'attends sept enveloppes au moyen desquelles la *chaîne de l'Etre* sera perfectionnée et *l'Equilibre cosmique* établi à tout jamais. C'est à vous qu'incombe ce perfectionnement. »

« Je reste silencieuse, même en pensée, et je ne comprends pas la signification de ses paroles. Il s'en aperçoit et me dit :

« Il y a dans la matière mélangée sept grandes densités non classifiées qui sont divisibles et subdivisibles ; chaque état contient en lui-même tout ce qui est nécessaire pour son bien-être et son perfectionnement. »

« Pourquoi, demandé-je, dois-je assumer pour cela sept autres états avec leurs divisions et subdivisions.

« — « Parce que, me répond-il, c'est au moyen de ceux seulement qui sont les plus perfectionnés dans chacun de leurs états que chaque état peut se développer et se perfectionner ; aucun être individuel ne peut influencer ce qui n'est pas dans sa sphère de sensitivation ni en être influencé, puisque toute autre chose est pour lui comme si elle n'existait pas.

« Donc, vous qui êtes le chef-d'œuvre de l'être individuel, vous devez, par nécessité, assumer toutes les densités des états et degrés de la matière, afin que, par vous, chaque état et degré soit développé et perfectionné.

« Plus est ardue l'œuvre de développement de la matière la plus dense, plus est doux le repos ; plus est grand le conflit, plus grande est la victoire !

« Tout doit, par nécessité, être Un, dans l'Union Cosmique, sans quoi il ne peut y avoir un équilibre parfait.

« Dans chaque état et degré que vous avez touché ou que vous toucherez, se trouve une sphère où l'on peut centraliser jusqu'à l'endroit où je suis et dilater jusqu'à l'endroit où vous êtes, car nous sommes *Un.* »

« Pendant que j'assumerai une à une les densités de la matière, resterez-vous stationnaire, demandé-je ensuite, puisque votre centre est le *Nucléolus* qui voile l'IMPENSABLE ?

— « L'unique limite d'évolution des formations individuelles est celle de leurs propres capacités et du développement de ces capacités ; c'est de cette limite que dépendent leur réception des forces divines et leur capacité d'y répondre. Ce qui pour vous est l'Impensable est pour moi le pensable et ce qui pour vous est sentientable est pour moi insentientable. Ce n'est que quand la chaîne de l'Etre sera perfectionnée que, comme un seul être, nous parviendrons à la connaissance de tout ce qui est connaissable, et que, par nous, ainsi perfectionnés, tout ce qui est de l'Individualité se développera et se perfectionnera dans son Intégralité. »

— « Et vous, demandé-je, en attendant que ce soit accompli, resterez-vous stationnaire ?

— « Ce serait contre l'ordre naturel, me répond-il ; à mesure que vous assumerez état sur état, degré sur degré de densité, je gagnerai le pouvoir d'extériorisations de degré en degré de raréfaction. Cependant nous ne sommes point séparés ; nous pouvons nous unir, moi par matérialisation et vous par extériorisation, même à mesure que nous atteignons à l'individualité parfaite dans des degrés de raréfaction et de densité encore nouveaux pour nous.

« Que nous sommes merveilleux et mystérieux dans notre être composé !...

« Je vois ensuite autour de la clarté de pure blancheur une deuxième blancheur qui, tout en étant bleue, or et cramoisie, est tellement équilibrée que le blanc seul paraît. En haut, au-dessous et autour de moi, partout où il y a la clarté de la pure blancheur, partout se trouve la blancheur de l'équilibre avec la triplicité de couleur. Et tout vit, et dans la vie il y a la lumière, et dans la lumière il y a l'amour, et dans l'amour il y a la lumière, et dans la lumière il y a la vie et dans les *Trois en Un* et l'*Un en Trois* il y a une enveloppe où repose un être à notre similitude.

« Je passe maintenant dans la clarté duelle du pathétisme et là se tient debout et immobile, le visage tourné vers les sept voiles, un Etre qui apparaît comme une vapeur ou un reflet de celui qui communiquait avec moi par la pensée. Au-dessus, au-dessous et autour, partout où la triple couleur est équilibrée il y a duelle clarté.

« Je passe à l'état de l'Esprit pur en passivité qui est une demi-transparence argentée et immobile. Là, dans une enveloppe appropriée à son état, dort un Etre à notre similitude.

« Je sais que les enveloppes dans lesquelles reposent les êtres à notre similitude sont les sphères de sustentation où, en revenant, je me suis reposée moi-même mais je ne sais rien de leur formation.

Le *grand Formateur* dit : « jusqu'à ce que votre Etre soit perfectionné, ce qui vous est connu dans la passivité peut vous être inconnu dans l'activité, et ce qui est connu à un état d'être peut être inconnu à un autre. Ainsi vous ne pouvez jamais déclarer avec justice et vérité en parlant de tout ce qui existe : de cela je ne sais rien *dans mon moi intégral.* »

Et la Formation reprend :

— « Je traverse ensuite la brume argentée de l'*Esprit pur en activité*, la lumière saphirine immobile et ondulante de l'*Intelligence en passivité*, et de l'*Intelligence en activité*, la splendeur dorée calme et claire de l'*Essence germinative conceptive*, le mouvement rapide pulsatif *de l'Essence germinative effective* d'une lumière dorée de plus riche teinte, et en tous il y a l'enveloppe dans laquelle repose un Etre à notre similitude.

« Depuis la brume argentée en mouvement de l'*Esprit pur en activité*, jusqu'à la sphère attributale qui est en dehors des sept voiles, je vois sept rayons de lumière et ces sept rayons sont aurorisés. Ceux-ci sont les sept voies que les sept attributs de la *Cause Cosmique* suivent pour arriver à l'expansion. Au-dessus, au-dessous et autour, je vois que partout où se trouve la transparence duelle se trouve ce qui est argenté dans l'immobilité et dans l'ondulation ; et partout où est la lumière argentée se trouve ce qui est saphirin, immobile et ondulant ; partout où se trouve la lumière saphirine se trouve ce qui est doré, clair et immobile, et là se trouve l'or d'une teinte plus riche où est un mouvement pulsatif.

« Enfin je me repose un peu en contemplant ce qui fait ma joie et mon admiration.

« Je passe ensuite à l'état attributal et je vois six formes nébuleuses gemmées de lumières radieuses, et ces formes sont changeantes et non définies. Les lumières s'épanouissent et se contractent, brillent et pâlissent tour à tour. Lorsque les maîtres constructeurs prééminents, leurs émanations et les formations de leurs émanations ont infusé l'intellectualité, la spiritualité, l'essence, la mentalité, le nerveux, ou ont incarné, ils ont classifié et reclassifié la Substance éternelle la plus dense et façonné les sept Matérialités.

« En avançant dans l'Expansion, je trouve devant moi le

septième attribut d'où procèdent deux rayons de lumière aurorisés, l'un se dilatant, l'autre se concentrant.

« En regardant vers le centre je vois que le rayon de lumière qui se concentre touche à Celui qui repose près de la source de *la vitalité* et qui m'avait souhaité la bienvenue. Je vois aussi que le rayon de lumière qui se dilate vous touche. En vous voyant mon désir est d'être près de vous, vous mon *Formateur* et mon tout en tout. Je reviens à vous rapidement en traversant l'état de la matière atomique et moléculaire, puis la splendeur étoilée de la sphère du *Premier Formé* et enfin l'état de transformation à volonté. »

Alors le *Formateur* communiqua avec sa formation d'intelligence à intelligence, de pensée à pensée.

— « L'affinité est réciproque ; comme vous désirez être où je suis, je désire être avec vous partout où vous êtes ».

« Qu'adviendra-t-il, demanda *la Formation* lorsque, par mon intermédiaire, vous aurez pathétisé, spiritualisé, intellectualisé et vitalisé la matière dans toutes ses densités, de façon qu'elle soit propre à la formation individuelle à votre similitude ? »

— « De même que la raréfaction est dans la densité, de même la densité est à l'état de germe dans la raréfaction ; de même que la conceptivité germinative et effective est dans toute forme individuelle de même toute forme individuelle est, dans la conceptivité et l'effectualité germinatives. *Peut-il y avoir des divisions dans l'Unité ?*

« Jusqu'au temps où régnera l'intégrité de la Chaîne de l'Etre, à mesure que vous concentrerez et dilaterez nous ferons de même ; et ainsi que dans chaque état que vous traversiez, vous vous reposiez dans la sphère de sustentation dont le contenu a des enveloppes semblables aux états où elles furent formées, de même nous nous reposons non dans la personnalité des *Emanations*, non dans la forme nébuleuse et changeante des *attributs* dont les lumières se dilatent et se contractent continuellement, toujours pénétrées par la splendeur centrale, mais comme *Un* avec la *Cause Cosmique.* C'est-à-dire qu'en chaque état où se trouve la formation individuelle, depuis celui de l'*Intelligence* qui, quoique en forme, ne peut être retenue par la forme, jusqu'à celui de la plus dense matière, notre lieu de sustentation, de travail et de repos est le chef-d'œuvre de ses formations individuelles.

« Ainsi, elles sont en nous collectivement ces Formations et nous sommes en elles individuellement et c'est ce qui constitue l'ordre Cosmique. Par l'universalité du Pathétisme, de l'Ethérisme et des raréfactions comparativement matérielles, tous les états et degrés de chaque être individuel sont sustentés ; comme le Pathétisme, l'Ethérisme et la raréfaction comparativement matérielle sont manifestés par les états et degrés des formations individuelles, chaque état individuel est sustenté par ce qui est le plus proche de son degré de densité.

« Dans le chef-d'œuvre individuel l'état pathétique est manifesté par l'éthérisme *de l'Esprit pur ;* le spirituel par l'*Intelligence ;* l'intellectuel par *l'état germinatif* au moyen duquel il vient en rapport avec la matérialité atomique et moléculaire la plus raréfiée ; et celle-ci est manifestée par ses enveloppes matérielles d'une plus grande densité.

« Chaque état plus dense reçoit non seulement ce qui lui est nécessaire pour se sustenter et se développer mais encore chaque état plus raréfié sentiente au moyen de l'état qui est son enveloppe ».

Après un silence *la Formation* demande : « Les *Formations* sont donc essentielles à leur *Formateur* comme le *Formateur* est essentiel à ses *Formations ?*

— « La *Formation* est aussi essentielle à son *Formateur* que le *Formateur* à sa *Formation.* Quand vous voyagiez en extériorisation dans l'état pathétique vous y laissiez un état individuel et vous le voyiez se développer comme être parfait ; savez-vous comment cela se faisait ?

— « Par la construction de ce qui est plus raréfié que lui-même, et par la construction en enveloppement de ce qui est plus dense que lui-même. Ce fut par l'union de formes individuelles des divers degrés de raréfaction et de densité que l'intégralité de l'Etre fut accomplie.

— « En ordre, dit le Formateur, cette union est une combinaison plutôt qu'un mélange, *de sorte que la perte ou l'affaiblissement d'un état ou degré d'être déséquilibre l'être dans son intégrité.*

« Plus la densité d'un état ou degré est grande, plus il est nécessaire de le garder, parce qu'il est plus sujet au déséquilibre et par suite à la transformation. Ce que je vous fais savoir faites-le savoir à vos Formations :

« De la préservation du degré le plus dense de l'être individuel dépend la préservation de l'individualité intégrale, et de la préservation de l'individualité la plus dense dépend l'utilité de tous les états plus raréfiés qui sont enveloppés de cette matérialité par laquelle seule ils peuvent être en rapport avec la plus dense matérialité. La perte de l'enveloppe la plus dense est par conséquent, pour la plus grande raréfaction qu'elle couvre, la perte de la sensitivation du dégré de densité dont son état le plus dense est l'intermédiaire. Par suite, c'est de l'état le plus dense que dépendent les états les plus raréfiés, et de l'être intégral individuel dépend l'universalité et l'infinitude de l'Indivisible. »

— « Cependant, dit la *Formation*, je sentiente par prévoyance, qu'un degré d'être qui est de moindre densité peu être affaibli et subir des injures, tandis que le degré qui l'enveloppe ne donne aucun signe de faiblesse.

— « Ce que vous sentientez est ce qui peut constituer la plus grande entrave à l'équilibre, repondit le *Formateur* ; c'est-à-dire le non-naturalisme. Cet affaiblissement, cette injure faite à l'Esprit, ou à l'Intelligence, ou à quelque état de plus grande raréfection, tandis qu'en apparence le degré le plus dense n'est pas affecté, a pour cause l'empiétement de quelque être individualisé ou semi-individualisé sur le degré affaibli ou injurié. N'étant pas dans les conditions nécessaires pour s'envelopper convenablement dans l'état matériel le plus dense, un pareil être essaie de toucher cet état matériel en le leurrant, en le poursuivant dans l'état individuel du même degré de matérialité que lui-même ; il essaie de prendre entièrement cet état individuel ou tout au moins de partager avec lui son habitation.

« Un être individuel qui est bien développé peut quitter à volonté état sur état, densité sur densité et les réassumer à volonté sans encourir aucun dommage. Mais la perte de l'état le plus dense met en danger de perte toute cette partie de l'être individuel que vous avez vue formée de l'extérieur ; et cette perte ne peut être attribuée qu'à la violence, à la violation de la loi naturelle, car, si ce qui est mélangé peut être séparé, ce qui est combiné n'est séparable que par la violence. »

— « Je m'aperçois, conclut la *Formation*, que ce qui est extériorisé du dedans et ce qui est intériorisé du dehors, étant unis, forment l'être parfait ; que, par conséquent, chaque chose est essentielle au bien-être et au pouvoir de perfectionnement d'une autre. La perte d'un état ou degré est anti-naturelle puisque tous les états ou degrés sont pathétiquement combinés et que, par nature et par origine, tous sont éternels. Car l'Amour, la Lumière et la Vie éthérés touchent à l'Amour, à la Lumière et à la Vie individualisés, étant inhérents à la matérialité qu'ils développent et perfectionnent.

« L'état matériel dans son intégrité est comme la châsse vivante de ce qui est éthéré, son arche sacrée de protection, comme l'état raréfié est précieux et essentiel pour développer son enveloppement. »

— « Tout en moi se réjouit de la magnificence de mon être ! »

III

A cette époque, la *deuxième Formation* s'aperçut que partout, dans les parties où la matière était pleinement développée, il y avait des formes nébuleuses et changeantes pleines de lumière qui s'épanouissaient et diminuaient tour à tour en devenant toujours plus vives. Graduellement, ces formes assumèrent sa propre similitude ; toutefois, elles n'étaient pas fixes ; elles passaient à volonté de la forme nébuleuse de l'étoile à la sienne propre et encore à la forme nébuleuse. Cependant, depuis que la matière avait commencé à être utilisée pour la formation individuelle, elle avait été continuellement utilisée pour cette fin.

Se souvenant du conseil de son Formateur : *L'intelligence doit être toujours libre*, la *deuxième Formation* se voila dans la nébulosité et fut parmi ces formes nébuleuses comme si elle n'était pas.

Quand les *Intelligences Libres* virent la clarté et l'ombre, quand elle virent le mouvement pulsatif animer la densité de la matière que le grand Formateur avait préparée pour les formations individuelles, au moyen de la première Formation, beaucoup d'entre elles désirèrent se dilater et y prendre la forme permanente. D'autres s'opposèrent à cette prise de forme en raisonnant ainsi :

« Par la transformation nous ne cessons pas de perfectionner la forme ; continuons donc à la perfectionner ainsi, afin que tout ce que nous préparons soit dans une forme digne de notre Intelligence. En effet, bien que nous sachions que la forme individuelle que nous assumons est à la similitude de ce qui est parfait, nous sommes conscientes de notre propre imperfection. »

D'autres raisonnèrent ainsi :

« Puisque une partie de la plus grande densité de matière dans l'expansion est développée et prête à des formations individuelles, nous pourrons nous y envelopper quand nous voudrons et assumer la forme permanente. Mais une fois enveloppées ainsi nous ne pourrons plus quitter cette enveloppe sans danger de perte ; la raréfaction de notre forme actuelle est incapable d'être en contact avec la densité extérieure sans la protection d'une enveloppe qui lui convienne, et si nous prenons la forme permanente nous ne pourrons perfectionner la forme. »

Celles qui désiraient l'expansion immédiate disaient :

« La matière qui est préparée doit certainement être utilisée, autrement, à quoi bon son développement ? Nous sentientons de l'affinité avec ce qui est développé dans l'expansion et cette affinité est une preuve, qu'en ordre, nous pouvons nous unir avec ce degré de matière développée et nous en envelopper. »

Un être de la plus radieuse intelligence conseillait ceci :

« Je m'aperçois que celui qui peut se rendre visible et qui est parmi nous comme un serviteur, se reposant la plupart du temps voilé dans la nébulosité, est plus grand que nous : écoutons-le. »

Les plus grands en capacité et en développement cherchèrent la *première Emanation ;* celui qui avait conseillé à ses confrères de le chercher et de l'écouter communiqua avec lui d'intelligence à intelligence et lui dit :

— « Quelques-uns sentientent que l'immédiate expansion est désirable, d'autres sentientent que notre œuvre consiste bien à perfectionner la forme. Si vous le voulez bien, faites connaître votre avis à ce sujet.

Le *premier Emané* répondit :

« L'Intelligence est libre à tout jamais. Que chacun suive sa propre lumière mais dans la passivité, car dans le calme de la passivité seulement est la lumière divine immuable. »

On demanda : « Vous expanserez-vous avec ceux qui s'expanseront ou resterez-vous avec ceux qui resteront ? »

— « Je resterai, répondit le *premier Emané*, non à cause de ce que je sentiente, mais par devoir. »

Un autre interrogea :

— « Pour qui et pour quoi est-ce un devoir ? »

— « Chacun, répondit-il, se doit à lui-même ; en proportion de la liberté est la responsabilité. Au reste, une chose est essentielle : Prenez garde qu'il n'y ait division entre vous. »

CHAPITRE IV

DE LA CENTRALISATION DE LA PREMIÈRE ÉMANATION DE
L'ATTRIBUT DE JUSTICE. — DE LA CAUSE COSMIQUE. —
DE L'HOSTILE.

Des profondeurs où elle reposait en sommeil, la *première Emanation* de l'Attribut de la Cause cosmique des matérialités a peuplé de formes éthérées la région où l'*Intelligence en activité* touche l'*Essence germinative conceptive.* Ces formes éthérées, d'une beauté extrême, sont à sa propre similitude ; elles sont aurorisées d'un rayonnement de la couleur de l'émeraude. La *première Emanation a ainsi formé, en passivité, ce qui, en son temps, doit être manifesté comme l'état de Vitalité.*

En regardant vers le haut, elle aperçut comme un reflet d'elle-même et elle s'émerveilla...

Pendant que les *Intelligences Libres* différaient dans leur sentientations, la *première Emanation* s'éveillait à l'activité dans les profondeurs de la source de force vitale. A mesure qu'elle montait il se produisait comme un état duel d'éthérisme, passif et actif, qui, du centre, touchait à l'*Intelligence en activité* et, dans son expansion, atteignait à l'*Essence germinative conceptive.*

La *première Emanation* raisonnait ainsi :

« De même que la passivité est essentielle à la conception, de même l'activité est essentielle à la matérialisation, par laquelle seule la conception peut se manifester et être utilisée. Or, ma conception a pris forme ainsi, dans le repos de la passivité : « Centralisons dans la forme individuelle ; de même que la seconde Formation va dans l'expansion en laissant une forme individuelle en chaque degré de *densité*, de même, nous, *centralisons* en laissant une forme individuelle en chaque degré de raréfaction. »

En regardant en haut, à l'endroit où elle avait long-temps reposé, elle vit comme un reflet d'elle-même, et elle s'émerveilla.

En fixant ses regards sur cette forme, elle comprit que c'était celle de la *deuxième Formation* de la *deuxième Emanation* et qu'elle y avait été reçue avec des souhaits de bienvenue.

En se dirigeant ensuite vers le centre, elle trouva sur son chemin, en chaque état, une sphère de sustentation où reposait un Etre en Passivité qui était à sa propre similitude.

« Quelqu'un m'a devancée, pensa-t-elle ; cependant il reste peut-être des états de raréfaction où il n'a pas pénétré. »

Pour éviter toute confusion, en passant d'état en état par l'extériorisation, elle réduisit à leurs parties constituantes les formes dont elle s'était extériorisée et elle les diffusa de telle sorte qu'elles ne pussent se reformer d'aucune façon.

Elle centralisa ainsi jusqu'à l'endroit qu'entoure le *Nucléolus* et là elle vit cet être qui avait été formé dans l'intérieur et autour de la forme pathétique de la *deuxième Formation* de la *deuxième Emanation*.

Alors la *première Emanation* communiqua par la pensée avec cette Formation.

« Je vous trouve ici en forme individuelle ; vous avez pénétré dans le triple voile de la centralisation ; est-ce là votre dernière station dans la raréfaction ? Ou bien êtes-vous entré dans le voile vers le centre ?

La *deuxième Formation* lui répondit : « Je ne suis pas entré dans ce voile ».

Alors la *première Emanation* commença à évoluer autour du Nucléolus en circonvolutions spirales ainsi qu'elle avait fait dans la matière la plus raréfiée et la plus radieuse. Comme elle avait entouré deux fois le Nucléolus elle fut rencontrée par celui qui avait été perfectionné en être individuel dans l'intérieur et l'extérieur de la forme pathétique. Il se tenait dans la spirale.

« La centralisation, dit-il, en pensée, se fait au fur et à mesure de l'expansion, autrement où serait l'équilibre de l'Etre ?...

La *première Emanation* répondit :

« Je suis de la *Cause Cosmique*, j'ai le droit de centraliser ; qui s'y opposera ? »

— « Je suis, répliqua l'autre, de celui qui, en forme individuelle, a pénétré dans les densités extérieures dont vous êtes, activement, inconsciente ; par conséquent, je suis avant vous. »

Et comme la *première Emanation* voulait continuer à tourner vers le centre, subitement un être sortit du voile, dans l'envelope intérieure duquel la *première Emanation* avait pénétré, et la rejeta dehors avec une puissance irrésistible.

Pendant la courte lutte, l'Etre avec lequel la *première Emanation* avait communiqué prononça ces mots :

« Tous ceux qui ont assisté à cette scène peuvent témoigner que je suis innocent de cet acte de violence. »

N'ayant pas de formes éthérées qu'elle pût revêtir, la *première Emanation* fut rejetée au-delà du voile septénaire et elle ne put arrêter sa chute que dans la sphère d'où elle était partie quand elle avait refusé d'entrer dans les degrés de la matière plus dense.

Là elle se reposa par nécessité dans la partie la plus raréfiée de cette matière et elle la pénétra de sa propre force quaternaire.

Après un long repos elle s'éveilla et, pour la première fois, elle aperçut dans l'expansion une voie de matière radiante et raréfiée semblable à celle qu'elle avait elle-même travaillée. En y entrant elle sentienta une mutuelle affinité ; tout son être s'en réjouit et elle pensa : « C'est le *deuxième Emané* qui a fait cela, lui le Fort dans le Droit, lui, qui sait résister aux sens, lui le lutteur qui est plus digne que moi. »

Comme elle descendait entourée du degré raréfié de la matière qui est en affinité avec *l'Esprit pur en passivité*, elle arriva à l'endroit où ce degré se confond avec le degré de matière dont la qualité dominante est en plus complet rapport avec *l'Esprit pur en activité*. Lorsqu'elle voulut passer en avant pour entrer dans ce deuxième degré de densité matérielle, une forme sphérique duelle la rencontra et communiqua avec elle d'esprit à esprit :

« Vous ne pouvez entrer ici, car par la volonté de Celui qui m'a formé, ce degré est à moi ; il n'appartient qu'à moi de développer la matière classifiée en y infusant la force quaternaire afin de la rendre prête pour la formation. »

La *première Emanation* répondit :

« C'est selon l'ordre qu'il en est ainsi ; qui vous contestera la puissance, la gloire et la domination ! elles sont vôtres par la volonté du Divin Formateur. »

Ayant ainsi parlé elle se reposa.

Lorsqu'elle s'éveilla à l'activité, elle s'aperçut qu'il y avait deux tiers d'ombre dans la lumière, parce que la matière n'était pas encore suffisamment développée pour recevoir la force. Elle entra dans l'ombre la plus épaisse, c'est-à-dire dans la matière la moins développée où elle ne pouvait être sentientée à cause de l'incapacité de cette matière, et ainsi, seule et inconnue, elle se reposa.

Lorsqu'elle arriva au troisième degré de densité, elle s'enveloppa de la matérialité la plus inférieure et la moins développée, puis, doucement, tranquillement, elle pénétra dans l'état de l'*Intelligence Libre*. Cet état est le plus étendu de tous ; il influence, et, en une certaine mesure, il renferme l'état de l'Intelligence, en forme (ou Lumière) celui de la Mentalité et le degré de Mentalité de l'état nervo-physique.

La première Emanation, trouvant là ce qui lui était essentiel, s'enveloppa et forma des êtres à sa propre similitude. Son désir était de pénétrer l'expansion dans l'ombre, sans être reconnue.

Elle ne rencontra aucun être qui lui fît de l'opposition ; mais pendant qu'elle s'enveloppait afin de se mettre en rapport avec son entourage, elle se trouva être le centre d'un tourbillon de matérialité. En effet, bien qu'enveloppée de la matière la plus inférieure et la moins développée, elle n'en était pas moins une Emanation de *l'attribut de la cause cosmique* ; lors donc qu'elle entra dans une région où la matière sentiente vivement la puissance de centralisation et celle de diffusion, la partie de cette matière non formée qui était la plus raréfiée dut être attirée d'un côté et la partie la moins développée dut l'être d'un autre.

Voyant qu'elle causait du désordre et de l'inquiétude, *la première Emanation* s'extériorisa de l'enveloppe qu'elle avait assumée, dans l'intention de la réduire à son état moléculaire, mais, avant qu'elle eût pu le faire, elle fut éblouie comme par un éclair de lumière saphirine, et une fois remise de cet éblouissement, elle vit la forme qu'elle venait de quitter s'éloigner rapidement au milieu d'un tourbillon dont le mouvement s'accentuait de plus en plus.

Sentant quelque danger qu'elle ne pouvait définir, elle pénétra plus avant dans la région sans être enveloppée de sa densité et la traversa sans être sentientée jusqu'à l'endroit où le *deuxième Emané* et sa *Formation* avaient reposé récemment. Là, elle attendit l'arrivée de ce qui avait assumé sa forme.

Pendant ce temps, elle s'enveloppa de la vitalité dont elle avait été pénétrée alors qu'elle reposait dans les voiles éthérés ; mais elle le fit dans son état d'activité et non dans l'état duel afin qu'il n'y eût pas de formation individuelle. Puis elle unit dans cet entourage vital sa puissance avec sa conception.

« Cet Etre, se dit-elle, doit nécessairement s'arrêter ici, par conséquent je pourrai le maîtriser car il se peut qu'il soit l'auteur de la confusion et, si je ne me trompe, c'est lui et nul autre qui m'a jetée dehors. »

II

Après une attente prolongée, elle s'aperçut que le tourbillon approchait ; bientôt elle fut enveloppée d'un éclair éblouissant, mais cette fois elle était prête ; elle n'en fut pas affectée comme la première fois.

Elle alla au-devant de celui qui descendait au milieu du tourbillon et, quand elle s'en approcha, enveloppée de la matière la plus raréfiée qui lui fût accessible, la matière inférieure ou non développée fut repoussée et le tourbillon fut en partie maîtrisé.

Alors la *première Emanation* communiqua d'Intelligence à Intelligence avec celui qui s'était emparé de sa forme :

« Il n'y a qu'un mal, dit-elle, le déséquilibre d'où procèdent toute confusion et tout désordre. En assumant une forme qui est celle d'un autre et qui ne vous convient pas, en pénétrant dans cet état où la matière sentiente la répulsion et la centralisation, vous êtes l'auteur responsable de ce déséquilibre. »

— « Ce n'est pas moi qui ai eu l'idée d'envelopper la lumière dans l'ombre et de construire une forme convenable pour la réalisation de cette conception.

— Dès que nous avons senti le déséquilibre, nous avons quitté l'enveloppe qui ne nous convenait pas et nous allions la détruire lorsque vous nous en avez empêchés ; vous avez voulu provoquer un déséquilibre permanent, en profitant d'une imprudence momentanée, due à ce que nous ignorions la nature de la matière dans cet état.

— Sages sont ceux qui évitent de toucher à ce qu'ils ne connaissent pas ; mais ceux-là manquent de sagesse, qui matérialisent, en activité, leur conception avant qu'elle ne soit perfectionnée. En outre, je sais le motif de votre action, et le voici : Vous vous êtes dit :

« La *deuxième Emanation* a accompli l'œuvre en ordre

primaire ; il m'appartenait de l'accomplir dans les profondeurs de son pathotisme. Quand, la première, elle touchait par sa deuxième formation la matière raréfiée et radieuse, c'est pour moi qu'elle la touchait ; pour moi qui dois être un avec elle dans l'Equilibre comme dans l'origine. Je sais combien son œuvre est ardue et difficile, aussi je la suivrai pour la servir et l'aider quand l'occasion se présentera. » Faute d'endurance, vous avez amené la confusion ou l'inquiétude résultant du désordre ; c'était pour vous le comble de la présomption que de pénétrer de votre propre mouvement dans ce qui est caché par le *Nucléolus*.

« Vous, l'Equilibrateur par excellence, vous passez de la présomption la plus grande à l'humilité la plus profonde ; vous, l'Etoile de l'ombre et de la Lumière, vous vous enveloppez de la matière la moins sensitive afin de pouvoir, par quelque moyen, aider celui qui garde votre souvenir, qui souffre et qui travaille pour faire ce que vous avez laissé inachevé.

« Vous avez préféré votre personnalité à la *Cause* et cependant, voici que, communiquant avec moi d'Intelligence à Intelligence, vous me dites :

« Il y a un mal : celui qui provient du déséquilibre, cause de toute confusion et de tout désordre. En assumant une forme qui ne vous convient pas et en pénétrant ainsi dans cet état de *Lumière* ou d'*Intelligence* où la matière sentiente la répulsion et la centralisation, vous êtes l'auteur de ce déséquilibre. »

« Quant à la forme que vous avez rejetée comme quelque chose d'inutile ou de pire encore, tous ceux qui en avaient le pouvoir n'étaient-ils pas libres de la prendre ?

« Vous vous dites : Quel est cet être que je n'ai vu ni dans l'*Ethérisme* ni dans le *Matérialisme* et qui cependant me connaît et connaît mes pensées les plus secrètes ?

« Ecoutez : vous vous mettiez en rapport avec moi quand, quittant le berceau de la passivité, vous passiez dans l'enveloppe de la force pathétique, puis vous entriez dans les voiles du Nucléolus. Vous, première Emanation de l'*Attribut de Justice*, ne sentientez-vous pas que la force pathétique elle-même est l'effet du non-équilibre et par conséquent de l'imperfection?

La force pathétique, vous le savez, a pour raison d'être la nécessité de l'équilibre, et le sentiment de cette nécessité témoigne qu'il y a un besoin à satisfaire ; qu'il y a, par conséquent, imperfection. L'activité est division, la division est le déséquilibre que vous, *première Emanation de Justice*, constatez être l'unique mal ! Et, si le déséquilibre est l'unique mal, pourquoi sept attributs procèdent-ils de la *cause cosmique*? Etant donné le processus spécial de l'*attribut de Justice*, il est évident que ce ne fut pas pour équilibrer que les autres attributs furent émanés.

« Vous étiez le premier, à cette époque, à prendre forme individuelle hors du *voile septénaire* où l'éthérisme est enveloppé de la *Matière* éternelle, et vous savez que cette matière n'était que mélangée et non pas combinée puisqu'au contact de l'éthérisme sa partie la plus éthérisée fut, par affinité, libre d'approcher l'éthérée.

« A quelle époque la matière mélangée fut-elle classifiée pour la première fois ? Par quelle force, par quelle puissance fut-elle à nouveau mélangée ? D'où vient le *Pathétisme* avec sa passivité et son activité, latentes ou manifestées, avec sa centralisation et son expansion qui alimentent la source éternelle de force pathétique ?

Est-elle un mal, elle-même, la force pathétique, qui a son alimentation dans la séparation de la passivité et de l'activité, séparation dans laquelle elle ne pouvait être ? la force pathétique n'est-elle pas l'effet de la division même ?

« Si oui, écartez-le, ce déséquilibre ; où sera alors l'ordre cosmique, où sera sa conservation ?

Sans la séparation préalable de *l'Esprit pur en passivité* et de *l'Esprit pur en activité* appelés à se réunir, où est l'alimentation de la source de la force spirituelle ?

Et la force spirituelle, par laquelle la matière en tous ses degrés est continuellement élevée, rafinée et purifiée, est-elle un mal ?

« Sans la *Cause cosmique, Esprit pur en activité*, où serait le Cosmos ?

« Par suite de la séparation de *l'Esprit pur en activité* ou Cause cosmique, et de *l'Intelligence en passivité*, leur réunion pathétique produit la source de la force intellectuelle, qui est la cause de toute évolution. La force intellectuelle est-elle donc un mal ?

« Par suite de la séparation de *l'Intelligence en activité* et de l'*Essence germinative conceptive*, leur réunion pathétique produit la source de la force vitale, qui est la cause de toute conservation. La force vitale est-elle un mal ?

« Qui peut pénétrer les secrets occultes du *Nucléolinus*, première manifestation de l'*unique impénétrable, unique indivisible* ?

« L'être matériel peut-il dire avec sûreté : ceci est mal, ceci est bien ; ceci est lumière, ceci est obscurité ?

« Le bien ne peut-il germer dans le foyer du mal ?

« La lumière ne peut-elle se concentrer dans la profondeur de l'obscurité ?

A ce moment, la *première Emanation* reçut, comme une inspiration, d'au delà du voile, ce conseil :

« Reposez-vous dans l'Aura du lieu de repos du Deuxième Emané et de sa Formation. »

Alors elle reposa dans l'ombre protectrice semblable à un nuage violet. Pendant ce repos, elle fut consolée ; elle sentienta qu'elle avait en elle la connaissance de tout ce qui est connaissable, et que pour augmenter cette connaissance, la conception dans la passivité et l'accomplissement dans l'activité étaient aussi essentiels l'un que l'autre.

CHAPITRE V

DE LA DEUXIÈME DESCENTE DE LA PREMIÈRE ÉMANATION
AVEC LE TIERS DES INTELLIGENCES LIBRES, ET DE L'ÉTAT
D'ESPRIT.

A son réveil, la *première Emanation* se trouva entourée d'un grand nombre d'*Intelligences libres* des plus perfectionnées, mais elle ne vit aucune trace de l'Etre avec lequel elle s'était entretenue.

Une des plus puissantes des Intelligences libres qui, comme ses compagnes, avait une forme à la similitude *de la première Emanation*, communiqua avec la première Emanation d'intelligence à intelligence.

— « La plupart des *Intelligences* se préparent à avancer vers cet état qu'elles devinent être prêt pour la forme définie et permanente. Nous autres, au contraire, qui vous entourons, nous sommes d'avis que cet empressement est dû à l'excitation produite par une activité intempestive.

« A peine accoutumées à la forme, nous sentientons que nous sommes encore incapables d'approfondir les secrets de la *germination conceptive,* encore moins d'utiliser ceux de *la germination* effective et que le repos en passivité nous est nécessaire avant de tenter le perfectionnement de la forme ; c'est seulement dans le repos de contemplation passive que nous obtiendrons la compréhension de la nature et celle des mystères de la germination, et cette compréhension nous paraît absolument essentielle pour le bien-être des formes permanentes.

« Ainsi, dans la contemplation passive, nous pourrons

avancer peu à peu en acquérant la connaissance de tout ce qui est connaissable, d'abord *conceptive*, puis *effective*.

De plus, il y a peu de temps que les pathétiseurs, spiritualisateurs, intellectualisateurs et vitalisateurs visibles ou invisibles ont pénétré dans la matière plus dense. Sans doute, en qualité d'Intelligences, nous savons, par prévision et par induction, quelque chose de ce qui forme la quatrième enveloppe des états éthérés qui se trouvent au-delà du voile éthéré septénaire, cependant, nous sommes incapables individuellement ou collectivement de sentienter à présent ce qui est au delà parce que nous ne sommes pas vêtus de la densité correspondante.

« Dans la centralisation qui a pour cause l'affinité, nous nous sommes rassemblés autour de vous pendant votre sommeil afin d'avoir votre sentiment à ce sujet. Nous suivrons votre conseil parce que vous avez la sagesse. »

— « Ecoutez-moi donc, répondit la *première Emanation :*

« Celui qui agit avant d'avoir conçu et d'avoir perfectionné sa conception encourt des dangers. »

— « Nous nous sommes rapprochées par affinité, répondit une *Intelligence libre ;* par affinité nous désirons demeurer près de vous.

— « Vous ne savez maintenant ce que vous dites, reprit la *première Emanation*. Reposez-vous et attendez. La puissance est peut-être avec ceux qui vous font opposition, bien qu'ils manquent de connaissance.

— « Puisque vous le désirez, nous nous reposerons. Mais le Chef ne change jamais d'opinion. »

Alors ils reposèrent dans l'aura de la première Emanation.

Pendant ce temps-là, cette dernière veillait.

Arg-Alif, le *chef des Intelligences libres* qui désiraient l'expansion immédiate, avait retenu, lui aussi, la forme individuelle. Il était très entouré. Il s'approcha de celui qui avait communiqué avec la *première Emanation* et lui dit :

« Est-ce le moment de sommeiller? Quand ceux qui

sont avec moi et qui sont deux fois plus nombreux que vous sont en pleine activité, prêts à pénétrer dans la plus grande densité, pourquoi êtes-vous passifs comme si vous n'aviez rien de commun avec nous ? »

La *première Emanation* et ceux qui étaient avec elle ne se levèrent pas et ne dirent mot. Le chef appela tous ceux qui pouvaient approcher et quand ils furent deux fois plus nombreux que ceux qui reposaient, il leur dit :

« Regardez ceux-ci qui sont de notre origine mais qui ne sont pas avec nous ; ils entourent, comme par affinité, un être que nous ne connaissons pas et qui est peut-être contre nous et ils reposent dans une aura que nous ne connaissons pas.

« Tout à l'heure il s'est manifesté parmi nous quelque inquiétude. Il n'y a pas longtemps qu'un être à la similitude parfaite de celui dans l'aura duquel nos semblables reposent (sauf qu'il était enveloppé de la matière la plus imparfaite) se dressa devant moi, me posa d'étranges questions et me suggéra des choses confuses et troublantes. Rejetons-le dans les densités extérieures. »

— « Consultons, d'abord, dit l'un d'eux, celui qui repose dans la nébulosité. »

Mais le chef répondit : « A quoi bon ? puisqu'il a déjà dit : « veillez à ce qu'il n'y ait parmi vous aucune division ». Rejetons donc dans les densités extérieures celui que nous ne connaissons pas et qui est l'auteur de la confusion et de la division. »

— « Comment une densité moindre, demanda l'un d'eux, peut-elle être repoussée à travers une densité plus grande ?

— Et le Chef répondit : « Par la force !... »

Alors, unissant toutes leurs forces jusqu'à l'épuisement, ils rejetèrent la *première Emanation* dans les densités extérieures.

Ceux qui reposaient dans son aura, s'éveillant subitement, se précipitèrent à sa suite ; non par impulsion, mais parce qu'ils savaient qu'*Arg-Alif*, le chef visible des *In-*

telligences Libres et ceux qui étaient avec lui ne souffraient pas volontiers leur présence et que, s'ils restaient, ses semblables les plongeraient dans l'expansion dès qu'ils le pourraient.

Lorsque ceux-ci eurent recouvré leurs forces, le Chef, qui se leva le premier, s'aperçut que ceux qui avaient reposé dans l'aura de l'Inconnu, n'étaient plus dans l'état de forme changeante. A la place où ils avaient été, se tenait debout celui qui s'était enveloppé de matière inférieure, non évoluée, et qui les avait troublés une première fois. Le Chef dit aux siens, d'Intelligence à Intelligence : « Qui est celui-ci ? »

— « C'est celui que nous avons rejeté dit l'un d'eux, seulement au lieu d'être enveloppé de matière raréfiée et radiante, il n'a que l'enveloppe de matière inférieure. »

Ils furent troublés ; le Chef les consola en leur disant :

« Dès que nous aurons reconquis toute notre force vitale, nous rejetterons aussi cet être ou partie d'être...

Pendant qu'il annonçait cette détermination, celui dont ils parlaient répondit d'un air narquois :

« Chef visible des *Intelligences libres*, que vous êtes grand en intelligence, respectueux de la liberté, vous qui ne souffrez pas qu'une Intelligence inconnue soit dans votre milieu ; vous qui avez rejeté la *première Emanation* de l'*Attribut de Justice de la Cause cosmique !* Mais, vous êtes impatient de me voir déguerpir ! »

Puis il plongea dans la densité extérieure et disparut.

Le Chef dit aux siens : « J'avais l'intention d'entrer avec vous dans le prochain degré de densité, courageusement mais avec prudence et précaution. Nous ne nous serions enveloppés que de ce que nous aurions pu nous assimiler. Mais, maintenant que cet être, plus fort que nous, est parti en avant pour rejoindre peut-être ceux qui ont laissé leur demeure, il faut que nous avancions en toute hâte de crainte que, revenus de leur choc, ils ne reprennent des forces et ne s'opposent à notre expansion. »

Une fois encore il y eut divergence de vue. Le Chef leur ordonna de se reposer.

Ils quittèrent la forme individuelle et s'enveloppèrent de nouveau en forme sphérique ou étoilée, afin de s'assurer qu'ils n'étaient pas retenus par la forme, puis ils se reposèrent. Mais, même dans le repos, chacun sentientait la présence de Celui qui s'était tenu debout et immobile au milieu d'eux après qu'ils avaient rejeté la *première Emanation* et, une fois encore, ils éprouvèrent une sensation d'inquiétude et de désirs autrefois inconnus.

Arg-Alif, dans son sommeil, aperçut auprès de lui ce même être et lui dit :

« Je vous ai rejeté moi-même dans la densité extérieure ; cependant, quand tous sont précipités, vous restez debout et immobile dans notre milieu. Comment cela se fait-il ? Car la forme de celui que nous avons rejeté et la vôtre sont identiques. »

— « Ma présence prouve que je n'ai pas été rejeté ; peut-être n'avez-vous vu que la matérialisation de votre désir ?

— « Vous êtes grand en Intelligence, je m'en suis aperçu pendant mon repos. Causons donc.

— « C'est pour cela que je suis ici.

— « Quand vous êtes entré dans la matière plus dense, qu'avez-vous aperçu, qu'avez-vous appris ?

— « Je n'y suis entré que très peu car je voulais être avec vous ; mais j'ai vu que la matérialité était depuis peu évoluée par suite de forces qui avaient été infusées en elle, et qu'une certaine quantité était prête pour la formation.

— « Qu'avez-vous appris ?

— « A chaque être son propre savoir. Néanmoins nous vous dirons que l'imagination n'existe pas ; car il n'est pas possible de concevoir ce qui est inconcevable et ce qui est concevable est réalisable. Par conséquent, dans l'avenir, la forme que vous pourrez concevoir, vous pourrez l'assumer. N'oubliez pas cette vérité !

— « Cependant nous concevons souvent ce que nous ne pouvons réaliser.

— « Parce que votre intelligence étant insuffisamment évoluée, vous manquez des conditions nécessaires pour effectuer ou matérialiser. Un exemple : vous avez la conception de passer dans des états plus raréfiés parce que vous sentez que vous êtes en affinité avec eux ; mais comme vous n'avez pas la connaissance nécessaire, votre conception, qui, en fait, est réalisable, pour vous est irréalisable. Les conceptions sont des réalités non manifestées par la matérialisation et qui, vu les degrés variés de densité, doivent attendre leur matérialisation jusqu'à ce que vous touchiez le degré voulu de densité.

« Il en est de la conception comme de toute autre chose ; les plus forts seulement assument et retiennent l'individualité ; les plus faibles, ne trouvant aucun moyen pour matérialiser, retournent à l'état collectif conceptif, où ils sommeillent pour un temps.

« Ecoutez, chef visible *des Intelligences libres* : En vous étendant et en assumant la forme individuelle permanente, veillez à ce que toutes vos conceptions individuelles soient conservées, car tout ce qui a pu émerger de la conception collective contient la vérité et est par conséquent digne d'être conservé. La vérité seule est immortelle.

— « Vous déroulez devant moi de nouvelles perspectives. D'où venez-vous ?

— « D'au-delà du voile septénaire.

— « Votre origine ?

— « Ce qui est éternel peut-il avoir une origine ?

— « Puisque le *Nucléus* et ses enveloppes éthériques sont éternels ; puisque la matière est éternelle ; tout est donc éternel sauf la forme individuelle particulière ?

— « Oui, et c'est pourquoi ceux que vous avez rejetés demandaient instinctivement : Est-ce bien de nous confiner dans ce qui est changeant ?

— « S'il est plus sage de rester comme *Intelligence libre ;* d'où vient le désir ardent et continuel de garder la forme individuelle permanente ? et pourquoi, vous le très sage, l'avez-vous assumée ?

— « Si je vous répondais, vous ne me comprendriez pas maintenant. Quand vous aurez dépassé les autres voiles de la matière qui enveloppe les éthérialités, vous pourrez comprendre et alors nous nous reverrons.

— « Pouvez-vous quitter la forme à volonté ?

— « Toute ma volonté est de la retenir ; tout mon désir est de l'envelopper et de la réenvelopper. Pour quelle raison peut-on désirer la déformation, c'est-à-dire la perte ?

Alors, cet être qui s'était emparé du corps que la *première Émanation* avait abandonné, s'en alla et *Arg-Alif* resta plongé dans la méditation.

Bientôt *Arg-Alif* et les *Intelligences libres*, qui désiraient s'envelopper dans la forme permanente, s'assemblèrent sur les confins de l'état qu'avait traversé la *seconde Emanation et sa Formation*.

En regardant attentivement les clartés et les ombres, ils aperçurent, dans l'ombre la plus proche, une forme qui se séparait de sa passivité et la réassumait, de sorte qu'elle était comme deux êtres individuels séparés l'un de l'autre, puis comme deux êtres unis, alternant ainsi la séparation et la réunion. Quelques-uns d'entre eux se demandèrent : Quel est ce fait nouveau ?

D'autres répondirent : « Dans l'inquiétude qui nous a accablés dernièrement, nous avons eu la conception de cette séparation de l'actif et du passif. »

Arg Alif se souvint alors de ces mots · « Veillez à ce que toute conception collective de forme soit conservée, car ce qui peut émerger de la conception collective est vérité et ce qui est vérité doit être conservé ; la vérité seule est éternelle » et il fut troublé.

« En cet être, dit-il à l'un des siens, nous avons dû rejeter la *première Emanation* venue de l'*Attribut de Justice* ; nous avons perdu le tiers de nos semblables ; par lui nous avons connu pour la première fois le trouble, l'inquiétude et l'épuisement, et à présent que nous sommes forcés d'entrer rapidement dans la région de la forme permanente, voilà qu'il nous présente une forme divisée qui défigure la similitude de notre *Formateur*. S'il en est quelques-uns qui, troublés et inquiets, veulent assumer cette forme, qui pourrait les en empêcher, puisque nous sommes tous libres ? »

En entrant d'un commun accord dans la densité extérieure pour s'envelopper de la forme permanente, ils sentièrent qu'il leur manquait beaucoup et les plus parfaits comprirent que pendant que ceux qui avaient été rejetés avaient traversé cet état, quelque puissance les avait enveloppés de son mieux de la matérialité la plus perfectionnée et la plus appropriée.

Après le repos nécessaire pour l'assimilation, ceux qui s'étendaient et assumaient la forme permanente, émanèrent de l'intelligence et de la vitalité en affinité avec leur entourage et ils formèrent ainsi des êtres à leur similitude mais inférieurs à eux parce que la matière mise à leur disposition était privée de ses parties constituantes les plus parfaitement pathétisées, spiritualisées, intellectualisées et vitalisées, de sorte qu'elle n'était plus adéquate à leur conception.

Ils tinrent conseil et il fut résolu qu'un tiers d'entre eux continuerait leur expansion, tandis que les deux autres tiers resteraient avec leurs Emanations inférieures pour veiller et garder, au cas où ceux qui avaient été rejetés reviendraient pour les combattre.

C'est ici l'*Etat de l'Esprit*, le premier de la forme matérielle individuelle, permanente et non changeante.

CHAPITRE VI

DE L'ÉTAT DE LUMIÈRE ET DES QUESTIONS DE DEVO

Le *Formateur* et sa *Formation* qui l'accompagnait s'étendaient dans la matière plus dense ; la *Formation* s'enveloppait, tandis que le *Formateur* entrait danssou état moins dense et pouvait ainsi la pénétrer, la pathétiser, la spiritualiser, l'intellectualiser et la vitaliser, selon sa capacité de réception.

Quand cette œuvre puissante fut accomplie et que tout fut préparé pour l'évolution, comme ils reposaient sur les limites extérieures de la densité, ils furent approchés par celui qui avait assumé la forme abandonnée par la *première Emanation* (Emanation de l'*Attribut de Justice* de la *Cause cosmique*).

Alors le *Formateur* enveloppa sa *Formation* d'un voile septénaire de puissance protectrice et lui dit d'une voix pleine de tendresse, ineffable et de profond pathétisme : « IE ! »

C'était la première fois que ce nom était prononcé.

IE, dans son sommeil, répondit de tout son être, à son Formateur, dans le Pathétisme de l'Unité :

L'être dont nous avons parlé s'approcha et dit comme intelligence à intelligence :

« Il y a dans votre aura une puissance concentrée ; pourquoi ?

Mais le grand Formateur resta silencieux, même en pensée.

— « N'êtes-vous pas la *seconde Emanation* de l'*Attribut*

de Justice, procédant de la *Cause cosmique*, deux en un, actif et passif et par conséquent n'êtes-vous pas, en tout votre être, puissant pour la Formation. »

Le Grand Formateur continua à garder le silence.

— « N'avez-vous pas vu que les *intelligences libres* qui désiraient l'expansion ont rejeté dans la densité extérieure celui qui leur avait fait opposition et que le premier rejeté est l'*Emanation* de l'*Attribut de Justice*, qui n'a pas rempli sa tâche parce qu'elle n'a pas su souffrir et parce qu'elle a placé sa personnalité au-dessus de la *Cause* ? Et c'est pourquoi vous fûtes émané pour prendre sa place. »

Le Grand Formateur garda encore le silence.

— « Vous êtes de la *Cause cosmique*, moi je suis de l'*Origine de la Cause cosmique*. Qui de nous deux est le plus digne d'honneur ? — Celui qui est le plus grand en charité est-il le plus digne ? — Mais en quoi consiste la charité ? N'est-ce pas dans l'évolution et le perfectionnement de tout ce qui existe ?

« Savez-vous pourquoi j'ai quitté pour la première fois ma propre demeure et je suis venu ici ? — C'est pour voir votre *Formation* qui est toujours avec vous et qui vous précède dans la matérialisation, votre formation avec qui vous touchez densité sur densité.

« Examinons un peu. — Si tout ce qui existe procède de la *Cause cosmique* qui est la Bonté, d'où vient le mal ? Dans la formation, tout est relatif ; il n'y a donc ni bien positif ni mal positif ; l'excès du bien peut être un mal et le mal s'il est bien dirigé peut être le bien, tout en étant dans tout.

« Pourquoi peut-on assurer et retenir la forme à mesure que s'accroît la densité matérielle ? Est-ce parce que la matière a évolué plus rapidement et plus effectivement au moyen de la formation ? Si oui, la durée de toute formation individuelle est proportionnelle à l'évolution de la matière dont elle est formée, et telle formation faite de matière capable d'être en plein rapport, avec le pathétisme, la spiritualité, l'intellectualité et la vitalité universels, est immortelle.

« Si l'éternel *Nucléolinus* est le *Tout-Pénétrant*, si, d'autre part, la matière expansive contient tout, la matière n'est-elle pas supérieure au *Nucléolinus* puisqu'elle contient tout ce qui existe, tandis que le Nucléolinus ne peut être pénétré par quelque degré que ce soit d'éthérisme ou de matérialité? S'il en est ainsi, la perfection n'est-elle pas en proportion de la densité?

Le *grand Formateur* se taisait encore. « Celui qui fut le *premier Emané* par l'*Attribut de Justice* nous a dépassé dans la matière plus dense ; qu'arriverait-il s'il l'utilisait pour ses propres formations, de sorte qu'à une certaine densité vous ne puissiez trouver d'enveloppes convenables pour vous-même ou pour vos formations ?

« Le premier Emané de l'*Attribut de la Cause cosmique* n'a pas rempli sa tâche, dites-vous ? — Est-il possible que la *Cause cosmique, Esprit pur en activité,* n'ait pas compris les capacités de ses propres attributs et de leurs *Emanations*? ou bien, le *premier Emané* aurait-il commencé l'œuvre pour l'abandonner sur l'ordre de son *Emanateur*? Si la première supposition est vraie, la *Cause cosmique,* Esprit pur en activité, n'a pas la Connaissance ; si c'est la deuxième supposition qui est vraie, le *premier Emané* se lamente et souffre pour une chose qu'il n'aurait pu éviter ; il n'est qu'une machine vivante parce qu'il est sans liberté.

Y a-t-il un Directeur cosmique, ou tous les événements sont-ils le jouet des circonstances ? Le *Nucléolinus*, qui est nécessairement duel puisque de lui proviennent les triplicités de Centralisation et de diffusion, est-il divisé contre lui-même ? Répondez ! »

Mais le *Divin Formateur* persista dans son silence. Et l'Etre partit.

Peu après, il dit dans son sommeil : « Tout à l'heure, de nouvelles pensées ont surgi en moi et comme malgré moi. » Alors le *Divin Formateur* entoura sa formation d'une aura qu'aucun son ne pouvait pénétrer et dit :

« Quelles sont ces pensées?.

IE répondit :

« Elles sont de la même nature que celles de l'interrogateur qui me troublait de ses questions.

« Le *Nucléolinus Eternel*, la *Matière mélangée éternelle*, voilà le Cosmos manifesté. Toute sensation, tout désir, toute volonté, indiquent l'imperfection. La sensation a pour cause le frottement qui est produit par la pénétration du plus parfait dans le moins parfait, et ce frottement est douloureux.

« Le mouvement a pour cause la douleur provoquée par la sensation. Le désir vient du besoin, et le besoin est de la douleur.

« La volonté est la force par laquelle nous nous efforçons d'obtenir la chose désirée et de vaincre ce qui s'oppose à notre désir. L'opposition cause l'inquiétude et l'inquiétude est de la douleur.

La formation, collective ou individuelle, a donc un but unique : la douleur, et, alors, pourquoi assumer la forme individuelle? Pourquoi le moi? »

— « A chacun sa propre manière de sentir. Voudriez-vous conserver et matérialiser votre forme, ou voudriez-vous revenir à votre matérialité propre en laissant dans chaque densité ce que vous y avez pris? »

— « Je ne céderais pas un atome, pas une molécule de mon être pour tout ce qui existe, dis-je, intellectuellement. »

— « Vous avez raison ! L'abandon d'un état ou d'un degré d'être, qu'il soit conceptif ou effectif, est anormal et antinaturel. Avez-vous aperçu une forme ou des formes près de vous quand ces pensées vous sont venues?

— « J'ai aperçu une ombre, mais je n'ai vu aucune forme individuelle.

— « Ces pensées émanent cependant d'un être qui est aussi visible que vous-même, d'un être qui est et sera toujours contre vous et vos formations. Maintenant que vous êtes sous notre garde et sous notre protection, voulez-vous être mis en rapport avec lui afin de le connaître tel qu'il est.

— « Je veux ce que vous voulez.

— « Cherchez-le et quand vous l'aurez aperçu, dites-le-moi.

Peu de temps après IE disait :

« Je vois au-dessus de nous un Etre partiellement caché par la densité qui est pour moi comme semi-obscure. S'il était aussi sombre qu'elle, je ne pourrais le distinguer, mais il est entouré d'une lueur inquiète et mouvante. »

Alors le grand Formateur souffrit qu'IE devînt visible et dès que cet Etre qui se cachait le vit, il approcha en disant :

— « C'est moi qui suis le *premier Emané* ; c'est moi qui ai communiqué avec vous pendant votre sommeil : Pourquoi, assumez-vous des formes d'une plus ou moins grande densité ? »

Et IE d'intelligence à intelligence demanda à son *Formateur* : que répondrai-je ?

— « Dites ce que vous pensez vous-même, lui fut-il répondu, car ce n'est pas contre moi directement qu'il dressera des obstacles, mais bien contre vous et vos formations. »

IE répondit à l'Etre.

« Nous formons et nous enveloppons notre forme et nos formations afin que la *chaîne de l'Etre* puisse être perfectionnée, afin que la matière puisse répondre dans son intégralité à *l'Eternel* qui pénètre tout et avec lequel nous pourrons être *Un*. »

— « Vous aspirez, vous travaillez, vous souffrez afin de réaliser vos aspirations. Quelle garantie avez-vous que, même si vous réussissez à toucher tous les degrés de densité et de raréfaction de la matière formable individuellement, tout ne sera réduit de nouveau à son premier état, c'est-à-dire à l'état de matière mélangée, afin que tout soit rendu plus parfait et plus digne de *l'Eternel qui pénètre tout ?*

— « J'ai en moi-même conscience qu'il n'en sera pas ainsi ; mais, sans tenir compte de cette conscience, je dirai que s'il en était ainsi, la matière mélangée aurait du moins évolué dans son intégrité par notre formation et qu'elle n'aurait pu évoluer autrement.

— « Et vous, Formateur, où serait votre individualité ?

— « Ceux qui travaillent pour leur propre personnalité et non pour une *cause* sont incapables d'un travail cosmique.

— « Et si je descends avant vous, si je forme, où sera la suprématie de vos formations ?

— « Celui qui peut se préparer un corps ne s'approprie pas le corps qu'un autre a fait : Celui qui vient avec un mensonge aux lèvres (et n'avez-vous pas dit : Je suis le *premier Emané ?*), celui-là n'est qu'un malfaiteur passager car toute fausseté aura une fin. N'avez-vous pas déclaré vous-même : La vérité seule est immortelle ?

— « Maintenant, vous parlez avec courage parce que vous êtes protégé ; mais quand vous serez seul et que nous communiquerons ensemble, il en sera peut-être autrement !

— « Le Présent existe, l'Avenir n'est connu ni de vous ni de moi, *dans l'activité*. Du reste, si la forme individuelle est un mal, quittez-la et si vous le pouvez, rentrez au lieu de votre origine. Vous prouverez ainsi votre sincérité.

— « Vous dites : si je le peux. » Qui ne peut revenir d'où il est venu ?

— « Celui qui s'est banni ne peut pas à volonté revenir en sûreté à la centralisation. »

A ces mots, l'Etre plongea dans la matérialité plus dense et fut perdu de vue.

La *Formation* parle ensuite au *grand Formateur*.

— « Qui a formé cet être Hostile ? S'il existe un être plus puissant que son *Formateur*, pourquoi le *Formateur* ou sa *Formation* existent-ils ?

— « Il n'y a pas un lieu où la lumière ne soit et partout où il y a la lumière, il y a l'ombre. L'ombre des plus parfaits est comme l'aube des moins parfaits et la lumière qui est belle et utile pour l'un est aveuglante pour l'autre ; ce qui est la plénitude de la lumière pour l'un est comme l'obscurité pour l'autre. Tout est relatif. Celui-ci est des ombres épaisses.

— « Mais le désordre qu'il peut causer n'est-il pas un danger ?

— « Ceux qui veulent être parfaits doivent, par nécessité, lutter pour leur propre perfectionnement. Sans la nécessité il n'y a pas de désir, et la volonté, qui est l'effet et la force du désir, provient de la résistance. Sans conflit où est la victoire ?

— « Peut-être ces êtres de l'ombre ont-ils défait des formations et mélangé la matière ?

— « Quand les formations individuelles ou collectives sont dûment perfectionnées, c'est-à-dire perfectionnées selon la mesure de leur capacité de réception, elles ne peuvent plus être défaites, et jusqu'à présent, toute transformation individuelle tend au perfectionnement collectif de même que toute transformation collective tend au perfectionnement cosmique. La sagesse de chaque formation consiste dans le perfectionnement du *Moi* dans son intégrité.

— « Mais cette concentration que nécessite le perfectionnement du *Moi* ne se fait-elle pas au détriment du perfectionnement collectif ?

— « Non. Dans l'ordre, la centralisation est balancée par l'expansion ; par conséquent, la mesure de la capacité et de la perfection du moi dans son intégrité est la mesure de son influence extérieure : Tout ce qui est sous l'influence de l'expansion d'un centre évolue avec lui ; quand le *moi* se perfectionne, tout se perfectionne avec lui. Il en résulte que vous et vos formations vous êtes et vous serez comme le soleil de la force pathétique dont l'effet sur la matérialité de son entourage est en proportion de sa propre force.

La sphère de votre influence est en proportion de votre perfection et de votre évolution, car vous êtes éminemment les évolutionnaires de la matérialité la plus dense, nul autre que vous ne pouvant la toucher directement.

« Tout ce qui semble mal pour vous doit engendrer le bien et vous irez de force en force et de connaissance en connaissance malgré tous les obstacles : la lutte même est votre principal moyen d'évolution.

« A vous incombe le soin d'évoluer et de perfectionner toujours jusqu'à ce que vous régniez, dans toute son intégralité, sur le degré de densité que vous aurez touché le dernier.

« Que tout être qui est hostile soit subjugué mais non exterminé, parce qu'il y a en tout être ce qui est capable d'évoluer, et la matière moléculaire du plus imparfait est susceptible d'être métamorphosée par des transformations répétées, jusqu'à ce qu'elle devienne capable d'être perfectionnée et utilisée.

« C'est à vous qu'incombe l'œuvre de l'équilibre ; or, ce qui est avant tout nécessaire à celui qui doit équilibrer, c'est l'équilibre de son propre *moi*, afin qu'il soit en plein rapport dans tous ses états d'être avec les forces pathétique, spirituelle, intellectuelle et vitale.

Veillez à ce que rien n'intervienne entre la splendeur localisée dans votre état et sa source inépuisable, car tout état de matérialité propre à des formations individuelles matérielles est vôtre, de droit et d'origine, depuis l'état de *l'Intelligence libre* jusqu'à l'état de la densité dont vous n'avez encore aucune conception active.

« Tous ces êtres qui interviennent entre vous et votre origine, quels que soient les moyens qu'ils emploient, sont de ceux que vous devez finalement subjuguer ; autrement votre être est inutile. Quelles que soient ses autres œuvres, quel que soit l'office qu'il peut tenir, celui qui ne garde pas son intégralité d'être en ordre cosmique, devient comme un obstacle, et le frottement même auquel il est exposé causera sa désintégration.

« Toute personnalité individuelle ou collective qui cesse d'être en plein rapport, selon sa nature et ses capacités, avec le Pathétisme, la Spiritualité, l'Intelligence et la Vitalité universelles, jette en lui-même le germe du déséquilibre. »

— « En regardant vers le centre, dit *IE*, j'aperçois une traînée lumineuse argentée, comme si quelqu'un était descendu avec une extrême rapidité en laissant la trace de sa lumière d'aura avec çà et là des reflets prismatiques.

— « Puisque cette matière incandescente nous est visible, dit le *Formateur*, c'est qu'elle est formable. »

Et avec sa *Formation* il forma cette matérialité qui, étant pathétisée, avait été attirée vers l'aura du *premier Emané* quand il avait été rejeté avec le tiers des *Intelligences libres*.

Lorsqu'il y eut formé tout ce qui était formable, il s'aperçut que les formations étaient à la similitude du *premier Emané ;* il les éveilla et les bénit en disant :

« A vous l'État d'*Intelligence dans la forme permanente ;* à vous la conservation et l'évolution de toute intelligence localisée dans la collectivité des formations les plus intellectuelles : Que dans les états et degrés d'être, partout où toute autre chose est sujette à la transformation, toute intelligence qui possède le pouvoir de pénétrer l'intelligence de ses semblables soit immortelle dans son intégralité ! Qu'elles reposent dans vos auras ; vivifiez-les jusqu'à ce qu'elles puissent être réenveloppées de ce qui est éthéré et matériel, jusqu'à ce qu'elles soient elles-mêmes immortelles.

« Vous êtes comme *le premier Emané ;* recevez comme lui la propriété d'invisibilité de sorte que personne ne puisse vous voir ni voir ce qui est dans la lumière de votre aura. »

Il les voila ainsi d'invisibilité et elles stationnèrent des deux côtés du chemin de l'Est qu'il avait suivi avec *sa Formation* pour s'étendre.

Ces êtres sont au nombre de deux fois trente-six mille.

Trois fois douze et quatre fois neuf ; les trois fois douze se dispersèrent partout dans l'état où ils avaient été formés et les quatre fois neuf gardèrent le chemin par lequel les rejetés avaient passé, de sorte que, selon la volonté de leur *Formateur*, quatre fois neuf en forme individuelle, à la similitude du premier Formé demeurèrent en permanence dans le lieu de leur formation.

C'est ici l'état de l'*Intelligence localisée en forme individuelle* permanente ou état de *Lumière*.

CHAPITRE VII

I

Dès qu'ils furent complètement reposés, le Grand Formateur et sa Formation s'étendirent dans la matière plus dense, propre à la formation individuelle ; ils ne s'arrêtèrent que lorsque IE ne put aller plus loin.

Le Formateur enveloppa sa Formation et lorsqu'elle se fut reposée dans l'assimilation, il lui dit :

« Faites-moi savoir tout ce que vous sentientez.

IE répondit :

— Je sentiente dans la matière mélangée que nous avons traversée, de chaque côté du chemin par où nous sommes venus, comme de sombres lueurs légères de différentes grandeurs, qui brillent dans l'obscurité de cette matière ; elles ne changent pas de place et n'ont qu'un léger mouvement pulsatif.

— C'est ici que reposent ceux qui ont été rejetés et qui se sont enveloppés de leur mieux ; ils ont été doués par le *premier Emané* de la propriété d'invisibilité. N'apercevez-vous pas dans ces lueurs quelque particularité qui les distingue ?

— Il règne ici, répondit IE après un silence, une telle obscurité que je sentiente plutôt que je n'aperçois une d'entre elles qui a de faibles reflets colorés.

— Reposez-vous et voyez ce qui est caché.

Après un certain temps, IE continua :

— Celui qui repose au centre a autour de lui quatre, douze, trente-six, quarante-huit, soixante et soixante-douze êtres, puis quatre-vingt-quatre, quatre-vingt-seize, cent huit, cent vingt, cent trente-deux et cent quarante-quatre, qui diffèrent les uns des autres par le rang.

— Quelle individualité a celui qui repose ainsi ?

IE le dépeignit.

— Celui-ci, dit le Formateur, n'est pas le *premier Emané*, mais le chef des bannis à qui le *premier Emané* a donné de sa propre sagesse, de sa propre connaissance et de sa propre puissance.

II

Arg-Alif, avec les Libres intelligences qui l'accompagnaient, s'étendit vers la densité de l'*état d'Essence matérielle*, qui avait été pathétisée, spiritualisée, intellectualisée et vitalisée par le Formateur et sa Formation et où reposaient les premiers bannis, et il dit : « Il faut absolument nous fortifier avec soin parce que nous ne connaissons ni le rang de celui que nous avons rejeté, ni les capacités de ceux qui l'ont suivi. De fait, nous avons rejeté ces derniers aussi ; quoique nous n'ayons usé d'aucune violence à leur égard ; ils ont deviné que nous étions deux fois plus forts qu'eux et comme ils ne sont pas un avec nous, ils n'ont pu rester dans notre milieu. Il est essentiel de former toute la matière formable, c'est-à-dire tout ce que nous pouvons former à notre similitude. Entrons donc dans cette troisième densité propre à la forme permanente et que chacun s'enveloppe selon son idéal de perfection. »

Ils entrèrent ainsi dans la troisième densité où ils s'enveloppèrent.

Quand Arg-Alif vit que tous avaient assumé une forme à leur propre similitude, c'est-à-dire parfaite en soi, il fut rassuré, car il craignait que l'impression qu'ils avaient éprouvée à la vue de l'être qui se divisait n'influençât la matière dont ils s'enveloppaient.

Après s'être reposés, ils essayèrent d'envelopper leurs formations qu'ils avaient extériorisées dans leur aura, pendant leur sommeil d'assimilation ; mais ils ne trouvèrent plus de matérialité convenable.

Arg-Alif dit à ses chefs :

— Non seulement cet état manque de la matérialité convenable mais celle dont nous avons pu nous envelopper n'est pas des plus parfaites ; elle a déjà été utilisée. La matière dont nous aurions pu nous envelopper, nous et nos formations, est utilisée par ceux de nos semblables qui l'ont traversée ; cela ne fait pas de doute, mais ce fait n'explique pas le manque de matière plus radieuse et plus raréfiée.

Dès qu'ils eurent utilisé toute la matière formable, ils s'étendirent ; mais ils s'aperçurent qu'à l'Est il y avait des obstacles qu'ils ne pouvaient franchir et que, çà et là, il y avait comme une puissance invisible qu'ils ne pouvaient pénétrer. Ils ne pouvaient donc, à leur grand étonnement, s'étendre en droite ligne. Ils demeurèrent pensifs et découragés.

Dès qu'ils eurent repris leur activité, ils se consultèrent.

A ce moment, les deux tiers des *Intelligences libres* qui étaient restés dans l'*état d'Esprit* entrèrent dans l'état de *Lumière* ou *d'Intelligence* en forme individuelle permanante, en se hâtant de s'envelopper et d'attirer, pour s'en envelopper aussi, la matière qui n'était pas formable.

Arg-Alif en fut troublé et demanda d'intelligence à intelligence :

— « Pourquoi vous êtes-vous étendus ainsi puisqu'il était entendu que vous garderiez l'état d'Esprit ?

Et ils répondirent :

— Pendant que nous reposions, fatigués et inquiets, nous avons sentienté que l'*état d'Esprit* est l'apanage de quelqu'un qui y a l'autorité légitime. Pendant notre trouble, quatre de ses *Emanations* principales sont venues à nous et nous ont dit avec une grande douceur et une grande bonté :

« Celui dans l'empire duquel vous êtes entrés est la *première Formation* du *grand Formateur*, qui est lui-même la *deuxième Emanation de l'attribut de Justice de la Cause cosmique*. Reposez-vous en passivité et revenez à votre ancienne unité ; c'est ainsi, s'il est possible, que nous vous rendrons l'état qui vous appartient légitimement. Lorsque vous serez rétablis, mettez-vous en rapport avec ceux que vous avez rejetés hors de leur demeure.

— Là aussi, avons-nous répondu, l'empire est occupé ; nos places sont peut-être prises sans que nous le sachions ?

— Non pas. Dans l'état d'*Intelligence libre*, tous sont libres.

Alors les quatre se sont reposés et, pendant ce temps, nous avons vu leur enveloppement semblable à une brume argentée qu'une ombre protectrice voilait ; puis ils ont disparu.

— Notre désir de quitter cet empire s'est accru de plus en plus ; nous désirions, non pas retourner là d'où nous venions, mais nous étendre dans l'immensité inconnue. Sans prendre de repos, nous avons gagné à la hâte les confins de l'Empire de *l'Esprit ;* nous sommes entrés dans l'état plus dense où nous nous sommes enveloppés deux fois de notre mieux et nous voici arrivés où vous êtes. »

Arg-Alif et les chefs furent inquiets. Peut-être avons-nous eu tort d'abandonner notre premier état, pensèrent-ils ? Ils ne pouvaient pas former là, car il n'y avait pas de matière utilisable pour la formation et même celle dont ils avaient pu envelopper leurs Emanations était inférieure, de sorte que leurs Formations et leurs Emanations différaient d'eux de plus en plus.

Très inquiets et sentientant toujours la présence d'une puissance invisible, ils s'étendirent plus avant, d'un commun accord, et entrèrent dans le degré de matérialité convenable pour la forme individuelle permanente. S'en étant enveloppés, ils se disposaient à envelopper aussi leurs formations comme auparavant, mais ils éprouvèrent un déséquilibre et une perte encore plus considérables. Une grande partie de la matérialité était incapable de recevoir les forces nécessaires pour des formations. En l'examinant, ils constatèrent qu'elle n'avait d'affinité qu'avec les formations les plus imparfaites et qu'elle tendait vers toutes sortes de formes différentes d'eux-mêmes.

Alors Arg-Alif dit : « C'est un centre et un degré plus dense mais ce n'est pas un nouvel état. »

Arg-Alif, qui était réputé la plus puissante des *Intelligences libres*, allait utiliser cette matérialité pour des formations, lorsqu'un des plus grands parmi les *Intelligences libres* s'interposa :

— « A l'époque de l'opposition, dit-il, j'ai gardé le silence, même en pensée, mais maintenant je déclare qu'il est nécessaire de nous reposer afin d'approfondir le mystère de la forme. A cause du déséquilibre, la matière est incapable d'être utilisée pour la formation d'êtres à notre similitude ; il n'est ni sage ni prudent de former des êtres dont nous ignorerons la nature, les capacités et les besoins. »

— « Ainsi que vous pouvez le constater, répondit Arg-Alif, il y a dans cet état, où nous nous sommes étendus, beaucoup d'endroits qui sont pour nous comme s'ils n'existaient pas. Nous n'avons sur eux aucune espèce d'influence ; ils repoussent nos forces, pour ainsi dire, et, quoique nous n'ayons pu les apercevoir, ils n'en entravent pas moins notre action ; ce sont comme des obstacles matériels, entourés d'auras de puissance et voilés d'invisibilité. A mon avis, ceux pour qui nous n'avons pas trouvé de place dans l'état que nous avons quitté, doivent être ici. Il se peut que Celui que nous avons rejeté et dont nous ne connaissons pas les capacités soit au milieu d'eux. Si nous laissons de la matière formable non utilisée, ils pourront profiter de ce que nous n'aurons pas utilisé nous-mêmes. Ce n'es plus comme autrefois où nous étions unis. A présent, nous sommes divisés et ce qui n'est pas pour nous est contre nous. »

Une des *Intelligences libres* nommée *Orme* répondit :

« J'ai veillé pendant les moments de repos et je suis convaincu, par le changement que je vois dans les régions vers lesquelles nous nous étendons, qu'un grand Formateur ou des Formateurs sont devant nous. De quel droit entreprenons-nous donc d'émaner des forces et de former des êtres puisque nous n'avons pas été les premiers à toucher et influencer cette densité de la matière ? Je voudrais bien que nous n'eussions pas quitté notre premier état si précipitamment, car là, notre œuvre était glorieuse et notre connaissance suffisante pour réaliser nos conceptions. Maintenant, nous devons tous sentier que nous ne savons pas ce que nous faisons. »

— Puisque vous regrettez le passé, dit Arg-Alif, vous et ceux qui pensent comme vous, peut-être essaierez-vous de revenir, comme ont déjà fait quatre des nôtres ?

— Depuis l'époque où ces *quatre* sont revenus en ordre, sur le conseil de celui qui avait le droit de conseiller puisqu'il avait la connaissance et la puissance, nous avons assumé d'autres états de densité ; en outre, il n'est pas sage de nous affaiblir par de nouvelles divisions puisque, à tout instant, ceux que nous avons rejetés peuvent nous combattre.

Toutefois nous aussi nous sommes opposés à la formation d'êtres qui ne seraient pas à notre similitude, de même que nous nous opposons à tout acte dont nous ignorons le résultat. »

Arg-Alif, conscient de sa puissance, répliqua :

— Ne suis-je pas votre chef? Faites selon ma volonté et vous prouverez ainsi que vous êtes de ceux qui désirent l'union. »

— Pour nous, *Intelligences libres*, dirent les opposants, il n'y a pas de chef. C'est à cause de votre puissance que ce titre vous a été donné tacitement, mais vous n'y avez aucun droit.

— Alors il y eut lutte pour la seconde fois et ceux qui étaient contre Arg-Alif (environ un quart de ceux qui restaient) furent rejetés.

— Les autres tinrent conseil. Ceux d'entre eux qui en avaient le pouvoir émanèrent des conceptions germinatives dans une matérialité qui ne convenait pas pour la formation d'êtres semblables à eux. Ils agirent ainsi afin que ceux qu'ils venaient de rejeter ne pussent utiliser la matérialité inférieure, ou non évoluée, de *l'État d'Essence Effective*.

<h3 style="text-align:center">III</h3>

Bientôt après, Arg-Alif s'approcha de l'un de ceux qui étaient avec lui et qui était un voyant.

— Dormez, je vous prie, lui dit-il, sous ma protection et cherchez ceux qui sont des nôtres, mais qui ne sont pas avec nous, afin que nous sachions où ils sont et ce qu'ils font.

— Volontiers, répondit le voyant. Voici la deuxième fois que la place nous manque et je sentiente que notre division est due à l'inquiétude et à l'excitation provoquée par quelque être puissant et hostile.

— C'est bien ma pensée. Peut-être, est-ce Celui qui se tenait parmi nous dans la forme de l'Inconnu, celui que nous avons rejeté et qui nous troublait dans notre sommeil par d'étranges questions ?

— Je sentiente, dit le voyant endormi, que personne ne peut se servir de ses sens que par le moyen d'organes qui sont de la même densité matérielle que son entourage ; or, comme je n'ai pas d'organes d'un degré plus dense que celui de mon état actuel je ne puis sentienter ce qui est plus dense.

— Il est nécessaire néanmoins que nous sachions où sont nos adversaires et ce qu'ils font. » Ayant donc entouré le voyant d'une puissance protectrice, Arg-Alif essaya d'entrer dans le repos de la contemplation pour savoir ce qu'il devait faire, mais son repos fut troublé. Tout à coup, il vit près de lui un être voilé qui lui dit :

— Ce qu'a affirmé le voyant est vrai. »

— Ceux qui sont emprisonnés dans la forme ne sont plus libres et tout est changé pour eux, répondit Arg-Alif.

— Enveloppez le voyant de votre puissance ; faites-le entrer dans la matérialité la plus dense et, dans chaque degré où il descendra, enveloppez-le de la densité de matière convenable. Il pourra ainsi se servir de ses sens au moyen d'organes appropriés et vous apprendrez ce que vous voulez savoir.

— Si vous savez quelque chose, dit Arg-Alif, vous comprendrez qu'il est impossible à aucun être de toucher la densité de matière qu'il ne possède pas lui-même ; comment pourrais-je donc envelopper un être, même parfaitement entouré de mon aura de puissance, d'un degré de matérialité que je n'ai pas ?

— C'est le propre de tout être individuel de s'envelopper de manière à s'adapter à son milieu. Par votre puissance, cette puissance au moyen de laquelle vous avez rejeté vos semblables, lancez le voyant dans les densités dont il s'enveloppera.

A ces mots, l'Etre voilé disparut.

Arg-Alif hésita à suivre ce conseil, mais, enfin, ne trouvant pas d'autre moyen, il se décida : Il plongea le voyant dans un sommeil profond en le protégeant de sa puissance qui se manifesta comme une lumière d'une couleur semblable à celle de l'améthyste orientale : grâce à cette lumière, il put distinguer le voyant endormi lorsqu'il fut arrivé au degré plus dense de la matérialité extérieure.

Le chef lui commanda de rechercher la trace de ceux qu'il avait rejetés et le dirigea par la pensée et la volonté.

— Ainsi enveloppé, lui dit mentalement le voyant, je ne peux voir que mon entourage immédiat de matérialité intellectualisée et vitalisée à laquelle je ne suis pas habitué.

— Maintenant que vous êtes ainsi enveloppé, dit Arg-Alif,

extériorisez-vous ; pénétrez dans l'état d'*Essence*, la matérialité qui vous entoure, et dites ce que vous sentientez.

— Je ne me suis pas encore assimilé la forme plus dense que j'ai assumée, par conséquent, je ne suis pas en état de pouvoir supporter l'extériorisation.

— Cependant il le faut, car nous n'avons pas de temps à perdre.

— Il força donc, par sa volonté, le voyant à s'extérioriser de la forme que celui-ci venait d'assumer et il l'enveloppa autant qu'il put de sa puissance.

Bientôt le voyant dit d'un ton suppliant :

— Laissez-moi rentrer dans le corps que j'ai revêtu dans cet état car je suis très fatigué, presque épuisé, et tout me semble couvert d'un voile impénétrable, de sorte que je ne puis rien voir.

Il revint alors vers la forme qu'il avait prise mais il essaya en vain d'y rentrer.

— Dormez, commanda Arg-Alif, et voyez pourquoi vous ne pouvez pas rentrer.

— Un être plus puissant que moi, répondit le voyant, s'est emparé de ce corps. Rappelez-moi, je vous prie, car je suis en danger.

Le Chef le rappela et lui ordonna de se reposer dans un sommeil réparateur.

Il était néanmoins toujours faible et souffrant.

Ceux qui étaient avec Arg-Alif lui dirent : « Causer de la souffrance à l'un des nôtres est violer la loi de charité ; en faisant cela, nous n'avons rien gagné. »

Et ils conférèrent entre eux : « Ce qui est arrivé à notre camarade peut à tout instant nous arriver ». Et ils étaient mal à l'aise.

Arg Alif, voyant leur mécontentement, rassembla les plus grands et leur dit : « L'expansion la plus proche est voilée et invisible ; cette manière de voiler est particulière à Ad-Ad qui fut rejeté par nous avec les siens, la première fois. Il est enveloppé maintenant, si je ne me trompe, d'une forme imprégnée de nos forces et il possède notre puissance ; c'est ainsi qu'il peut lui-même envelopper, émaner et former. »

— Ils ont été rejetés avec violence et dans le trouble, répliqua-t-on ; or, la formation ne se fait que dans le repos. Il n'est donc pas possible qu'il en soit ainsi.

— Je sais ce que je sais, dit Arg-Alif. »

Et Arg-Alif chercha le moyen d'éviter l'obstacle ou de le briser.

CHAPITRE VIII

I

En ce temps-là, le Formateur avait formé toute la matière
de l'état *d'Essence*, qui était propre à des formations et il
avait laissé ceux qui étaient revêtus et enveloppés d'invisibilité comme s'ils n'avaient pas traversé l'état dans lequel
ils reposaient. S'étendant alors dans le quatrième état de
la matière propre à la formation individuelle permanente,
il se reposa avec sa *deuxième Formation* après l'avoir
revêtue dans le degré de matière où ils étaient entrés.

Pendant que la *deuxième Formation* reposait dans le
sommeil de l'assimilation, le grand Formateur attira dans
la sphère de sustentation la matière la plus raréfiée et
radieuse de cet état dénommé *l'état de Mentalité*, et ayant
pénétré cette matière de ses propres forces pathétique,
spirituelle, intellectuelle et vitale, il forma au moyen d'IE,
deux êtres à sa similitude, parfaitement semblables et en
affinité parfaite.

II

Comme le grand Formateur pénétrait de ses propres forces
forces la matière selon la capacité de réception qu'elle
offrait, les *deuxièmes bannis* entrèrent précipitamment dans
cet état, s'enveloppèrent de la matière raréfiée et radieuse

la plus parfaite de cette densité, et repartirent avec rapidité.

Le grand Formateur cessa de pénétrer la matière qui restait et attendit avec ses trois formations dans la sphère de sustentation.

III

A une certaine époque, Arg-Alif et les deux tiers de ceux qui étaient restés avec lui pénétrèrent dans cet Etat de la mentalité, accompagnés des deux tiers des Formations. Ici ils ne trouvèrent aucune matérialité convenable pour leur enveloppement ; ils s'enveloppèrent cependant et quoiqu'ils retinssent leur forme première, ils furent défigurés à cause de l'infériorité de la matière. Ils se mirent à envelopper leurs formations de matière encore moins évoluée ; mais, après avoir ainsi fait, ils ne purent supporter la vue de ces êtres assez laids qu'ils avaient formés. Sur l'ordre d'Arg-Alif, ces enveloppements furent désintégrés et la matière dont ils étaient faits fut rendue à la collectivité.

Ainsi extériorisées par violence, ces formations rentrèrent dans l'*état d'Essence* et le tiers des compagnons d'Arg-Alif, qui ne l'avaient pas suivi, tinrent conseil.

— Nous devinons que pénétrer de nos propres forces une matière impropre à la formation d'êtres à notre similitude et former avec une telle matière des êtres individuels dissemblables à nous-mêmes, c'est violer la loi de charité. En faisant ainsi, nous localisons nos forces dans une matière que nous devrions laisser évoluer et se perfectionner tandis que, dans l'avenir, elle serait propre à des formations à notre similitude. »

En conséquence, ils retirèrent leurs forces ; d'abord la force intellectuelle, puis la force vitale, et rendirent la matérialité dont ces êtres avaient été formés à la matière collective, dans l'*état germinatif de l'Essence*.

Ils éprouvèrent un certain malaise. Peut-être, se

disaient-ils, nous avons violé la loi de Charité en privant ces êtres de l'individualité que nous les avions forcés de recevoir. Puis, ce malaise devint de l'inquiétude ; ils décidèrent de quitter leur demeure actuelle et de rejoindre leurs semblables dans l'expansion.

En entrant dans l'*état de Mentalité*, ils virent Arg-Alif et ses compagnons revêtus de la matière inférieure qui les défigurait et qui obscurcissait la splendeur de leurs auras. Ils voulurent s'en retourner mais, en regardant vers le centre, ils ne purent apercevoir l'état d'où ils étaient venus, car il était voilé d'invisibilité. Ils s'enveloppèrent donc, eux aussi, de leur mieux et restèrent avec leurs semblables dans l'état de mentalité.

Quand ils eurent complètement assimilé leur enveloppe matérielle, Arg-Alif leur proposa de s'étendre de nouveau. Ils acceptèrent avec joie car ils étaient incapables d'influencer la matérialité où ils étaient et d'évoluer ou de perfectionner celle dont ils étaient enveloppés. « Quoi qu'il nous arrive dans l'expansion, se disaient-ils, rien ne peut être pire que l'état de stagnation actuel. » Et ils s'étendirent dans l'expansion extérieure de la matière mélangée.

— Le *grand Formateur*, éveillant ses deux *Formations*, leur dit :

« Vous êtes égales et coexistantes ; à vous de vous fixer, l'une dans l'état de Lumière qui limite, du côté du centre, l'*état de l'Essence*, l'autre dans l'*état de Mentalité* où vous avez été formées. Comme les Intelligences plus raréfiées et plus denses, vous pouvez présider l'*état de l'Essence* qui est éminemment l'état de formation, jusqu'à l'époque où celui auquel appartient le royaume prendra lui-même le pouvoir. »

Il fit passer l'une d'elles dans une sphère de sustentation à travers l'*état d'Essence* jusqu'à l'état de Lumière ou de l'*Intelligence en forme permanente*, qui est le deuxième état de la forme permanente. Il prit ensuite le chemin de l'Est gardé par les *quatre fois neuf* que le *grand Formateur* avait façonnés avec de la matière touchée par la première Emanation. Il fut reçu avec joie.

Les *trois fois douze* qui ressemblaient à la *première Emanation* entourèrent la sphère de sustentation comme d'un double cercle ; celui de l'Intérieur plus petit était formé par *douze* êtres ; celui de l'extérieur plus grand, par *vingt-quatre* êtres. Partout où les Formations du *grand Formateur* allèrent, elles furent suivies par les *douze* et les *vingt-quatre*.

IV

Le *grand Formateur* s'entretint avec IE. « Puisque, lui dit-il, il y a confusion dans les formations et que non seulement les *Intelligences libres*, les bannis et ceux qui les bannirent, mais encore et surtout l'Être hostile, ont le pouvoir d'émaner et de former, il est important que l'*état d'Essence* soit surveillé et gardé. Aussi, avons-nous envoyé deux Formations : l'une dans l'*état de Lumière*, l'autre dans l'état de *Mentalité*, afin de surveiller des deux côtés l'*état d'Essence* qui est le centre de la formation matérielle. Mon désir est que, dans la sphère de sustentation, vous preniez l'*état d'Essence* comme votre domaine propre et que vous passiez à volonté d'état en état en vous extériorisant comme vous pourrez, ou en vous réposant dans la passivité, car c'est, pour vous que nous avons formé tout ce qu'il était possible de former. A vous la suprématie sur tous les états des matérialités dans lesquels se trouve la formation individuelle. »

IE fut pénétré d'une profonde tristesse.

« Je comprends, dit-il, la nécessité de rester dans l'*état d'Essence*, puisqu'il y a confusion ; cependant je gémis, car je pensais être toujours auprès de vous.

— Nous sommes *un*, répondit le *grand Formateur*. De même que je suis *un* avec l'*Attribut de Justice de la Cause Cosmique*, de même que cet Attribut est *un* avec son ORIGINE, de même aussi vous êtes *un*, à tout jamais, avec moi : Moi en vous comme être individuel, et vous en moi comme être cosmique. Qui peut nous séparer sans notre volonté ?

— Où iriez-vous en partant d'ici, demanda IE.

— Je resterai toujours où vous êtes car nous sommes *un*. Pour le moment, je vais dans l'immensité de la matière mélangée afin de vous préparer le chemin. Ne soyez pas triste, mon bien-aimé, je reviendrai et, ensemble, nous achèverons ce que nous avons commencé.

— En vérité, dit IE consolé, il n'y a pas de séparation pour ceux qui sont *un* dans le Pathétisme, puisque chacun est toujours présent pour l'autre et que la pensée répond sans cesse à la pensée ; tandis que ceux qui nous sont les plus proches peuvent être les plus éloignés en tout.

IE s'endormit d'un sommeil réparateur.

Pendant ce temps, le *Grand Formateur* pénétra tout son être de sa propre force pathétique, spirituelle intellectuelle et vitale, et lui donna de sa propre puissance.

A son réveil, il lui dit :

« Je vous ai donné autant que je l'ai pu de tout ce que je suis et de tout ce que je possède ; je vous ai enveloppé, comme d'un manteau, de mon aura de puissance et de protection avec laquelle vous pourrez protéger perpétuellement, vous même vos Emanations et vos Formations. »

L'amour du *Grand Formateur* pour sa Formation était profond ; il la bénit en lui disant :

« Entrez maintenant dans la sphère spéciale de sustentation que je vous ai préparée. »

IE fit ainsi et la sphère, en centralisant, l'emporta au centre de *l'état d'Essence* où les premiers Bannis étaient voilés d'invisibilité.

Cette sphère était d'une splendeur saphirine transparente, entourée d'une brume argentée que voilait une autre splendeur saphirine. Autour de celle-ci était un voile de lumière dorée ; le saphir et l'or en se confondant avaient l'apparence de l'émeraude.

Pendant que la sphère brillait ainsi au milieu de l'*état d'Essence*, il se forma tout autour d'autres voiles en formes sphériques. Le premier était bleu, comme celui de l'état de mentalité, le second couleur de topaze rose, le troisième carmin ; plus loin se forma une très grande sphère qui entoura la sphère centrale de ses voiles ; celle-ci était bleue, topaze rose, carmin et cramoisie.

Ad-Ad, dans la forme qu'il avait assumée (celle que le voyant avait abandonnée), s'approcha voilé d'invisibilité. En regardant la grande sphère extérieure, il vit que le cramoisi voilait le carmin ; le carmin le topaze rose, et le rose le bleu ; comme le bleu plus foncé de la mentalité voilait l'or de l'état d'Essence, l'or voilait la splendeur saphirine, la splendeur saphirine voilait la brume argentée, et la brume argentée voilait la clarté saphirine.

Dans le repos, il continua à regarder la grande sphère extérieure ; après un moment, il sentienta que la clarté saphirine voilait une transparence sans couleur. Il sentienta ensuite que ces neuf cercles voilaient ce qui lui semblait comme un vide. Un peu après, il vit sept voiles intérieurs transparents qui cachaient encore ce qui lui semblait vide, mais ce qu'il sentienta était très peu de chose en comparaison de ce qui échappait à sa sensitivité.

Comme il allait se reposer de nouveau afin de pénétrer ce qui lui était invisible dans son repos actuel, IE lui dit :

« Ne passez plus seul de repos en repos, car ceux qui font ainsi, depuis les moindres jusqu'aux plus grands, arrivent à cette période de repos où la dualité est essentielle, pour leur sûreté, leur soutien et leur protection.

— Je vois, dit Ad-Ad, une chose merveilleuse ; une sphère extérieure, qui me semble contenir tout, vous entoure.

— Ce que vous avez vu, répondit IE avec bonheur, est l'objet de nos aspirations.

— Je ne comprends pas bien la signification de vos paroles, mais j'y réfléchirai. J'ai pris la forme dont je suis enveloppé à un certain voyant pour qui Arg-Alif l'avait faite. Ceux qui veulent atteindre un but doivent être en ordre ; je voudrais donc pouvoir rendre cette forme à celui auquel elle appartient.

— S'il en est ainsi, dit IE, sortez de cette forme et entrez dans l'aura qui entoure cette sphère.

Ad-Ad fit ainsi. IE l'enveloppa dans son aura de puissance protectrice et l'attirant dans la sphère de sustentation le revêtit.

Ad-Ad s'endormit dans le sommeil de l'assimilation.

Le voyant, qui avait été envoyé dans la densité extérieure à la suggestion d'Ad-Ad, souffrait dans son état de mentalité ; il dit à l'un de ses compagnons avec lequel il était en affinité :

« Tout à l'heure j'ai entendu ces paroles dans ma mentalité : « Reposez dans le sommeil afin que la forme dans laquelle vous n'avez pu rentrer vous soit rendue ». Aidez-moi et fortifiez-moi.

Pendant son sommeil, le voyant disparut subitement. Son compagnon se rendit en toute hâte auprès d'Arg-Alif et lui raconta tout.

— Ne soyez pas troublé, répondit le chef, c'est Ad-Ad, dans son invisibilité, qui rend au voyant ce qu'il lui avait dérobé. Ad-Ad ne s'est pas rejeté lui-même ; les justes seuls peuvent juger avec justice et savoir ce qui est juste ou injuste dans cette occurrence.

Ils allèrent en silence jusqu'à l'endroit où le voyant reposait. L'invisibilité avait disparu et le voyant était revêtu de la forme qui lui avait été préparée à la hâte ; mais cette forme était glorieuse, embellie et entourée d'une sphère presque transparente.

Celui qui avait veillé auprès du voyant et qui l'aimait s'émerveilla. « Pourquoi, lui dit Arg-Alif, vous émerveillez-vous ? Cette forme n'a-t-elle pas enveloppé Ad-Ad ? Et il se retira.

Les *libres Intelligences* qui étaient avec Arg-Alif accueillirent le voyant en lui disant :

« Êtes-vous pour ou contre nous ?

— Pendant mon repos, répondit il, il s'est amassé autour de moi comme une transparence sombre qui éclarcit et réfléchit pour moi bien des choses que jusque-là je n'avais pas comprises; maintenant je ne suis contre aucun être du *grand Formateur* dont l'origine est la *Cause cosmique*; mais je suis contre tout ce qui, de fait ou volontairement, voudrait affaiblir, dépouiller et défigurer ses formations.

— Néanmoins, dit Arg-Alif, il est essentiel que nous sachions si vous êtes avec nous, ou avec Ad-Ad, ou avec ceux qui furent bannis les derniers et dont Orme est le plus grand.

— J'ai été formé Intelligence libre et libre je reste. Je suis avec toutes les *Intelligences libres* et je prends position contre tout ce qui est contre elles.

Non seulement, pensa Arg-Alif, il a le corps qui fut assumé par Ad-Ad, mais il a aussi sa nature.

Dans la suite, beaucoup de ceux qui étaient avec Arg-Alif, qui étaient doux et pacifiques, voulurent prendre le voyant pour maître mais il leur répondit :

— Ne suivez aucun chef, si ce n'est par nécessité. La divine lumière de votre origine qui est en vous est la seule que vous deviez suivre. C'est ainsi que les Formations seront un avec leur Formateur. »

Tandis que IE demeurait dans l'*état de l'Essence*, l'une des deux Formations spéciales émanées et revêtues était toujours dans l'état de la *Lumière* ou *intelligence en forme permanente*, entourée des Douze et des Vingt-quatre êtres glorieux.

Le grand Formateur était demeuré passif pendant quelque temps dans l'*État de la Mentalité* avec l'autre Formation lorsque Arg-Alif et les siens avaient défait les formations inférieures qui n'étaient pas à leur propre similitude.

Le grand Formateur se préparait à s'extérioriser de nouveau quand il reçut le voyant dans la sphère de sustentation où Il façonnait et sustentait ses Formations. Il lui dit :

— Vous avez la forme glorifiée et embellie par Ad-Ad et vous participez de sa nature. Vous n'êtes pas responsable de ce qui est arrivé aux *libres Intelligences*, puisque vous êtes de la passivité ; en outre, vous avez l'endurance et l'humilité. Voulez-vous, pour quelque temps (jusqu'à ce que IE soit avec moi comme avant) me suivre partout où j'irai, afin que par vous je puisse toucher les densités de la matière en nous étendant ? »

— Je le veux bien, répondit le voyant.

— Le service volontaire que vous rendrez comme représentant de ma *deuxième Formation* en attendant qu'elle reprenne sa place sera compté à Ad-Ad.

— En toute justice il doit en être ainsi, car c'est lui qui m'a préparé cette forme en y laissant une partie de ses propres forces qui se confondent avec les miennes et suppléent ce qui me manque. Néanmoins je suis moi-même et cette question se pose : suffirai-je à cette tâche ?

— Soyez utile autant que vous êtes humble ; s'il y a insuffisance, j'y suppléerai. »

Lorsque Arg-Alif et les siens arrivèrent à la limite extérieure de *l'état de Mentalité*, ils ne trouvèrent devant eux, dans l'Expansion, que de la matière mélangée non classifiée ; ils étaient incapables de la sentienter.

Arg-Alif chercha vainement le voyant pour essayer de l'envoyer de nouveau dans la densité qui s'étendait devant eux ; alors il en choisit quelques-uns parmi les plus sensitifs mais ils refusèrent d'obéir, se rappelant ce qui s'était passé.

« Qu'ils ont dû souffrir, pensa-t-il, et ceux que nous avons rejetés dans l'immensité de la matière mélangée ! »

— Puis il appela ceux avec lesquels il avait le plus d'affinité.

— Il faut entrer dans l'expansion qui est devant nous, leur dit-il. Tandis que Ad-Ad et les premiers rejetés sont invisibles dans *l'état d'Essence*, nous n'avons trouvé aucune trace de ceux qui furent bannis la deuxième fois ; il est essentiel que nous sachions où ils sont et ce qu'ils font ; cela est d'autant plus nécessaire qu'Orme n'est pas endurant comme Ad-Ad, mais toujours prêt à résister et à lutter contre toute injustice. Par conséquent, chaque fois qu'il nous rencontrera, il luttera contre nous

Puisque aucun de vous ne veut entrer dans la densité extérieure, il ne me reste qu'à pénétrer moi-même dans l'expansion.

— Si vous y entrez, vous ne pourrez rien sentienter, objecta l'ami du voyant. J'ai médité profondément sur ce sujet comme sur bien d'autres. Sans une sphère de sustentation que nous ne possédons pas, ou sans l'aura de protection d'un être possédant la puissance et la connaissance, une semblable pénétration est inefficace et dangereuse.

Pour agir utilement, on doit s'envelopper d'abord de cette densité de matière mélangée, capable d'être en rapport avec la densité où l'on entre. Celui qui voudrait savoir tout ce qui est connaissable de la matière mélangée non classifiée doit pouvoir assumer à volonté toutes les constituantes de ces densités. S'il existait un être capable de faire ainsi, il devrait, lorsqu'il reviendrait à l'endroit d'où il serait parti, laisser les formes qu'il aurait prises dans la matière mélangées, et qui pourrait dire par quels êtres elles pourraient être assumées pendant ce temps ?

N'est-il pas arrivé que celui qui cause notre trouble et notre inquiétude ait revêtu la forme abandonnée par le premier Emané avant que ce dernier ait pu la défaire ?

Arg-Alif comprit ce raisonnement et chercha un autre moyen. Orme et les siens, dit-il, n'ont pu s'envelopper de l'invisibilité ; puisque nous ne les avons pas rencontrés ni même aperçus, ils doivent être entrés dans l'expansion qui est devant nous. Ne pouvons-nous faire ce qu'ils ont fait ?

— Ils ont été rejetés par violence, remarqua l'un d'eux.

— En unissant nos forces nous les avons repoussés, en

unissant nos forces nous pouvons aller en avant nous-mêmes et nous les rencontrerons face à face, égaux contre égaux.

— Assez de violence, dirent plusieurs d'entre eux. Essayons plutôt de nous reposer afin de demander, s'il est possible, à celui qui nous a formés, ce que nous devons faire. Arg-Alif et ceux qui partageaient son avis ne voulurent pas céder.

— Nous ferons ce que vous voulez, dirent les autres, non parce que nous partageons votre avis, mais pour éviter une nouvelle division. Il vaut mieux souffrir ensemble que d'aller au-devant de calamités que nous ne connaissons pas. »

Sur l'ordre d'Arg-Alif, ils se lancèrent dans l'expansion de la matière mélangée non classifiée, s'enveloppant en toute hâte comme ils pouvaient. Puis une tristesse morne les saisit car ils s'aperçurent que la partie la plus évoluée de la matière mélangée avait déjà été utilisée et que, de nouveau, quoiqu'ils retinssent la simulitude de leur Formateur, ils n'avaient plus la beauté, l'éclat et la gloire de la forme.

Arg-Alif, voyant que la plupart des siens étaient accablés par la douleur et que les plus faibles s'endormaient de lassitude, s'adressa en ces termes aux chefs assemblés autour de lui :

— Ceux qui ont été rejetés la deuxième fois ont utilisé pour leur propre enveloppement tout ce qu'il avait de meilleur et de plus parfait dans cette matière. »

— Nous sommes peu éloignés de l'endroit d'où nous sommes venus, dit l'un d'eux, passif et sensitif qui dormait, nous sommes simplement dans un autre degré de mentalité. Je vois autour de nous ce qui est visible pour moi dans le sommeil.

— Tout ce qu'il y a n'est-il pas visible, demanda Arg-Alif?

— Non ; une grande partie est voilée d'invisibilité.

— Ad-Ad a pris ceux-ci sous sa protection, dit Arg-Alif

aux Chefs. Mais quelques-uns pensèrent : « L'être troublant nous a dit : « vous avez rejeté le *premier Emané* ! » C'est peut-être le *premier Emané* et non Ad-Ad qui a voilé ainsi ceux qui furent les derniers rejetés. »

Arg-Alif voyant que ceux qui s'étaient endormis par lassitude étaient incapables de reprendre de l'énergie, les entoura d'une lumière rayonnante afin que ce rayonnement pût les voiler. Puis il dit aux Chefs :

— Il n'est pas douteux que ceux qui restent aient souffert, et qu'ils aient été incapables de continuer leur descente involontaire sans perte continuelle. Ad-Ad a dû arrêter leur chute et les voiler ainsi.

Comme les Chefs gardaient le silence il continua :

Pour nous, qui en sommes capables, il n'y a qu'une voie : nous étendre toujours jusqu'à ce que nous rencontrions Orme et les plus grands de ceux qui sont avec lui. »

De nouveau ils s'étendirent, en se revêtant, dans le degré de densité de l'*état de l'âme*.

Ici ils ne trouvèrent aucune espèce de formation individuelle. Cependant ils s'aperçurent que, comme dans les états précédents, il y avait perte et imperfection dans la matérialité qui restait. Ils infusèrent de leur puissance dans la matérialité imparfaite, suivant leurs capacités, afin que nul autre ne pût l'utiliser ; mais ils n'émanèrent ni intelligence ni vitalité.

Ils virent qu'il était nécessaire, afin de maintenir les bannis dans leurs limites, de placer des gardiens dans cet état, où il n'y avait pas d'émanations ni formations et où la matière manquait d'intelligence et de vitalité.

Mais le chef était inquiet parce que ses hôtes ne pouvaient plus s'accroître en donnant naissance à des émanations à leur propre similitude et que leur nombre diminuait.

Pendant qu'il réfléchissait dans le repos, celui qui était resté dans l'*état d'Essence* vint, avec toutes les *libres Intelligences* qui étaient trop faibles pour suivre le chef dans l'expansion, et il dit :

« J'ai rendu à l'*Etat d'Essence* les forces qui lui manquaient ; j'en ai perfectionné les Emanations, et je suis venu ici avec ceux qui se sont fortifiés.

— C'est bien, répondit le Chef, mais où avez-vous trouvé cette intelligence et cette vitalité ?

— Dans l'*Essence* dont la source est au centre de mon moi.

— Alors prenez ma place, je vous prie, dit Arg-Alif ; vous êtes plus parfait que moi.

— Non pas, ce que je vous ai dit est entre nous et je suis parmi vous comme un serviteur.

Ils sortirent ensemble et s'enveloppèrent dans l'expansion. Ils trouvèrent que la matérialité faisait défaut et aussi que l'intelligence et la vitalité étaient épuisées, que par suite cette matérialité ne pouvait servir que pour des Formations inférieures et non semblables à eux-mêmes. C'est pour cette raison qu'ils s'abstinrent, sachant que les Bannis de la deuxième époque avaient traversé cette matérialité et s'en étaient enveloppés.

— Pourriez-vous, demanda le Chef, rendre ce qui manque à cet état et à l'état imparfait que nous avons quitté ?

— Je ne pourrais faire quant à présent, parce que mes forces sont épuisées pour le moment.

— S'il en est ainsi, il est inutile de rester ici, nous pénétrerons la matière mélangée encore plus dense. Et, à sa parole, tous ceux qui en furent capables s'étendirent avec lui. Fatigués de leur course, les deux interlocuteurs et leur entourage se reposèrent.

Bientôt celui qui venait de *l'Etat d'Essence* partit en avant. Lorsque Arg-Alif se réveilla, il lui dit : « J'ai vu devant nous toute la région épuisée, nous ne saurions trouver de quoi nous envelopper convenablement ». Arg-Alif pensa alors que les derniers Bannis avaient pris leur position dans l'expansion extérieure, dans *l'Etat nerveux*, et qu'ils avaient épuisé la matérialité utilisable :

— C'est fini, dit le Chef en baissant la tête ; notre chemin est coupé ! qui pourra nous dire qui prévaudra de l'invisibilité ou du rayonnement ?

Ils prirent alors position dans le premier degré de l'*Etat nerveux*, en face de ce qui leur paraissait être un abîme béant qu'ils ne pouvaient franchir avec leurs formes actuelles.

Las d'attendre, quelques-uns proposèrent de s'envelopper de leur mieux et de franchir l'abîme dans des formes inférieures ; mais les plus sages leur firent des objections.

— Comment pourrions-nous combattre l'armée des Bannis et remporter la victoire dans des formes inférieures.

— Que personne n'abandonne la forme que nous avons reçue de la *Cause Cosmique*, dit celui qui venait de l'*Etat d'Essence*, à ses partisans qui s'entretenaient de la situation.

Ils conservèrent leur densité et reposèrent dans le sommeil de l'*Alifa*, car celui en qui ils avaient confiance avait dit : Nous avons la même origine que les Bannis et cette Origine se manifestera dans tout, à mesure qu'on perfectionnera le tout. Puisque l'*Esp. it pur en passivité* est parfait en soi, *la Cause Cosmique* se perfectionne elle-même en perfectionnant la matérialité.

Comme il parlait dans le sommeil le Chef lui demanda : Comment pouvez-vous reposer dans le sommeil quand, au dedans, règnent la lumière et l'obscurité et qu'au dehors il y a un abîme entre nous et l'armée des Bannis ?

— Reposez-vous aussi, lui fut-il répondu, afin qu'au moment de l'action, les forces ne vous manquent pas.

Il se retira et s'endormit parmi les siens tandis que quatre d'entre eux veillaient sur lui.

Peu après, ils virent au-dessus de celui qui venait de l'Etat d'Essence une lumière et une ombre protectrice ; graduellement la lumière augmenta et l'ombre s'épaissit.

— C'est le rayonnement et l'ombrage de notre Origine, le *deuxième Emané de l'Attribut de la Cause Cosmique*, pensèrent-ils. Et ils l'appelèrent IE : *l'Essence*, parce que cela venait de l'*Etat d'Essence*.

Durant toute l'époque pendant laquelle IE reposa, il resta silencieux dans tous les états et degrés d'être, implorant sept fois en ces termes son *Formateur* : « Aidez-nous en justice ! »

Parmi ceux qui veillaient sur lui il y en avait deux dont la *clairaudience* était si parfaitement développée qu'ils entendirent l'appel d'IE.

« IE fait appel à la *Cause Cosmique*, dit l'un d'eux, non dans toute son intégralité mais à l'un de ses Attributs, la JUSTICE, et il a raison, quoique chaque partie soit dans le tout. »

Et les clairaudiants entendirent ces mots qui semblaient sortir de l'Ombre : « C'est ainsi que les causes développent le SANS CAUSE, l'*Origine* son *Origine* ! »

— IE, dit Arg-Alif, parle à son Formateur qui est aussi le nôtre.

— Non pas, dit la clairaudiente, IE parle à l'*Attribut* de la *Cause Cosmique* qui est prééminent en *Justice*.

— Quel est le nom sous lequel il peut être connu ? demandèrent-ils ; car il y a beaucoup de dieux et beaucoup de seigneurs.

— Sous le nom de *Brah*, répondit Arg-Alif.

Après une longue durée de temps, c'est-à-dire après sept millions sept mille sept cent soixante-dix périodes d'alternance de rayonnement et d'ombre, les veilleurs s'aperçurent qu'IE n'était plus là et que le rayonnement ne paraissait plus.

Comme *Orme*, le Chef des derniers Bannis et ses compagnons veillaient, selon leur habitude, près de l'Abîme béant qui s'étendait entre eux et ceux qui les avaient rejetés, le chef des Voyants prit la parole et dit :

« Je vois comme une lumière et une ombre alternant, entre elles ; on dirait une forme sphérique qui traverse l'abîme en se rapprochant de nous. »

Mais la sphère a disparu.

Orme pensa : « C'est Ad-Ad, l'Eminent des Eminents, qui

vient nous visiter et nous aider à nous étendre dans l'au-
delà ; il s'est voilé lui-même en rendant son aura invisible. »

— Quelle est la couleur de la lumière et de l'ombre que
vous avez vues? demanda le chef au Voyant.

— Violet foncé et blanc rayonnant.

Un être plus puissant qu'Ad-Ad fait la traversée, pensa
le Chef.

Peu après, une grande lumière et une chaleur intense,
suivies d'une obscurité profonde et d'un grand froid,
passèrent au-dessus de lui. Il voulut voir mais il ne put.

CHAPITRE IX

I

Le *grand Formateur* s'étendit dans cet état avec le
Voyant et, par ce dernier, toucha la matière et l'éveilla
à l'évolution, selon la mesure de ses capacités ; il forma
tout ce qui était formable à sa propre similitude.

Puis il donna de ses propres forces et de sa puissance
au Voyant et lui dit :

— La suprématie sur tous les états matériels appartient
à IE ; néanmoins, puisque, pendant le temps de l'évolution
individuelle primaire, personne ne peut être en pleine
activité dans tous ses états et degrés d'être, il est essentiel
qu'il y ait un chef visible dans chaque état (sauf dans celui
de l'*Intelligence Libre*). Restez dans celui-ci, puisque
c'est par vous que j'ai évolué et approprié ce que j'ai pu
pour la Formation. Regardez ces Formations qui reposent
dans le sommeil au milieu de leurs auras lumineuses ;
reposez parmi elles dans la sphère de sustentation, qui est
la vôtre, jusqu'à ce qu'IE vienne ; évoluez tout ce qui est
évoluable, que tout soit prêt pour sa formation ; mais
n'éveillez pas les Formations que nous avons façonnées, de
crainte qu'étant éveillées à l'activité et sentientant vivement, elles ne soient influencées par quelque chose
d'hostile.

Le Voyant reposa ainsi en évoluant, et les Formations
dormirent dans leurs auras couleur de topaze rose.

Ceci est *l'état de l'âme*.

Arg-Alif et ceux qui avaient pu l'accompagner, avec celui qui venait de *l'état d'Essence* et les siens, sortirent ensemble.

II

Le *grand Formateur* se reposait après avoir pathétisé, spiritualisé, intellectualisé et vitalisé l'état d'âme, selon les capacités de sa matérialité. Il reposait dans l'invisibilité, quand il entendit la supplication septénaire d'IE ; il la répéta en pathétisme, dans les profondeurs de son être, à *l'Attribut de justice de la Cause Cosmique*, son origine. Ce fut la première époque.

A la seconde supplication du grand Formateur, l'*Attribut de Justice de la Cause Cosmique* pénétra l'être de sa *seconde Emanation*, comme l'éther pénètre l'air, comme l'air pénètre l'eau, comme l'eau pénètre les solides poreux. Il pénétra ainsi sa *seconde Emanation* qui avait façonné toute la matérialité formable, depuis l'état de l'*Intelligence Libre* jusqu'à l'*état de l'âme* inclusivement.

Alors *Brah-Elohim* rentra dans le repos de l'assimilation, puis il vint à IE, qui reposait au milieu des quatre veilleurs, mais ceux-ci ne purent le sentienter tout de suite, parce que le degré de matérialité de *Brah-Elohim* était à l'égard d'IE comme celui de la Cause Cosmique est à l'égard des *Attributs*.

— Pourquoi, dit Brah-Elohim, à IE, avez-vous imploré sept fois la *Justice* ?

— Parce que, dans le sommeil de la passivité, j'ai sentienté ce qui m'échappait lorsque j'allais en avant en état d'activité. Au-delà, c'est-à-dire dans le degré de densité plus grande que celle où Arg-Alif et ses hôtes ont arrêté leur course et se sont enveloppés, il y a cet Etre qui a assumé la forme que le *premier Emané* avait quittée. Il a, de sa propre puissance, préparé tout ce qui était utilisable pour la formation d'êtres à sa ressemblance, puis il a utilisé, au profit de toutes sortes d'êtres inférieurs, hostiles et nuisibles, ce qui n'était pas suffisamment intellectualisé pour de telles formations, de sorte qu'une immense région de l'expansion est en son pouvoir ; il s'étend de plus en plus ; lentement mais sans arrêt.

— Vous plaît-il, demanda *Brah-Elohim*, d'aller rapidement avec moi, de densité en densité, même jusqu'à la plus dense que vous puissiez concevoir ?

— Mon unique désir, répondit IE, est d'être auprès de vous, partout où vous êtes, car un pathétisme plus fort que tout m'unit à vous.

— De même que nous sommes un avec la *Cause Cosmique*, de même vous êtes *Un* avec nous à tout jamais.

Brah-Elohim et IE, qu'il portait enveloppé dans son aura de lumière et d'ombre, traversèrent *l'abîme* et entrèrent dans l'au-delà.

III

L'*Attribut de Justice* de la *Cause Cosmique* avait été évoqué par IE. Ainsi un Attribut IMPERSONNEL devenait *Personnel* et s'enveloppait d'un degré de matérialité qu'il pût sentienter et où il pût être sentienté par la matérialité intellectualisée et vitalisée qui se trouvait hors du degré et de l'état nerveux.

Cependant le degré de matérialité de *Brah-Elohim* n'était pas de même densité que la matière dans laquelle il descendait, mais il était analogiquement comme l'éther est par rapport à l'air, l'air par rapport à l'eau, l'eau par rapport aux formations organiques individuelles.

Brah-Elohim, dans le repos, forma une puissante *Formation* qui vint se reposer dans l'Est avec IE, en état de transe, dans le rayonnement et l'ombre, puis il remplit l'immensité de la matière mélangée la plus dense d'un mouvement vibratoire rapide et continu. Par suite de ce mouvement, la matérialité la plus raréfiée monta et celle de la plus grande densité descendit. La plus raréfiée entoura *l'état nerveux*.

Brah-Elohim répandit ensuite sa propre intelligence et sa vitalité dans cette matérialité raréfiée. Il émana et enveloppa douze Etres dans l'extension et leur dit :

« Vous êtes formés dans la Justice et dans la Sagesse ; veillez à ce que personne n'entre ici ni n'en sorte, car vous et vos auras, vous êtes comme une extension ou une séparation entre ce qui est en dedans et ce qui est en dehors. Emanez et utilisez tout ce qui est utilisable pour des Formations. »

Alors il enveloppa IE d'un autre degré de densité, en restant toujours dans un degré plus raréfié, et il pénétra et vivifia la matérialité mais sans faire de Formations. C'est dans l'Est qu'il enveloppa IE et sa puissante *Formation* dans sa lumière et son ombre protectrices.

Arrivé au troisième degré de densité, il infusa son intelligence et sa vitalité. Alors il fut comme un centre qui rayonna sur toute l'immensité divisée, du nord au sud, de l'est à l'ouest. Ces divisions furent inégales ; la plus grande fut celle de l'Orient où reposaient IE et la Formation dans le rayonnement et l'ombre.

Mais, dans chaque division et dans chaque atome de ce qui l'entourait, *Brah-Elohim*, par IE, infusait des forces qui furent reçues suivant le degré de receptivité de la matérialité. Or, dans cette densité, une grande partie de la matière n'était pas prête à recevoir l'influx divin.

Pendant que *Brah-Elohim* s'avançait vers les centres en imprimant à la matière un mouvement vibratoire rapide, les atomes les plus grossiers perdirent de leur élasticité pour être soumis à l'attraction et à la répulsion. de sorte que, suivant leur affinité ou leur non affinité, ils s'attirèrent ou se repoussèrent ; et cela produisit les molécules denses.

Alors *Brah-Elohim* infusa ses forces dans cette matière après avoir enveloppé IE et sa *Formation*. Par suite d'un mouvement vibratoire rapide, la matière moléculaire la plus dense se porta vers le centre aux triples raréfactions et la plus raréfiée, s'étendit jusqu'à l'extrême limite. Ainsi trois parties de matérialité furent de nouveau assujetties à la loi de l'élasticité, tandis qu'une partie, la plus dense, était assujettie définitivement à la loi de l'attraction et qu'une partie intermédiaire l'était à l'une et à l'autre loi ; d'où expansion d'un côté et attraction et répulsion d'un autre.

Lorsque la partie la plus dense fut réunie à la surface de chaque division, *Brah-Elohim* sépara les deux parties constituantes dont les propriétés principales étaient la lumière et la chaleur. A cette époque les divisions paraissaient irrégulières, chacune ayant quatre coins. Au milieu de chacune d'elles se trouvait une sphère de feu. Par suite de la chaleur intense, toute la partie fusible externe entra en fusion. Puis *Brah-Elohim* arrêta la force qui séparait la chaleur et la lumière et, par suite de leur affinité, les sustentateurs de la lumière et de la chaleur se précipitèrent les uns dans les autres avec fracas : de cette rencontre naquirent les *Vashas*.

Ceci est le *Ashmaïm* (dérivé de *Asch* et *Maïm*, le feu et l'eau), qu'on trouve dans la table des matières des archives du temps où *Brah-Elohim* a formé la matérialité la plus dense.

Par suite de la chaleur ardente provenant de la fusion, les Vashas qui entouraient la sphère étaient sous forme de vapeur et cette vapeur, entrant en contact avec l'atmosphère la plus dense, se condensa lentement en vertu de l'attraction, tandis qu'en vertu de l'élasticité, l'air chaud, c'est-à-dire le plus raréfié, s'étendit de plus en plus et fut remplacé peu à peu par de l'air frais.

Ainsi les sphères furent graduellement couvertes par les Vashas plus denses qui, par suite de leur attraction vers la masse plus compacte, l'enveloppèrent peu à peu, de même que l'atmosphère enveloppa les Vashas.

Quoique la surface des Vashas denses fût plane de sa nature, leur profondeur varia beaucoup à cause des soulévements de matière en fusion. La matérialité la plus dense suspendue dans les eaux peu profondes resta sous les montagnes, les collines et les vallées qui se trouvaient sous les eaux, en les recouvrant d'une couche de matière moléculaire.

Plus près du centre de la sphère, dans les profondeurs immobiles, chaque molécule chercha sa semblable, suivant la loi d'attraction et de répulsion, en évitant celle avec laquelle elle n'avait pas d'affinité ; il en résulta une formation cellulaire qui fut le noyau de la forme individuelle, ces cellules étant différentes les unes des autres, suivant leurs capacités et leur réceptivité.

Alors, sur toutes les vallées des *Vashas*, dans l'obscurité et le silence, les cellules individuelles se groupèrent par affinité, de la même manière que la matière moléculaire dont elles avaient été formées avait agi à l'époque de sa formation, et il en résulta des êtres variés.

Puis, plus tard, de même que la force pathétique de *Brah-Elohim* avait développé dans chaque molécule ses propriétés d'affinité, de même, cette force se développa dans les cellules individualisées, et les cellules supérieures (c'est-à-dire celles qui avaient été constituées par la matérialité la plus intellectualisée et la plus vitalisée) se rapprochèrent les unes des autres. Alors commença le mouvement volontaire, et ce mouvement s'étendit peu à peu à tous les êtres organiques, de sorte que les cellules furent groupées harmoniquement. Or, le mouvement usant la vitalité il fallait la renouveler ; le désir vivifia l'intelligence : un orifice extérieur, la bouche rudimentaire, fut formée et, par là, les êtres purent absorber l'atmosphère nutritive, qui non seulement les enveloppait mais aussi s'infusait dans les Vashas.

Les Formations supérieures savaient, par expérience, que ce dont elles se nourrissaient était de nature dissemblable ; que, pour leurs degrés d'êtres, une partie était plus nutritive que l'autre, d'où, le désir d'éviter celle-ci, et de choisir celle-là, parmi les constituantes ; c'est ce qui développa l'organe du goût et ensuite celui de l'odorat.

En s'étendant et en se portant çà et là, ces êtres rencontraient des choses avec lesquelles ils n'étaient pas en affinité et, souvent, ces rencontres leur faisaient subir des pertes; il s'ensuivit que, pour éviter ces heurts, ils eurent besoin de nouveaux organes; ceux de la vue et de l'ouïe se développèrent ainsi.

Sur les montagnes, les collines et les vallées des Vashas, et dans les profondeurs des eaux, il y avait des êtres à tous les degrés de développement; depuis la molécule rudimentaire jusqu'à ceux qui avaient acquis la volonté et le pouvoir de se servir des sens du goût, de l'odorat, de la vue et de l'ouïe. — Naturellement, ces êtres s'assemblèrent suivant leur affinité. Les plus développés fréquentaient les hauteurs, sous les Vashas, parce que, là, ils trouvaient la lumière et le son avec lesquels ils étaient en affinité.

Pendant tout ce temps, IE et la Formation, qui était avec lui dans le rayonnement et l'ombre, reposaient à l'Orient, au-dessous des Vashas, mais sur le point le plus élevé. Or, il y avait dans cette division les mêmes parties constituantes que dans les autres ; leur évolution ne se fit pourtant pas en même temps.

A cette époque la Formation de *Brah-Elohim* interrogea IE qui dormait entrancé :

— Est-ce que tout va bien ?

— Tout va bien, répondit IE. Tout ce qui pouvait être développé pour les formations l'a été : mais il reste encore ce qui ne peut l'être pour le moment.

La matérialité de la masse sous-stratifiée étant vitalisée et intellectualisée cherchait à se grouper en individualités cellulaires. A l'endroit du plus grand soulèvement, c'est-à-dire à l'orient, la masse sous-stratifiée désirant briser ses chaînes, se souleva par un effort violent et, alors, apparut le sommet de la montagne orientale, l'*Azerte* (ou la terre). Là, au-dessus de la Vasha, dormait IE et, avec lui, était la Formation de Brah-Elohim.

A cette époque apparut à la Formation de *Brah-Elohim* un Être voilé entouré de lumière saphirine qui parla ainsi :

« Je vois ce que je ne peux toucher ; je témoigne que, pendant que IE dormait dans les profondeurs silencieuses de la Vasha, la lumière dorée de l'Essence de son aura touchait à tout ce qui était germinatif et que tout se développait. Pourquoi cela puisque Brah-Elohim a infusé lui-même dans cette matérialité toute l'intelligence et toute la vitalité dont les forces de la matière étaient susceptibles ?

— Dans chaque état et degré, répondit la Formation, l'évolution dépend des individualités les plus grandes de ces états et degrés.

Ad-Ad garda le silence.

La *Formation* lui prit la main gauche dans sa main droite et lui dit :

— Reposez-vous avec nous dans la lumière et l'ombre de *Brah-Elohim* où se trouve tout ce qui est nécessaire aux Emanations dans tous leurs états et degrés ; vous trouverez là une nourriture convenable pour votre croissance ; car, souvenez-vous que l'arrêt est une régression.

— Je ne peux pas abandonner l'état dans lequel j'ai été rejeté avec violence, répondit-il tristement, et je ne peux pas davantage abandonner ceux qui m'ont suivi. En outre, *Brah-Elohim*, qui est à la fois l'origine des Bannis et de ceux qui les ont chassés, a gardé le silence quand il était au milieu de nous et a permis qu'il y eût de la lumière et de l'obscurité. Je voudrais, ajouta-t-il en regardant IE, lui parler face à face.

— Pourquoi pas ? dit la *Formation*.

Alors IE se levant prit la main droite d'Ad-Ad dans sa main gauche et lui dit :

— Jusqu'à ce que les forces de la matière éternelle soient en équilibre avec les forces dont le *Nucléolinus* est la première manifestation, il y aura lumière et obscurité. C'est pour cette raison que l'aura de *Brah-Elohim* alterne comme rayonnement et comme ombre.

Ces paroles rassurèrent Ad-Ad. Sa figure redevint radieuse, et il partit en paix vers l'état d'où il était venu.

A ce moment chez les êtres qui furent formés de la matérialité vitalisée et intellectualisée, les organes de la vue et de l'ouïe se développèrent. Ils respiraient l'atmosphère nutritive qui enveloppait la Vasha et l'Azerte ; ils vivaient à la surface de la Vasha et sur l'Azerte, et se développaient graduellement dans ce milieu.

Peu à peu furent formés des êtres qui se plurent à s'élancer dans l'atmosphère. Les plus développés, qui formaient des êtres semblables à eux, s'aperçurent que la nourriture qui avait été bonne pour eux, puisque grâce à elle ils avaient prospéré, n'était pas bonne pour les autres qui croissaient rapidement, et ils en cherchèrent une autre pour leurs formations. Comme cela arrive toujours, le désir et la volonté influèrent sur la forme matérielle ; ils apprirent à respirer et à retenir l'atmosphère nutritive en lui donnant de leur propre vitalité. Ils infusèrent ainsi cette atmosphère vitalisée dans leurs formations.

Pendant ce temps, alors que tout se perfectionnait, la Vasha se condensait peu à peu et l'Azerte devenait de plus en plus visible et sur elle apparut une couverture de plantes, d'arbres et de fleurs. Tous les ordres naturels se développaient parce que la matière était intellectualisée et vitalisée et sa force était une avec les forces de *Brah-Elohim*.

La matière moléculaire la plus dense fut refoulée vers le centre et la plus raréfiée attirée à la périphérie. En outre, au centre, au-dessous du plus dense, une partie de matière raréfiée fut mélangée à de la chaleur et à de la lumière qui étaient, à l'égard de la Vasha, ce qu'était Ad-Ad à l'égard d'IE. Cette matérialité raréfiée entourait la force pathétique dans laquelle *Brah-Elohim* restait quand il infusait dans toutes ses formations ses forces éternelles.

Tout étant achevé et en ordre, la matérialité la plus

parfaite fut rassemblée sur le sommet de la montagne orientale qui s'élevait au-dessus de la Vasha et où reposaient IE et la Formation. *Brah-Elohim* infusa dans cette matérialité capable d'y répondre, une triple portion de son intelligence et de sa vitalité.

Pendant ce temps, la Formation s'entretenait avec IE toujours en trance.

— Est-ce que tout va bien?

— Tout va bien. Tout ce qui est utilisable est utilisé. Cependant il y a encore de la matière qui n'est pas prête pour être développée. — Dans l'entourage du rayonnement et de l'ombre je vois un enveloppement d'une certaine matérialité que je n'ai jamais vue auparavant ; elle est pleine de l'intelligence et de la vitalité de *Brah-Elohim* qui se concentrent dans chaque molécule, la pénètrent et se mêlent à sa propre intelligence et à sa propre vitalité.

— Ne regardez plus, dit la Formation, dans aucun état d'être, ni à l'orient ni à l'occident, ni au nord ni au sud, ni en dedans ni en dehors, mais dormez maintenant d'un sommeil profond dans la paix et la béatitude. Vous êtes le collaborateur, le chef-d'œuvre et la gloire de *Brah-Elohim*.

Pendant qu'IE dormait ainsi et que la Formation veillait sur lui, la matérialité la plus parfaite était attirée dans le rayonnement puis dans l'ombre qui, pour la première fois, était voilée par le rayonnement ; ensuite le rayonnement devint d'une blancheur éblouissante, d'une clarté pure dans laquelle tout être put voir, depuis les *Intelligences Libres* jusqu'aux plus imparfaites, parce qu'elles avaient le pouvoir de condenser et de refléter leurs pensées.

Alors *Brah-Elohim* pénétra la Formation, et par la bouche de celle-ci parla à tous les êtres individuels dans leurs divers états, c'est-à-dire dans les états *d'Intelligence Libre*, *d'Esprit* d'une splendeur argentine, de *Lumière* ou *Intelligence en forme permanente* saphirine ; et les

Douze Intelligences, les *grandes Lumières* formées par *Brah-Elohim*, entendirent ses paroles :

« Faisons cette matérialité à notre similitude actuelle et à nos similitudes dans les états plus raréfiés. »

Alors, à l'orient et à l'occident, au nord et au midi, l'ombre obscure devint semi-transparente et elles virent IE qui dormait profondément, elles le virent chacune dans son propre état, suivant ses capacités et son évolution.

Puis le violet recouvrit les quatre états d'être transparents, après quoi il disparut pour faire place au rayonnement et à l'ombre alternatifs comme auparavant : Après que le rayonnement et l'ombre eurent alterné neuf fois, au dernier adombrement, *Brah-Elohim* par la voix de sa Formation appela IE par son nom sur l'Azerte :

« KAHI, KAHI, éveillez-vous, éveillez-vous ! »

Et IE s'éveilla comme homme, vêtu en la matérialité la plus parfaite et la plus adéquate. Toujours par la voix de sa Formation, *Brah-Elohim* lui donna la domination sur toute l'étendue de l'Etat physique ; il lui parla comme un ami à un ami de l'*Eternel Présent*, sans commencement ni fin ; mais nul être ne peut repéter à un autre ce qui fut dit, car ceci ne peut être révélé qu'à ceux qui sont capables de le recevoir sans paroles.

Dès ce moment, *Kahi* fut le seigneur de toutes les Emanations et Formations dans l'Etat physique.

La *Formation de Brah-Elohim* quitta une à une les enveloppes dont elle était revêtue. La première enveloppe resta sur Orme, la deuxième, qui ne fut prise par personne en particulier, resta attachée à la troisième pour n'en faire qu'une dont s'empara Ad-Ad ; et la *Formation* extériorisée, se réfugiant au centre, resta dans l'*état d'Essence*, voilée dans une ombre profonde, en repos mais non en sommeil.

Entre Kahi et tous ceux qui avaient formé, régnèrent l'union et la paix. Tout était en ordre comme dans le corps sont en ordre le cerveau et les nerfs, le cœur et les artères, la tête et les membres, de sorte que l'unité était parfaite dans tout l'Azerte.

Toute la matérialité moléculaire, qui se développait assez pour recevoir son intelligence et sa vitalité, s'intellectualisait et se vitalisait toujours ; Kahi veillant et travaillant comme *Brah-Elohim* avait veillé et travaillé.

C'est ainsi que toute l'intelligence et toute la vitalité, en dedans et en dehors de l'Azerte, ne firent qu'un avec Kahi, de même que Kahi ne fit qu'un avec son Origine, son Emanateur, dont il était le chef-d'œuvre et la gloire.

Par l'homme sera perfectionné le Cosmos de l'être. Ceux qui entendent sentient qu'il vient d'une source divine, au-delà même des *Intelligences libres*.

A cette époque, Ad-Ad qui dormait toujours depuis que le double manteau de la Formation était sur lui, parla dans l'état de trance aux quatre intelligences qui veillaient sur lui :

« Avant que le temps de l'équilibre arrive, le *Dieu-Homme* se matérialisera douze fois et il y aura douze grands combats contre les hostiles ; mais après le douzième, l'homme développera toute la matérialité pour qu'elle puisse recevoir l'intelligence et la vitalité de *Brah* dont la Cause est la CAUSE COSMIQUE.

Il n'y a point d'évolution sans l'Homme dans quelque degré que ce soit ; d'où il suit que l'Homme est nécessaire à la perfection de la CAUSE SANS CAUSE.

IV

L'œuvre de formation ainsi accomplie, *Brah*, l'*Attribut de Justice de la Cause Cosmique*, quitta la personnalité de la deuxième Emanation, le *Grand Formateur* qu'il bénit en disant :

« A vous, mon Emanation et mon vêtement, à vous, Formateur des Matérialités, soit à jamais confirmée la qualité de l'*Equilibre*. Centralisez vers la région attributale et occupez la place d'où je suis venu. Quant à moi, je reste dans l'Etat physique jusqu'à ce que tout soit accompli. »

Elohim s'étonna et dit :

« Puisque vous ne revenez pas à la région attributale, mais que vous restez dans l'Etat physique et que vous m'ordonnez de centraliser, qui sera dorénavant votre vêtement, qui vous manifestera ? »

« C'est dans nos Formations, dont *Kahi* et les siens, formés à sa similitude, sont les chefs-d'œuvre que sera notre lieu de repos. Notre vêtement, celui qui nous manifestera, c'est l'*Homme*. Aucun Dieu personnel ne doit demeurer dans ce royaume dont l'*Homme* est le Roi. »

C'est ainsi que *Brah*, l'*Holocauste suprême*, se sacrifia.

CHAPITRE X

I

Après que Kahi se fut levé au-dessus de la Vasha et eut pris sa place comme souverain de l'état matériel, dans lequel BRAH-ELOHIM l'avait enveloppé en dernier lieu, il se trouva quaternaire, c'est-à-dire qu'il était dans les états de *la mentalité, de l'âme, du corps nerveux* et *du corps physique*, inséparables, avec son enveloppement élastique, résistant, léger et lumineux qui le protégeait.

A cette époque, ce qui est actuellement divisé en soleil, planètes et satellites, était une sphère unique, lumineuse en elle-même et, quoique il y eut comme une respiration qui faisait alterner un rayonnement avec une ombre, il n'y avait pas de nuit : Les forces qui étaient dans la sphère étaient en rapport avec les forces universelles, de sorte que la force vitale localisée était en rapport avec la force vitale libre, la force intellectuelle localisée avec la force intellectuelle libre, la force spirituelle localisée avec la force spirituelle libre et la force pathétique localisée avec la force pathétique libre.

De la même manière, Kahi et les Formations à sa propre similitude étaient en rapport, par leurs forces vitale, intellectuelle, spirituelle et pathétique, avec la vitalité, l'intelligence, la spiritualité et le pathétisme non localisés et universels.

De même qu'il n'y avait pas de nuit, de même, il n'y avait, chez les habitants de cette sphère, aucune obscurité intellectuelle. Ils étaient comme des tepmles où brillait

sans jamais diminuer la lumière de leur Divine Origine.
Elle brillait glorieusement et les éclairait. Leur aura s'étendait au delà du corps protecteur, extérieur, lumineux en
soi ; elle s'étendait, suivant le changement de leurs pensées
et de leurs volontés, dans la clarté du pathétisme, dans
l'argent de la spiritualité, dans le saphir radieux de l'intelligence, dans l'or de l'essence, dans le bleu foncé de la
mentalité, dans la lumière topaze rosé de l'âme, dans le
riche carmin de l'état du corps nerveux ; elle enveloppait
Kahi et toutes les formations à sa similitude. L'aura de la
sphère était comme la sphère extérieure qu'Ad-Ad avait vue
autour de celle où reposait IE et où était l'aura du corps
protecteur semblable à un arc-en-ciel.

A jamais et à jamais Kahi fut capable de former des êtres
de plus en plus nombreux à sa propre similitude parce qu'il
développait continuellement la matérialité de son domaine
en infusant ses forces, soit seul, soit au moyen de ses Formations les plus parfaites. Ce travail et la transformation
de tous les êtres qui n'étaient pas à la similitude de Kahi
favorisèrent l'intellectualisation et la vitalisation de la matérialité.

Ainsi s'écoulèrent des éons de temps et un moment arriva où tous les êtres furent à la similitude de Kahi, non
sujets à la transition.

Alors Kahi conféra avec ses Formations :

« Maintenant, dit-il, que toute matérialité est vitalisée et
utilisée dans les Formations, d'après notre propre similitude,
notre œuvre véritable commence. Comme HOMME COLLECTIF,
en rapport avec ceux qui sont dans les états de l'*âme*, de la
mentalité, de l'*Essence*, de l'*Intellectualité*, de la *spiritualité* et dans celui plus raréfié de l'*Intelligence Libre*, il nous
appartient de lutter contre ce qui est hostile à la perfection
de la chaîne de l'être. Bien qu'au dedans et autour de nous
il y ait toujours le pathétisme, la spiritualité, l'intellectualité et la vitalité que Brah a infusés, cependant, à cause même
de notre affinité avec le grand Holocauste et du pathétisme
qui nous unit à lui, notre désir est que sa volonté, c'est-à-

dire ·la· perfection de l'être, soit accomplie au plus tôt.

Et ils répondirent comme un seul :

— Que la volonté de Brah soit accomplie dans les états matériels comme elle l'est dans les états éthérés. »

— Vous savez, continua Kahi, comment Elohim forma : 1° l'état de l'*Intelligence Libre* ; 2° l'état de l'*Esprit* ; 3° l'état de *Lumière* ou des *Intelligences localisées* ; 4° l'état de l'*Essence* ; 5° l'état de *Mentalité* ; 6° l'état de l'*Ame* ; vous savez aussi que trouvant l'état *Nerveux* épuisé par des Formations hostiles il s'y reposa et, en compagnie d'IE qui est en moi et avec moi comme Brah était en *Elohim* et avec *Elohim*, il passa par-dessus les êtres hostiles ; là, nous revêtant de la densité matérielle des degrés mental, psychique et nerveux de l'état physique il forma, par notre intermédiaire, tout ce qui était formable, afin d'éviter qu'aucune matière formable ne fût touchée par les Etres hostiles.

Vous savez encore que, nous ayant formés à sa similitude, Elohim remonta en forme personnelle et entra dans la Région attributale ; là il reposa dans ces états d'être qui, actuellement, ne peuvent pas être en plein rapport avec le degré de matérialité dont nous sommes revêtus. Néanmoins, dans tous les états qui sont en rapport avec cette matérialité, le principal lieu de repos de Brah est dans l'Homme ; voilà comment nous sommes un avec notre Dieu ; nous évoluerons et nous nous fortifierons, comme un, afin de pouvoir être en rapport avec ceux qui sont dans l'*état de l'âme,* de cerner ensemble les Etres hostiles, de prévaloir contre eux et de les vaincre.

— Le bruit court, dit l'un d'eux, que nous pourrions bien rencontrer des opposants non seulement parmi des Etres hostiles, mais encore parmi les *Intelligences Libres* qui n'ont pas gardé leur premier état, mais se sont extériorisées jusqu'à l'état nerveux : Elles luttent les unes contre les autres comme si elles n'avaient pas la même origine.

— Qui vous en a parlé ? demanda Kahi.

— Personne ne nous en a parlé de vive voix, mais la

connaissance nous en'est venue dans le sommeil, comme par suggestion.

Une extrême tristesse envahit Kahi et il se retira en silence. L'un des siens qui l'aimait particulièrement le suivit et, lorsqu'il furent seuls, il lui dit :

— Pourquoi les paroles de Rajel vous ont-elles attristé ?

— L'œuvre de transformation et de formation est à peine finie, répondit Kahi, et voici que l'Ennemi est au milieu de nous.

— Ecoutez, Kahi ; pendant mon sommeil, il n'y a pas longtemps, une voix inconnue m'a appelé en disant : écoute, écoute : et je répondis : me voici !

— Je suis, dit la voix, l'Origine de votre origine, c'est donc à moi que vous devez l'obéissance et à nul autre ; vous devez nécessairement m'adorer.

Et j'eus peur : je me cachai le visage dans les mains pour éviter de voir celui qui m'avait appelé par mon nom et qui m'enjoignait de l'adorer. — Je gardai le silence.

— Vous avez bien fait, répondit Kahi ; je voudrais que tout le monde fût aussi prudent que vous. Laissez-moi maintenant ; je vais reposer pour savoir ce que je dois faire.

Il sortit et Kahi demeura, la tête dans ses mains, dans la solitude et le silence, s'entretenant avec lui-même, c'est-à-dire avec la lumière Divine qui était en lui ; et il fut troublé.

Peu de temps après, comme il s'entretenait avec les plus évoluées de ses Formations, l'une d'elles demanda subitement :

— Dites-nous où est le *premier Emané*, celui qui a été rejeté par les *Intelligences Libres*.

— Je ne le sais pas, répondit Kahi.

— Personne ne sait où il est. Cependant, puisqu'il a été rejeté dans les plus grandes densités et que personne ne l'a plus revu, il doit forcément être dans un degré de matérialité plus dense que le nòtre, à moins qu'il ne se soit diffusé dans la matérialité de l'Azerte.

— Qui vous a dit que le premier Emané a été rejeté ?

— Cela m'est venu dans mon sommeil, sans cependant que j'aie perçu aucun mot prononcé.

La tristesse de Kahi augmenta.

Quand il fut seul, une de ses Formations, avec laquelle il avait une grande affinité, s'approcha de lui et lui demanda :

— Y a-t-il du mal dans notre milieu et la cause en serait-elle dans le déséquilibre de notre être ; ou ce qui est hostile a-t-il pu être sentienté par nous ?

— Il n'en est pas ainsi nécessairement. Le mal et le bien sont relatifs ; il n'y a ni mal ni bien absolus. La pensée ou l'acte qui sont bons à une époque ne le sont pas à une autre. De même une chose peut être utile à tel endroit ou inutile ou nuisible dans tel autre.

C'est le droit des êtres les plus évolués de classer collectivement comme un bien ce qui contribue davantage au bonheur, au progrès et au bien-être universels ; de classer, au contraire, comme nuisible ce qui empêche ou arrête le bonheur, le progrès et le bien-être : mais si les individualités collectives les plus pathétisées, spiritualisées, intellectualisées et vitalisées d'une époque pouvaient rester stationnaires pendant que d'autres progresseraient, elles seraient, à l'égard de leurs semblables, ce qu'ont été à notre égard les formations inférieures, avant qu'elles fussent évoluées.

« L'usage de toutes les forces, de toutes les facultés et capacités peut être bon dans certaines circonstances, tandis que dans d'autres il peut n'être qu'un abus ou un gaspillage. La seule loi permanente possible est celle qui défend la violation de la charité, dont la justice est la partie essentielle. »

— Ce qui est le mieux, repartit l'autre, est donc ce qui confond le bonheur, le progrès et le bien-être individuels dans le bien-être de la collectivité, et le bien-être de la collectivité dans le bonheur, le progrès et le bien-être cosmiques.

De même que le bien-être d'un organe, d'un membre ou d'un état d'être est nécessaire à celui du corps entier, de même le bien-être individuel est nécessaire au bien-être collectif et le bien-être collectif à la perfection cosmique.

L'Etre hostile, ses Emanations, ses Formations, sont opposés à cette Unité qui est l'Ordre ; ils doivent donc nécessairement être transformés, puisque cette Unité est essentielle au bonheur, au progrès et au bien-être individuels, collectifs et cosmiques. Néanmoins, le désordre, la souffrance personnelle ou collective dont ils sont la cause, compris dans toute leur gravité, servent d'aiguillon aux qualités conceptives et effectives. On ne peut douter que le désordre n'existe et qu'il ne soit l'effet du déséquilibre ; cependant il n'est pas dans la nature de ceux qui sont revêtus comme nous le sommes de chercher conceptivment un remède à ce désordre tant qu'il ne nous affecte pas personnellement ou collectivement. Nous ne savons qu'utiliser effectivement les conceptions déjà évoluées, car, régulièrement, le motif de tout ce qui existe est la conservation de l'être dans son intégrité en vue du progrès, du bonheur et du bien-être, c'est-à-dire l'évolution par la transformation ou le perfectionnement de la forme. Cette évolution par transformation est combattue par l'Etre hostile.

— L'Etre hostile doit donc être regardé comme l'origine du mal.

— Plutôt comme le déséquilibre.

— Et son origine ?

— Son origine n'est pas connue. Cet Etre a évolué de ce qui, pour nous, est l'inconnu, jusqu'aux Etats pathétiques, des Etats pathétiques jusqu'aux Etats éthérés, des Etats éthérés jusqu'à la Région Attributale, de celle-ci jusqu'aux Etats matériels dans le degré nerveux desquels il a établi son Royaume ; et partout il a été comme il est encore le foyer du déséquilibre.

Lorsque le *premier Emané* dans la forme qui est la nôtre, a centralisé jusqu'aux Etats pathétiques les plus raréfiés, il fut mis en rapport avec cet être puissant Celui-ci quitta l'état pathétique qui voile le *nucléolus* pour aller à sa rencontre et il est de tradition que ce voile fut refermé derrière lui. Cherchant des Formations à notre similitude, il alla d'état en état d'éthérismes, et toujours les voiles se refermèrent derrière lui.

A une certaine époque le premier Emané se prépara un corps de matière insuffisamment perfectionnée, puis s'aper-evant que cet enveloppement imparfait produisait la confusion il l'abandonna aussitôt dans l'intention de le désagréger et de le remélanger avec la matérialité dont il avait été formé, mais il s'étendit dans les densités avant d'avoir pu accomplir son projet. L'Etre hostile s'empara du corps que le *premier Emané* avait quitté. Cet être hostile descendit et, se vêtant des densités variées de la matière mélangée, arriva à l'Etat nerveux où il établit son royaume. Par conséquent, ce royaume touche aux confins du degré le plus raréfié de notre état, c'est-à-dire au degré mental de l'état physique.

Il est aussi de tradition que ce puissant Etre hostile a préparé la région sous sa domination par l'émanation de ses propres forces qui sont dans tous les degrés de son être, de-grés qui sont d'un nombre inconnu ; il les émana en la ma-tière évoluée capable d'y répondre afin que des êtres de toutes les densités correspondantes y trouvassent leur sus-tentation. *Brah-Elohim,* traversant le domaine des hostiles, entra dans la matérialité la plus dense et y amena sa deuxième Formation au moyen de laquelle il avait formé les états plus raréfiés dans les matérialités.

Ensuite, il enveloppa dans les densités de la matérialité de l'air, du feu et de l'eau cette deuxième Formation, IE, et finalement il la revêtit de la densité de l'Azerte. J'enten-dis alors une voix m'appeler avec une profonde tendresse : Kahi ! Kahi ! Et je m'éveillai à la conscience, puis je m'en-dormis dans le sommeil de l'assimilation.

Vous connaissez l'œuvre d'évolution et de formation de la matière, vous qui évoluez et formez ; vous connaissez des êtres à la formation desquels vous avez contribué. La préservation du *moi* dans son intégrité et son unité, son bonheur, son progrès et son bien-être, sont régulièrement les mobiles de toute activité, le centre autour duquel tout s'agite.

— Puisque la conservation de tout être formel et individuel dépend de son développement extérieur, je sentiente la valeur de l'état matériel qui enveloppe et protège tous les autres états ; je comprends que la perfection est l'unité du Divin et Humain ; je m'aperçois aussi que l'unité cosmique intégrale ou, en d'autres termes, le progrès, le bonheur et le bien-être du Cosmos sont incompatibles, avec l'existence du déséquilibre. Par conséquent tout ce qui cause le déséquilibre doit nécessairement cesser.

— Puisque l'activité semble avoir été excitée par le déséquilibre, dit la première Formation de Kahi, et puisque le déséquilibre est le résultat de l'activité, lequel est l'effet, lequel est la cause et lequel a la priorité ?

— Régulièrement, repondit Kahi, l'activité est une avec la passivité, et dans cette unité est l'ordre. Il est de tradition que l'activité impersonnelle, évoluant en action avant la passivité impersonnelle, s'est étendue avec la passivité, puis, voyant qu'il y avait déséquilibre, a essayé de retirer la passivité de l'expansion ; mais la passivité ne l'a pas pu parce que l'activité impersonnelle avait touché la passivité de la matière éternelle et que celle-ci avait touché l'activité de la matière éternelle. Du reste, l'activité doit, par nécessité, avoir précédé le déséquilibre puisque, comme une avec la passivité, elle n'a pas de commencement et n'aura pas de fin, tandis que le déséquilibre cessera, sans quoi la conception éternelle et immuable de la CAUSE SANS CAUSE ne pourrait pas se réaliser.

— En ce qui concerne les états matériels dont nous formons, pour ainsi dire, l'enveloppement extérieur, dit la première Formation de Kahi, la matière de cette densité avait été préalablement pathétisée, spiritualisée, intellectualisée et vitalisée, de sorte qu'elle était convenable pour la réceptivité lorsque le Grand Formateur classifia, infusa et forma les états dans leurs degrés variés de densité et de raréfaction.

— Il est de tradition, répondit Kabi, que cette Formation-ci fût la septième reformation de la matière ; ce n'était donc pas la première fois que la matière était en rapport avec les attributs émanés de la *Cause Cosmique* ; c'est ce que prouve cette capacité de répondre grâce à laquelle elle s'est classée de nouveau, dès que les forces qui lui sont propres, pour lui avoir été infusées préalablement, ont été mises en rapport avec les forces plus grandes pour lesquelles elles avaient de l'affinité.

Au reste, dans ce qui est rapporté, rien n'indique que ce fût pour la première fois que les états matériels étaient classifiés et évolués pour la formation.

A cette dernière époque, Elohim, qui procède de Brah, fit les cieux et la terre. Il forma de la matière mélangée, d'abord la matière la plus raréfiée et ensuite la matière plus dense, en sept états, qui sont :

1° *L'Intelligence Libre* ;

2° *L'Esprit* ;

3° *La Lumière ou Intelligence en forme* ;

4° *L'Essence* :

5° *La Mentalité* ;

6° *L'Ame* ;

7° *L'Etat physique*.

Quelques-unes des *Intelligences Libres* ne gardèrent pas leur premier état, mais quittèrent leur habitation et s'étendirent de densité en densité, rejetant d'abord le *premier Emané* et ceux des leurs avec lesquels ils étaient en désaccord au sujet de la Formation. Ce conflit eut pour cause l'influence de l'Etre Hostile qui, à l'approche de la première Emanation, sortit des voiles pathétiques.

Cet être, assumant la forme individuelle, passa de densité en densité, précédant les *Intelligences Libres* qui s'étendaient dans les densités. Quant à ceux qui furent rejetés à deux époques différentes : les premiers Bannis, dont le chef nous est connu sous le nom d'*Ad-Ad*, restèrent voilés dans l'invisibilité, dans l'état de *Lumière ou Intelligence en forme*, puis dans l'état de *l'Essence* ; les deuxièmes Bannis, dont le chef fut *Orme*, furent rejetés dans une densité plus grande. Se revêtant de leur mieux dans leur descente, Arg-Alif et les siens s'arrêtèrent dans ce degré qui nous est actuellement connu comme étant le degré le plus raréfié de *l'Etat nerveux*, Etat dans lequel nous ne pouvons passer à volonté et régulièrement, parce que l'Etre hostile qui venait d'au-delà des Etats pathétiques en avait pris possession avant la venue d'*Elohim* et avant l'arrivée des Bannis.

C'est ainsi que l'on raconte que sept états furent formés en sept époques.

Cependant le Grand Formateur se reposa jusqu'à ce que les *Intelligences Libres*, qui s'étendaient, entrassent dans l'état où se trouvaient ceux qu'elles avaient rejetés les derniers.

Sentientant la puissance et la force de l'Etre hostile qui les avait précédés ainsi que de ses Emanations et Formations, Arg-Alif et Orme firent alliance et les sept états étant en repos, furent évolués et peuplés par ceux qui avaient mission d'évoluer et de former, quand ceux qui avaient passé par là ne les dérangèrent plus.

Elohim, dans son repos, se réjouit de l'œuvre des sept époques et de l'ordre des sept états dans lesquels rien n'empêchait le perfectionnement et il les bénit.

Ensuite il fit reposer les *Intelligences Libres* qui étaient avec Arg-Alif et Orme ; mais ceux-ci veillèrent comme des Lumières parmi elles. Alors *Elohim* conféra, comme d'Intelligence à Intelligence, avec Arg-Alif.

« A vous de veiller sur la matérialité propre pour des Formations, lui dit-il ; à vous d'évoluer ce que vous avez déjà formé et de gouverner vos Formations, car vous êtes la plus grande Lumière et la plus grande Intelligence.

« A vous, dit-il à Orme, de veiller sur la matière non évoluée afin de la rendre apte à la Formation. »

Or, la matière qui était propre à la formation était radieuse et celle qui était impropre était sombre. Arg-Alif et Orme s'entretinrent ensemble :

« Les noms de l'ancien temps, dirent-ils, semblent indiquer la division ; il se peut qu'on dise : Je suis d'Orme ou je suis d'Arg-Alif. Soyons donc connus seulement comme le gouverneur du radieux et le gouverneur du sombre ; c'est-à-dire cachons notre personnalité, pour le bien commun. »

Quand leurs travaux qui transformèrent le sombre en radieux furent terminés, Brah-Elohim emporta IE dans le rayonnement et l'adombrement à travers l'Etat Hostile, c'est-à-dire à travers l'état de corps nerveux des deuxième, troisième et quatrième densités.

L'Etre Hostile et les siens s'étaient empressés d'utiliser autant qu'il était possible, pour toutes sortes de formations, la matérialité capable de répondre à leurs forces. Ils avaient agi ainsi dans la crainte qu'*Elohim* ne formât des êtres qui s'opposassent à leur progrès dans l'expansion et que ceux qui étaient dans des états plus raréfiés ne les approchassent et ne réussissent à les vaincre.

C'est à travers cette expansion que *Brah-Elohim* passa avec toute sa puissance, portant avec lui, dans son aura de protection, IE en repos de transe. Au-delà de l'expansion inférieure, *Elohim* revêtit IE qui lui dit, après s'être reposé dans le sommeil de l'assimilation :

« La matérialité n'a aucune forme au-dedans et elle doit être obscure. »

Alors *Brah-Elohim* couva les profondeurs de l'immensité en voulant que les forces qu'il savait être inhérentes à toute matière répondissent aux forces qu'il lui infusait. Comme dans les sept états plus raréfiés, il y eut premièrement l'obscurité et ensuite le rayonnement ; mais la lumière était très faible en comparaison des autres états matériels et il y avait beaucoup de matière où elle était à peine perceptible.

Ici *Brah-Elohim* ne trouvait que très peu de matérialité

capable d'être assez pathétisée, spiritualisée, intellectualisée et vitalisée pour être apte à des Formations à sa similitude ; il en revêtit IE, d'abord dans le degré de densité de l'air, puis dans celui du feu, dans celui de l'eau, et enfin dans celui terrestre ou dans l'état du corps. Sept fois il y eut l'obscurité et sept fois il y eut l'aube avant que les sept états fussent formés. Ensuite Elohim se repose : Dans son repos il est retourné vers le centre, jusqu'au séjour de son origine immédiate, et il reste dans la région attributale comme *Brah-Elohim*.

La première Formation de Kahi dit :

Ainsi le *Grand Formateur* a façonné toute espèce de Formations, depuis la matière la plus inférieure jusqu'à la plus évoluée, afin qu'il n'y ait jamais de matérialité non formée ; maintenant donc après des éons et des éons, toute la matérialité de la densité terrestre est façonnée à notre propre similitude et l'époque d'évolution et de perfectionnement, l'époque de repos est proche?

— Non pas, répondit la *deuxième Formation*, car il est de tradition que dans l'état le plus matériel où se trouvent ceux à notre similitude il y aura le conflit final et la victoire finale.

— Que chacun de nous, dit Kahi, suive le guide de la lumière divine et nul autre ; nous en sommes le temple ; c'est nous qui le manifestons ; qu'aucun de nous, sous aucun prétexte, n'écoute une voix extérieure, ne suive aucune suggestion. Si l'on vous dit : je suis *Elohim*, ou je suis *Brah-Elohim*, ou je suis envoyé par la *Cause Cosmique*, ou je suis *Ad-Ad*, ou qui que ce soit encore, n'y prêtez aucune attention ; refusez-vous à toute communication avec ceux qui vous parlent ainsi ; bien qu'ils puissent prendre l'apparence d'êtres purs, sincères, de sages et de saints, bien que leurs affirmations puissent sembler pratiques et utiles ; ce ne sont que des Hostiles !

Le royaume de notre Formateur est en nous. Surtout gardez-vous bien de rendre hommage à aucune personnalité, car chacun de nous est la *personnalité dans laquelle l'Holocauste suprême* doit être aimé et adoré ; toute personnalité non humaine, sous quelque forme que ce soit, qui réclame votre adoration, est l'ennemi de *l'Holocauste suprême* de qui chacun de nous est le temple vivant.

II

A cette époque une voix de l'Invisible se faisait souvent entendre à Kahi :

« Où est le *premier Emané*, disait-elle ? où est celui qui le premier toucha la matière mélangée, où est celui qui, après avoir suivi plusieurs fois la spirale et avoir attiré la matière raréfiée et radieuse rentra dans les Voiles Ethérés, celui qui a désiré entrer dans les Voiles du Nucléolus derrière lesquels est caché ce qui pour vous est l'Impensable, celui qui, même, y serait entré s'il n'avait pas été rejeté ? Où est celui que les *Intelligences*, sur le conseil d'Arg-Alif, lancèrent dans les obscures densités extérieures ? »

Kahi ne répondait pas mais souvent il se demandait : Où est le *premier Emané* ? Où est celui qui est la *première Emanation de l'Attribut de justice de la Cause Cosmique* ? »

Quelque temps après, l'Etre Hostile, qui s'était emparé de la forme abandonnée par le *premier Emané*, rassembla ses principales Emanations et Formations et se tint au milieu d'elles. La forme qu'il avait prise était adaptée à l'état dans lequel il avait établi sa domination. Ses enveloppes étaient semi-transparentes ; à travers le carmin et le rose aux triples nuances, on voyait le bleu de la mentalité, teinté de violet, et à travers ce bleu, l'or de l'Essence et le saphir de la Lumière ou Intelligence étaient visibles, mais d'un rayonnement faible ; ce mélange de couleurs était comme blanc changeant.

A son entrée, tous s'inclinèrent devant lui, car il n'avait formé aucun être qui pût lui être comparé en intelligence et en puissance quoiqu'il y en eût beaucoup à sa similitude.

Quand il s'arrêta, tous les assistants l'entourèrent comme un centre, chacun suivant son rang. Le silence se fit. Il prit la parole :

— « Vous savez que je suis le *Premier Emané ;* vous savez aussi que les ennemis ont pris le *Deuxième Emané,* et l'ont placé au-dessus de moi ; vous savez qu'il m'a cerné de tous côtés de sorte que, de toute l'immensité de la formation matérielle, je ne possède qu'une portion et même cette part est toujours dans la mentalité de l'ennemi qui veut me l'arracher.

« Or, nous sommes exclus de tout ce qui s'étend vers le centre, depuis ces triples degrés de l'état du corps nerveux, qui constituent notre domaine étroit et insuffisant, jusqu'aux Ethérismes septénaires. Notre seul espoir est donc dans l'expansion, nous devons nous épandre dans l'immensité de l'empire matériel de l'état plus dense. Mais il y a dans cette expansion une sphère contre laquelle je dirige en foyer toutes mes pensées ; c'est celle où repose Kahi, qui est la Deuxième Formation d'*Elohim* comme *Elohim* est la *Deuxième Emanation de l'attribut de Justice de la Cause Cosmique.* L'époque est arrivée où nous devons étendre notre empire par l'expansion ou perdre celui que nous avons. J'ai donc décidé de faire tout mon possible pour arracher son empire à l'usurpateur ; si quelqu'un de vous a quelque chose à dire, qu'il parle. »

Mais tous gardèrent le silence. Il continua :

« Que chacun suive sa propre inclination ou son impulsion pourvu que personne ne détériore ce qui m'est utile ; car votre force est excitée par la passion. »

Ils sortirent et les faibles et les timides se cachèrent par prudence ou par crainte.

Quand Devo fut seul, il sentienta la présence de quelqu'un et une voix l'appela par son nom : « Devo ! Devo ! »

Il vit comme un nuage violet et au milieu de ce nuage il y avait la forme d'un homme dont l'aura était d'une teinte changeante ; un voile de teinte changeante couvrait également ment sa figure.

— Qui êtes-vous ? demande Devo, d'où venez-vous ? et pourquoi venez-vous ?

— Que vous importe ? Le blanc rayonnement qui vous entoure trahit votre origine ; les êtres de votre formation trahissent vos capacités. Combien est pâlie la lumière autrefois si radieuse ! Combien est agitée celle qui devrait être le repos même, comme si un souffle pénétrant allait l'éteindre ! Combien vous êtes déchu, Vous la première et la plus raréfiée des Emanations pathétiques en forme individuelle, Vous, avec qui est venu le déséquilibre !

— Est-ce pour me railler, répondit amèrement Devo, que vous êtes venu ici ?

— Non ; mais pour vous avertir que vous subirez des pertes plus grandes encore.

Abandonnez tout ce qui est contre nature, cette sotte ambition, cette colère féroce, renoncez au mensonge et reposez-vous, car c'est dans le repos seulement que la lumière qui est en vous pourra vous fournir ce qui vous manque.

— Qui peut me rendre le pouvoir de me reposer ?

— Le pouvoir vous appartiendra : c'est pour vous donner ce pouvoir que je suis venu.

Il y eut un moment de silence qu'interrompit enfin un éclat de rire de Devo.

— Non, non, dit-il ; je veillerai et je garderai ce qui me reste. Qui sait si ceux qui m'exhortent au repos ne me prendront pas même ce domaine. Entre vous et moi, il ne peut y avoir d'affinité. D'ailleurs, vous êtes ici comme un accusateur ; vous m'accusez du pire de tous les maux : la formation contre nature ; du crime des lâches : l'imposture, justifiez vos accusations.

— A l'époque de votre Emanation, la passivité n'était pas suffisamment évoluée pour balancer l'activité ; vous manquez de la dualité nécessaire pour la formation. Cependant vous avez formé ici abondamment en utilisant toute la matière qui n'est susceptible d'être utilisée pour aucune individualité.

Par quel moyen avez-vous accompli cet acte ?

— Puisque vous savez tant, répondez vous-même à vos propres questions. Du reste, est-ce ma faute si je manque de ce qui fait défaut à la plus inférieure des Formations ?

— Vous avez assumé le corps formé par Celui qui est prééminent en passivité et vous avez utilisé cette passivité imprudemment ; la sagesse est inséparable de la charité et cette charité vous la violez !

— Comment cela ?

— Vous avez formé des êtres dont vous ne pouvez satisfaire les besoins, encore moins les aspirations ; vous vous êtes emparé illégitimement de la forme extérieure qui vous entoure ; illégitimement vous avez utilisé cette forme.

Extériorisez-vous donc et reposez-vous ; tout sera bien pour vous de cette façon et tout ce qu'il faut pour le bien-être de vos Emanations et Formations leur sera donné.

— Où est la raison de votre conseil ? Si je m'extériorise dans cet état matériel, où est mon enveloppe protectrice ?

— Le nuage d'ombre qui m'entoure provient de ce qui est plus grand que moi ; cette ombre est pour vous, vous pouvez y entrer et y reposer. Souvenez-vous ! Ne vous dit-on pas toujours : « Reposez-vous dans le sommeil et vous trouverez assurément ce qui vous manque. » Mais vous ne l'avez pas voulu !

Après un long silence, Devo répondit :

— Il y a eu des moments où j'ai eu la pensée d'accepter ce repos ; mais ces moments se sont faits de plus en plus rares et maintenant, non seulement je n'ai aucun désir de repos, mais j'éprouve même de l'antipathie à la seule pensée de l'inactivité et de la dépendance.

La figure de son interlocuteur devint triste et il s'approcha de Devo.

— Ne m'approchez pas, s'écria celui-ci, et ne passez pas non plus derrière moi : je suis libre et je veux rester libre.

— Ne parlez pas avec si peu de sagesse ; ces paroles sont indignes de celui qui sait qu'aucune influence extérieure ne peut être sentientée que par ce qui est en affinité avec elle à l'intérieur : si vous n'avez aucune affinité avec le repos, le Cosmos tout entier ne pourrait vous donner le repos.

— C'est vrai ! Pourquoi donc m'approchez-vous ?

L'interlocuteur s'éloigna un peu.

— Puisque vous ne voulez pas du repos, dit-il, raisonnons ensemble.

— Je veux bien ; seulement nous raisonnerons comme des égaux en Intelligence et non comme si vous étiez le maître et moi le disciple. Je ne supporterais cela de personne. Puisque vous êtes mon hôte, quoique non invité, à vous la parole le premier. Mais d'abord sous quel nom dois-je vous connaître ?

— Sous celui d'Izlem, car je suis à la similitude de l'homme.

L'entretien suivant s'engagea :

— Personne, dit Izlem, n'a le droit d'assumer la responsabilité de donner l'existence, s'il ne peut pourvoir au bonheur, au progrès et au bien-être de ceux dont il est l'auteur.

Personne n'a le droit de prendre la place la plus élevée, s'il n'en peut remplir toutes les conditions. Par conséquent, l'auteur de toute existence doit, de par la justice qui est la partie essentielle de la charité, sentienter si son propre être est en ordre avant de former d'autres êtres à sa similitude.

Celui-là seul est de droit le chef, qui, par ses capacités et son évolution, se trouve en plein rapport avec les forces pathétiques, spirituelles, intellectuelles et vitales inépuisables ; c'est ainsi seulement que ses forces inhérentes peuvent être universelles dans son empire, c'est-à-dire peuvent s'étendre à tous depuis le moindre jusqu'au plus grand.

— Devo répondit : La conservation de soi-même est la première loi et la charité commence par le *moi*. Sans la satisfaction légitime de l'être, il n'y a aucun progrès même dans le désir ou la conception ; sans progrès il n'y a aucune évolution ; il s'ensuit que tout le monde a le droit de chercher le moyen d'évoluer de son mieux et celui qui ne peut obtenir le nécessaire pour soi, à sa volonté, l'obtient comme il peut. Moi-même, étant formé pour être formateur, je peux obtenir ma propre satisfaction en formant. Etant formé pour la puissance et la souveraineté, je trouve cette satisfaction du moi dans cette puissance et cette souveraineté. Quand il s'agit de la préservation de soi-même, il n'y a pas de moyens illégitimes, sauf celui qui prend la vie des autres. Or, non seulement je n'ai pris la vie à aucun être, mais j'ai même donné l'existence individuelle à de nouveaux êtres ; en outre, la lumière divine est en moi et cette lumière m'est témoin que je règne par droit héréditaire. Je règne aussi par la Force qui, souvent, est plus puissante que le Droit. Si quelqu'un peut m'arracher mon empire qu'il le fasse.

— Peu importe, répliqua Izlem, d'où vient le chef d'un empire ; l'essentiel est ce qu'il est... Personne n'a le droit de lui demander d'où il vient, mais chacun a le droit de lui demander s'il est en état d'être la tête et le cœur de son peuple. Il est vrai que le perfectionnement de soi-même est le premier mobile de tout perfectionnement ; mais le bonheur, le progrès et le bien-être collectifs passent avant ceux de l'individu, de même que le *Cosmique* est avant le Collectif. Or, vous empêchez cette unité dans laquelle seule se trouve la perfection cosmique. Six fois vous avez causé la ruine des Formations dans la densité matérielle propre aux formations individuelles, comme dans les Ethérismes ; vous savez mieux que tout autre quels troubles vous avez causés dans les plus grandes raréfactions. Quand même votre personnalité serait tout pour tout le monde, comme elle l'est pour vous-même, ne seriez-vous pas encore l'instrument de votre propre ruine dans cette septième époque, puisqu'elle se terminera dans les conditions propres au perfectionnement cosmique ?

Considérez que jusqu'ici vous pouviez allez et venir à travers presque toutes les raréfactions, à travers tous les degrés de densité de l'éthérisme et de la matérialité et que maintenant (sauf dans le repos de plus en plus rare) vous ne pouvez plus revenir volontairement même à l'état de l'âme.

En supposant que vous réalisiez votre conception actuelle en luttant contre l'homme pour l'empire de l'Azerte et en continuant à retenir votre empire dans l'état plus raréfié où vous êtes maintenant — état qui, dans l'ordre, est un avec l'état physique — à quoi cela vous servira-t-il ?

Vous savez vous-même que, malgré la souffrance et la perte que vous pouvez causer à *Kahi* et à ses Formations, vous ne pourrez pas empêcher longtemps la réalisation de l'Unité Cosmique, quelque grandes que puissent être votre puissance et votre influence sur les êtres de votre Formation ou sur les autres. Où trouverez-vous alors votre place dans cette unité ? Raisonnez en vous-même, pendant que vous en avez le pouvoir. Déjà vous avez perdu la puissance sur tout, sauf sur ces degrés plus denses de la matérialité. Déjà même, dans l'état de corps nerveux, les *Intelligences Libres* qui, à votre instigation, sont descendues, se reposent comme un dans l'ombre de *Brah-Elohim*, prêtes à s'éveiller et à se lever lorsque IE apparaîtra dans leur milieu, vous ne pourrez jamais recouvrer ce que vous avez perdu, sauf dans l'ordre.

— Devo répondit : IE est incarné en *Kahi* ; sans l'extériorisation, il ne peut d'aucune manière passer dans l'état le plus raréfié de mon empire où reposent les Bannis et ceux qui les rejetèrent ; or, tout être extériorisé doit, par nécessité, entrer dans mon empire et dans son degré de densité, et il n'en sortira plus.

— Cela n'est pas, dit Izlem. Non seulement *Elohim* s'est extériorisé mais il a recentralisé après avoir formé tout ce qui était formable dans la densité matérielle et de même qu'il portait IE dans son aura de rayonnement et d'ombre pendant son extériorisation, de même il l'emporta dans la centralisation. *Kahi* est parfait en lui-même, comme IE est parfait en lui-même, et dans leur union, ils constituent l'homme divin et humain.

Lorsque IE prendra sa place comme *Homme divin* dans le degré le plus raréfié de l'état nerveux, *Kahi*, fortifiant et évoluant rapidement sa mentalité, prendra sa place dans l'état de la mentalité, le degré le plus radieux et le plus raréfié de l'état physique, et par la puissance même de l'affinité un pont sera établi par lequel l'abîme sera traversé.

—S'il en est ainsi, observa Devo, pourquoi me le dites-vous à moi, qui suis l'ennemi éternel de *Brah-Elohim* et de ses Formations, à moi qui puis trouver un moyen d'empêcher cette traversée ?

— Aucun ennemi de la *Cause Cosmique* et de ses Formations ne peut dire en vérité : Je suis un ennemi éternel. Il n'y a que ce qui prend sa place en ordre dans l'intégrité cosmique qui soit immortel.

—Si je veux tout risquer, reprit Devo, afin de tout gagner ou de tout perdre, que vous importe à vous et à d'autres ? Je suis pour moi-même le Cosmos et de ce que j'ai commencé je verrai la fin. Il est vrai que, même pour les miens, je suis un mensonge vivant puisque ce que je fais est faux si l'on considère la vérité; mais tout est relatif et, si je réussis, un temps peut arriver où le mensonge serait si grand et si général que ceux qui m'adoreraient pourraient dire en toute sincérité : « Nous adorons le Dieu de vérité ». Alors à leurs yeux je serai *Brah-Elohim*, car, pour l'être individuel, l'habitude peut remplacer la connaissance ainsi que la foi peut usurper la place de la raison.

—Ce qui sort de votre bouche, répondit Izlem, est indigne de votre Intelligence. Ecoutez : pour l'*Eternel* il n'y a ni passé ni avenir, tout est présent ; ce qui fut est ; venez donc et reposez-vous ; prenez votre place comme le premier et le plus grand des Restitués ; venez lutter vous-même pour l'accomplissement de la Restitution.

Devo eut un rire amer.

« Que ceux-là servent qui veulent servir, s'écria-t-il !
Tant que j'existerai, je régnerai. »

Alors un nuage d'ombre voila Izlem et s'éloigna lentement.

« Le sort en est jeté, dit Devo ; comme toujours, c'est
moi qui ai décidé. »

Il se leva et alla à la limite la plus dense de son empire, près du degré mental de l'Etat physique, et là il resta
silencieux, immobile.

CHAPITRE XI

DU CONSEIL DE DEVO ET DE SES MACHINATIONS
DE L'EXPULSION DE KAHI

I

Quelque temps après Devo appela de nouveau les plus grandes de ses Formations.

Quand elles furent assemblées il leur dit :

« Ma volonté, la volonté à laquelle vous devez votre existence même, tout ce que vous êtes et tout ce que vous avez, ma volonté est que vous alliez dans la densité extérieure, non revêtus. »

Ceux qui l'entendirent tremblèrent, car ils savaient quelle souffrance résulterait pour eux de l'obéissance à cet ordre ; mais ils n'osèrent résister, car ils savaient aussi que leur résistance serait leur perte.

« Vous êtes là comme des bêtes devant moi, continua Devo, je n'ai cependant rien de mieux à vous offrir. Ne croyez pas que je désire votre désintégration, j'ai des pensées toutes différentes. »

Et comme tout le monde gardait le silence il poursuivit :

« S'il y a quelqu'un parmi vous qui veuille connaître ma pensée, qu'il m'interroge. »

Ils s'écrièrent tous en chœur :

« Notre Seigneur est grand ! qui peut être comparé en sagesse et en connaissance à celui qui a la puissance, la gloire et la domination ? »

Et ils se prosternèrent devant lui, l'adorant, car ils avaient grand peur.

— « Vous agissez sagement, dit Devo. N'est-ce pas un commandement de l'ancien temps : « Vous adorerez le Seigneur votre Dieu et vous ne servirez que lui seul ? »

« Levez-vous maintenant et écoutez : je vous ai préparé dans la conception une habitation et une enveloppe ; vous ne souffrirez pas comme souffrent ceux qui ne sont pas comme vous; votre enveloppe protectrice sera l'aura de l'homme lui-même, l'aura de ces Formations en qui trouve son lieu de repos, *Brah*, dont Elohim, IE, et Kahi sont les élus.

« Leurs auras seront votre enveloppe jusqu'à ce que leur être soit votre habitation. En outre, lorsque vous aurez été envoyés dans la densité extérieure, vous ne reviendrez plus ici, car ce serait sûrement votre désintégration; il ne faut pas non plus que vous cherchiez ni que vous utilisiez aucune matérialité pour vous en revêtir; votre seul espoir d'échapper à la souffrance est dans l'homme. »

Alors Devo contraignit ceux à qui il avait parlé d'entrer dans la densité extérieure. Puis il appela aussitôt d'autres de ses Formations, pour leur parler comme aux premières et les forcer à entrer dans cette même densité extérieure; il en envoya ainsi jusqu'au nombre de douze fois douze cent millions. Cela fait, toute la matérialité qui se trouvait sur la limite du deuxième degré de l'état nerveux voisin du premier, où étaient les compagnons d'Arg-Alif, fut attirée par lui, de sorte qu'il y eût entre eux et lui comme un lieu épuisé. Il retira ensuite toute la matérialité du quatrième et plus dense degré de l'état nerveux à travers lequel il avait rejeté ses Formations, de sorte que cet espace aussi fut épuisé. Avec ceux qui restaient, à sa propre similitude, ainsi qu'avec les Formations variées et inférieures il demeura dans l'état nerveux qui se trouvait entre les régions épuisées.

Il exulta et dit :

— « Pendant que ceux que j'ai envoyés en avant, pour me préparer le chemin, prennent possession, pour leur propre sûreté, d'abord de l'aura, puis de l'être de l'homme, je demeure en sûreté ici, entouré de mes Emanations et de mes Formations qui me craignent, m'adorent et m'obéissent, protégé par l'épuisement des degrés de cet état.

. Dans l'état où il se trouvait il infusa des forces intellectuelles et vitales et forma diligemment toute la matérialité qu'il avait retirée, de chaque côté, la mélangeant violemment, de sorte qu'ainsi unie elle devint d'une densité convenable pour la formation d'êtres du degré où il demeurait ; il évolua ensuite ces Formations, tant qu'il put en se disant :

« Ce sont là les instruments avec lesquels je dois me tailler un destin. »

Quand il eut formé tout ce qu'il pouvait former et perfectionné de son mieux ses Formations, il s'enveloppa dans une aura de puissance entourée d'invisibilité, et il alla, dans l'expansion, dans une sphère de sustentation. Il avait un double dessein : premièrement, voir par lui-même la position, et surveiller les actes des Formations qu'il avait fait partir en avant ; ensuite faire de l'aura de Kahi et de son être même sa propre habitation.

Dès son arrivée il éprouva une vive contrariété et un grand trouble. Il constata que les siens n'avaient pas même pu toucher l'aura extérieure de l'homme : Kahi, qui sentiait tout ce qui se passait dans son empire, avait eu connaissance de leur présence ; discernant même leurs pensées, il avait mis tout le monde sur ses gardes.

Devo usa donc de toute sa diplomatie afin d'approcher de Kahi, avec l'intention de pénétrer dans son aura avant que celui-ci ait le temps ou la possibilité de lui résister. Il savait bien que Kahi était, pour ses Formations, comme une source inépuisable de forces pathétiques, spirituelles, intellectuelles et vitales, à cause de son unité avec la force universelle et avec celle de l'Holocauste divin dont il était le sanctuaire.

Dès que Devo approcha, Kahi lui dit :

— « Je sais qui vous êtes, je vous connais et je connais vos desseins ».

Devo, n'ayant pu d'aucune façon prévaloir contre lui ni le tromper, remonta dans son empire et médita sur tout ce qu'il avait vu.

« Je ne puis, pensait-il, dominer ni Kahi ni ses Formations, par suite de leur unité avec Brah, mais peut-être pourrai-je triompher de ce qui n'est pas en formation individuelle et provoquer ainsi quelque division. Kahi est comme la tête et le cœur de ses Formations; si je ne les sépare pas de lui, il n'y a pour moi, ni pour les miens, aucun espoir de m'emparer de leurs possessions. »

Il descendit de nouveau.

Les Formations ne trouvant aucune couverture, aucune enveloppe protectrice, toujours incapables de retenir la forme, furent finalement épuisées et décomposées; pas une ne subsista dans l'empire de Kahi.

Devo entra dans une violente colère. Puis il eut recours à de nouvelles subtilités; s'extériorisant de façon à être d'une densité moindre que l'air respirable, il descendit dans la partie atmosphérique de l'Azerte et là, il attira les constituantes propres pour la sustentation de la mentalité de ceux qui y respiraient. Il s'y prit toutefois avec précaution, car son dessein était, non pas de détruire aucun degré d'être, mais d'affaiblir seulement Kahi et ses Formations, afin de pouvoir en prendre possession. Il fallait bien qu'il eût recours à de pareils stratagèmes puisque, manquant de passivité, il ne pouvait former lui-même des êtres aussi parfaits.

Kahi appela la première et la deuxième de ses Formations et leur dit :

« Pour nous, respirer c'est vivre; l'air respirable est notre sustentation. Or, cet air est maintenant privé de quelque chose ; il n'est pas douteux que ce ne soit l'hostile qui ait comploté d'affaiblir ainsi le degré mental de notre état physique, le sachant la sauvegarde de l'intégrité de notre être.

Dites donc aux Formateurs de faire reposer toutes leurs Formations, en commençant par les moindres jusqu'aux plus grandes et, dans le repos, j'entourerai, je pénétrerai leur aura extérieure de façon à donner à l'air, avec ma propre force mentale, ce qui est nécessaire à votre bien-être.

Ainsi fut-il fait. Kahi dit ensuite :

« Maintenant, que les Formateurs et les chefs se reposent afin d'être protégés à leur tour. » Ce qui fut fait.

Enfin il fit reposer également ses deux principales Formations. Lorsqu'elles s'éveillèrent, il leur dit :

« Il y a en vous une double puissance capable de neutraliser les effets nuisibles dûs à l'épuisement de l'air respirable. Pendant que je reposerai, infusez cette puissance dans mon aura afin que je sois sustenté moi-même. N'oublions pas que, désormais et à jamais, la séparation de l'être est, par excellence, le mode d'opérer de l'adversaire. »

Kahi reposa et fut sustenté comme il l'avait prescrit.

Devo qui veillait constata que Kahi et les siens étaient toujours sains et vigoureux ; mais, incapable de discerner ce qui se passait dans les auras humaines, il ne put comprendre pourquoi ses moyens d'action restaient inefficaces.

Il se fit ce raisonnement :

« J'ai manqué mon but ; mais, puisque je suis dans cet état de densité qui peut toucher et pénétrer l'air respirable, je dois pouvoir trouver quelque autre moyen d'affecter l'homme dans ce qui le sustente. Rien n'épuise autant qu'un changement de densité d'état ; aussi, je sentiente que depuis que j'ai asssumé la forme du *premier Emané* en vue d'utiliser sa passivité, mes forces diminuent lentement, mais sûrement.

« Voici ce que je peux faire : j'enlèverai à l'atmosphère terrestre respirable ses propriétés nutritives qui sustentent le degré de l'âme. » Et il le fit, mais cependant avec une extrême précaution, de façon à affaiblir seulement l'état physique sans causer aucun mal violent à Kahi et à ses Formations.

Sentientant ce changement dans l'air respirable, Kahi reposa dans le sommeil de l'*Arcana* afin d'être, dans la passivité, en rapport plus conscient avec la lumière intellectuelle qui lui était propre.

Dans ce repos il donna cet ordre à ses grandes Formations : « Dites à tous qu'ils reposent avec moi. » Et les Formations, depuis les plus petites jusqu'aux plus grandes, furent heureuses, car elles savaient que se reposer avec Kahi était pour elles la plénitude du bien.

Cependant Kahi leur conseillait de se reposer, non pour les faire évoluer plus rapidement vers la perfection, mais pour les fortifier physiquement ; il voulait leur éviter toute condition susceptible de leur enlever de la force vitale, maintenant que l'atmosphère, privée partiellement de ses propriétés de sustentation, ne pouvait plus, comme avant, reproduire immédiatement cette force.

Dans le repos de l'*Arcana* Kahi examina la matérialité qui provenait des Formations désintégrées de Devo, puis il parla ainsi à ses grandes Formations qui veillaient sur lui :

« Une bonne partie de la matérialité provenant de la désintégration de ceux que l'ennemi a envoyés parmi nous est rentrée dans l'universalité des éléments constituants dont ils étaient formés ; il en reste cependant et, insuffisamment évoluée, elle n'est pas assimilable pour des Formations à notre similitude. Laisser cette matérialité non formée ne serait pas désirable ; ce serait peut-être même dangereux, puisque l'ennemi touche notre sphère, et, cependant, même en la réformant, je ne la vois pas propre que pour des formations individuelles d'ordre inférieur ; je l'utiliserai donc pour la formation d'êtres stationnaires. »

Et comme la deuxième Formation se demandait quelle était la pensée de Kahi, celui-ci ajouta.

« Ces êtres stationnaires seront formés de telle façon qu'ils tireront une partie de leur nourriture non comme nous de l'air respirable, mais de l'Azerte ; ils auront des racines spéciales qui descendront dans le sol où ils trouveront la nourriture la plus convenable à leur bien-être. Inutile de dire qu'il est de la nature de toutes formations individuelles de former des êtres de leur espèce ; il en sera donc pour les Formations individuelles stationnaires comme pour celles non-stationnaires.

« Les fruits de ces nouvelles Formations stationnaires, porteurs des germes, seront constitués de façon à tirer de l'air respirable ce qui y est encore surabondant et à le transformer en aliments que nous utiliserons ; en les mangeant nous suppléerons ce qui manque à l'atmosphère. »

Kahi forma donc ces nouveaux êtres stationnaires qui crûrent et se multiplièrent à côté des Vashas ; lui et ses Formations mangèrent de leurs fruits porteurs des germes et furent rassasiés.

Il s'aperçut ensuite que, tandis que l'air respirable était à la portée de tous, c'est-à-dire tandis que tout le monde pouvait l'aspirer et l'absorber selon ses besoins, il n'en était pas de même de ces fruits, nouvellement produits ; il forma donc douze espèces d'êtres stationnaires constitués de telle façon que leurs fruits fussent comme douze variétés de sustentation.

Ainsi, de nouveau, tout alla bien chez Kahi et ses Formations.

La colère de Devo atteignit à son paroxysme. Je vais, pensa-t-il, produire dans l'atmosphère respirable une combinaison qui fasse périr tous ceux qui y vivent. Mais la raison lui répondit : « Vous détruirez ainsi ceux dont vous désirez faire des temples vivants propres à vous manifester vous-même et vos Formations. »

Il essaya de se reposer, comme avait fait Kahi, pour trouver un moyen de réussir ; mais il ne le put.

Alors, s'enveloppant de la densité de matérialité de la chaleur et pénétrant l'Azerte, il parvint dans les régions du feu souterrain.

Là, il fit que la chaleur douce et bienfaisante qui était

uniformément répandue devint plus intense en certains endroits, pour diminuer en d'autres, de sorte que la température de la sphère varia grandement. Comme l'air qui envelopppait la sphère terrestre contenait des constituantes en affinité avec le feu intérieur, cet air s'embrasa aux endroits où la chaleur souterraine devint plus intense. Cependant Kahi et ses Formations n'en furent pas incommodés, grâce à leur enveloppe extérieure, légère, lumineuse en soi, élastique et résistante qui recouvrait leur état physique et l'abritait contre les sensations extérieures à volonté.

D'ailleurs à mesure que la chaleur et le froid devenaient plus intenses, cette enveloppe, dépourvue de sensibilité, se revêtait, à la volonté de l'être, de fins poils blancs d'autant plus longs et d'autant plus abondants que les parties du corps qu'ils recouvraient étaient plus sensibles; toutefois, la figure et les mains en furent privés. L'enveloppe extérieure, légère, flexible et comparativement insensible, donnait aussi à Kahi et à ses formations la faculté de se reposer sur les Vashas, ou de s'élever dans l'atmosphère, aussi loin qu'ils y trouvaient de l'air respirable. Très agiles, grâce à leur légèreté, ils pouvaient supporter sans fatigue des efforts physiques prolongés.

A cette époque, cette enveloppe extérieure, quoique peu sensitive en elle-même, acquit, par l'effet de la nécessité, une faculté exquise de sensitivité par laquelle l'homme devint capable d'éviter tout ce qui était nuisible, de choisir tout ce qui était bon. La luminosité inhérente à ce corps s'accrut aussi de telle sorte que, chez les plus évolués, les poils fins et blancs devinrent, eux aussi, lumineux. L'homme semblait revêtu de rayons de lumière d'une blancheur éblouissante, adoucie par le cramoisi, le rose, le bleu de la mentalité, l'or ou le saphir, selon la prépondérance des états et degrés de son être.

Ceux qui furent ainsi enveloppés se dirent les uns aux autres :

« Qu'ils sont glorieux et merveilleux ces corps ! Ils ont

toujours été pour nous une source d'agilité de lumière et voici qu'ils sont maintenant, en plus, notre abri et notre instrument physique de sensitivité.

Et ils chantèrent un pœan d'allégresse : « Notre force sera à jamais en raison de nos besoins ! »

Cependant Kahi et ses deux premières Formations étaient silencieux et pensifs.

« Il est bon que tout le monde soit content et heureux, dit Kahi, mais pour nous qui sommes responsables de l'intégralité de l'être chez nos Formations, nous ne devons pas ignorer la puissance et la subtilité de celui qui est contre nous. Mieux vaut faire trop grand cas de la force de son ennemi que de le mépriser. Il est évident que le nôtre est entré dans la région de la chaleur que touchent les racines des êtres stationnaires, croissant à côté des Vashas. J'ai pensé qu'il va peut-être rendre cette chaleur plus intense afin de nuire aux racines profondes qui tirent leur subsistance de l'Azerte ; ou peut-être cette chaleur sera-t-elle pernicieuse de quelque autre manière à ces Formations stationnaires exposées ainsi à dépérir. Nous allons donc étendre à la surface de l'Azerte une partie des constituantes liquides ; elle sera excellente pour les Formations stationnaires. Leurs racines auront des ramifications près de la surface de l'Azerte, et si, par hasard, il arrive malheur à leurs parties plus profondes, du moins elles n'en périront pas. Ce liquide servira en outre à équilibrer l'air dans les endroits les plus peuplés. Lorsque l'air respirable était la seule nourriture, lorsque partout la température était égale, l'homme pouvait habiter toutes les parties de la sphère, mais maintenant le plus grand nombre se trouve là où abondent les fruits et où la température a peu varié. »

Il en fut ainsi que l'avait pressenti Kahi : Lorsque Devo s'aperçut que ni l'excès ni l'absence de chaleur normale ne nuisaient à Kahi ou à ses Formations, il rendit cette chaleur encore plus intense ou la retira partiellement des endroits où pénétraient les racines profondes ; cependant les porteurs de fruits ne dépérirent point, mais continuèrent à donner leurs douze espèces de productions comme auparavant.

La colère de Devo s'en accrut. Mais aussi pour la première fois il connut la peur. Il se rappela les paroles d'Izlem et il les répéta comme un présage sinistre. Pourtant, ce qui fut plus puissant encore que l'avertissement d'Izlem, ce fut cette conviction intérieure qu'à mesure qu'il accroissait la chaleur pour dessécher les racines des arbres dont le fruit était utile à l'homme, il sentait aussi sa colère féroce et son excitation toujours croissantes consumer effectivement tout ce qui pouvait sustenter son être spirituel ; il avait conscience que la lumière glorieuse de son origine pâlissait et vacillait !

Cette conviction, cette connaissance accrurent encore son agitation et sa fureur. Il résolut de réaliser à tout prix son projet : posséder l'homme et la terre.

Une fois pourtant, sentant l'intensité du froid qu'il avait produit, il hésita un moment.

« Peut-être, pensa-t-il, serait-il mieux d'abandonner mon dessein ? »

Puis, faisant un retour sur lui-même et songeant au passé, il se dit :

« Peut-être est-il trop tard pour trouver le repos, même si je le voulais !

« Si je le voulais !... ajouta-t-il, y aurait-il à présent du repos pour moi ? »

A ce moment, dans le froid de l'atmosphère se concentra une douce chaleur, une couleur d'abord cramoisie y alterna ensuite avec une ombre violette, et dans tout son être il entendit une voix qui lui disait :

— « La lumière qui est en vous témoigne de votre origine ! Reposez-vous et dans le repos tout ce qui vous manque vous sera donné et vous transformerez en bien le désordre même que vous avez causé. »

— Je n'ai pas le pouvoir de me reposer, répondit Devo ; il est trop tard !

— « Vous n'avez qu'à le désirer, reprit la voix. »

Devo demeura quelque temps pensif puis, se levant brusquement, il eut un rire amer et s'écria :

« Fou, lâche que je suis ! ne puis-je pas envisager le destin que je me suis fait moi-même ? Régner dans le désordre vaut mieux que servir dans l'ordre !... J'aime mieux être mon propre centre, dût-il s'affaiblir, plutôt que de me mouvoir autour... autour... de quoi ?

« Comme jadis il me semblait que ma force intellectuelle augmentait lorsque ma force spirituelle diminuait, de même, il me semble aujourd'hui que cette mentalité capable de sentienter la matérialité plus dense s'accroît maintenant que la force intellectuelle s'obscurcit. Loin de moi et pour jamais les chimères du passé ! maintenant tout mon désir se concentre sur le présent et sur l'avenir : La possession de l'état physique, voilà mon but, et ce n'est que dans l'homme, ce n'est qu'au moyen de l'homme que cette possession peut être obtenue ! »

Assumant donc, de nouveau, la densité de l'air, caché dans l'invisibilité, il se promena parmi les Formations de Kahi, étudiant chacune d'elles, depuis la plus petite jusqu'à la plus grande ; épiant ce qu'il pouvait y avoir en elles de défectueux ou d'imparfait.

Kahi entoura les auras de son peuple d'une pure blancheur qui fut pour Devo comme un souffle glacé à travers lequel il ne put passer et où il ne put rien discerner.

Contrarié et furieux, Devo redescendit encore dans la région de la chaleur.

« Il n'y a de constant, se dit-il, que ce qui se concentre dans l'unité, dorénavant j'abandonnerai tout, même en pensée, pour concentrer le désir de tout mon être en un foyer dont je dirigerai les faisceaux sur Kahi avec toute la puissance de ma volonté et, puisqu'Izlem, qui est un avec la vérité, m'a appris que Kahi et IE ne sont qu'un, alors peut-être qu'au moyen de Kahi je pourrai affecter IE, puis, au moyen d'IE, tous ceux qui sont dans la zone de son influence et, par ceux-ci, ceux qui leur donnèrent l'être. Ainsi, par ma propre puissance, non dans le repos, qui m'a été offert comme une faveur, mais dans l'activité continue et par une volonté infatigable, je regagnerai les états que j'ai perdus et j'aurai l'empire sur tout ce qui est en forme.

Tout ce qui est en forme ! continua-t-il en se redressant. Qu'y a-t-il qui ne soit pas en forme ? N'est-il pas vrai que Celui qui est *Indivisible*, seul *Impénétrable*, soit manifestable par la forme et par la forme seulement ? Sans la forme cette Impénétrabilité et cette Indivisibilité seraient comme si elles n'existaient pas. L'*Impénétrable* et *Indivisible* n'est-il pas ce qui est enveloppé, et cet enveloppement n'est-il pas la forme ? Si le déséquilibre actuel se terminait dans l'équilibre parfait, le Cosmos serait à l'*Impénétrable* et *Indivisible* ce que le corps physique de Kahi est à IE. Donc à mesure que je me revêts d'une forme dans la matérialité la plus dense, je me munis peut-être, soit partiellement soit en totalité, d'une enveloppe des *états Inconnus*. Or, puisque l'état le plus matériel est la protection de tous ceux moins matériels, une fois en possession de l'état physique, d'abord de Kahi un avec IE, ensuite de leurs Formateurs, je pourrai prendre possession successivement de tous les autres états et je pourrai ainsi, sur l'Azerte même, défier le ciel des cieux. Dans l'état le plus dense de la matière je pourrai défier l'*Ethéré* des *Ethérés*. Que l'*Indivisible* et *Impénétrable*, non revêtu, reste donc toujours dans son Immutabilité ; que pour toujours il soit l'*Inconnu* et l'*Inconnaissable* ! »

Alors, dans un effort puissant, il concentra la chaleur souterraine et la dirigea comme un feu vers la surface de l'Azerte. Puis, pendant que Kahi reposait, il essaya d'acquérir sur lui, dans la matérialité de l'air, une influence quelconque. Mais il ne le put. Kahi, sentientant sa présence et se rendant compte des efforts que faisait Devo pour influencer sa mentalité, fut invulnérable parce que, fort de son origine, il avait vécu de telle façon que rien, dans son être, ne répondait à l'être déséquilibré.

A cette époque Kahi parla ainsi à ses premières Formations et aux plus parfaits des siens.

« Que la pensée de chacun, depuis le plus grand jusqu'au plus petit, soit concentrée sur son *moi*, car pour chaque être individuel la lumière dont il est le sanctuaire suffit à tout. Que chacun dépende de lui-même et de nul autre, car le moi de chacun est le centre de repos de son Formateur. Qu'aucun de vous ne dise dans sa mentalité : « je suis de Kahi. » Qu'aucune de vos Formations ne dise non plus : je suis de tel ou tel ; mais que tous sachent, pratiquement, qu'ils sont de *Brah-Elohim* qui est un avec la *Cause Cosmique*, qu'ils sont des Formations dont l'unité est le lieu de repos et de lutte de l'Holocauste suprême.

« Ainsi, quoi qu'il arrive, tout sera bien et rien de ce qui cause le déséquilibre et l'hostilité, par manque d'intelligence, ne pourra paralyser notre œuvre qui est l'Ordre Cosmique et par suite l'Unité.

« En outre, tout ce qui paraît être un obstacle sera en réalité une aide et tout ce qui semble un mal deviendra un bien.

« Souvenez-vous à jamais de mes paroles. »

II

Quelque temps après, Devo descendit au-dessous de l'Azerte, dans la région des eaux, mais il n'eut sur elles aucun pouvoir. Il passa dans la région de la lumière, vers le centre de l'Azerte, et il put infuser tant soit peu de ses forces dans la partie de la matérialité non évoluée ; mais il ne put entrer dans le centre sphérique pathétique ou dans l'état qui l'environnait.

De l'état dans lequel il se trouvait il vit que, toutes les densités de l'Azerte étaient pénétrées par les diverses raréfactions suivant le pouvoir de réception de chacune d'elles, de sorte que non seulement chacune des Formations non stationnaires ou stationnaires, mais même chaque molécule, partout, dans la sphère, avait son pathétisme, sa spiritualité, son intelligence et sa vitalité.

« Si je pouvais, se dit-il, diviser les états plus denses des sphères et les séparer de leurs centres, mon dessein ne serait que partiellement réalisé, vu que tout ce qui existe a, selon la mesure de son pouvoir de réception, tout ce qui est essentiel à son bien-être individuel. »

En outre, tout homme est enveloppé d'un corps qui est non seulement sa protection mais aussi comme sa sphère de sustentation ; chacun est comme un cosmos en lui-même.

Il en est ainsi maintenant ; toutefois, de temps en temps il semble que la protection que Kahi étend sur ses Formations soit essentielle à leur sûreté, aussi me suis-je dit : divisons-les ; séparons-les l'un de l'autre. Ce n'est pas contre l'homme lui-même que je lutte ; c'est contre *Ce* dont il est l'enveloppement le plus matériel, contre *Ce* qui doit, par nécessité, avoir plus d'efficacité collectivement qu'individuellement. Ainsi l'Unité est notre perte.

Peu après, l'Azerte fut divisée par violence. Cependant chaque partie se mouvait encore autour de son foyer pathétique avec lequel elle était restée en affinité, non seulement dans son ensemble, mais même dans chacune de ses molécules.

Ainsi, d'époque en époque, cinq fois les sphères furent divisées et redivisées, mais toujours elles centralisèrent ou, comme on dit improprement, elles gravitèrent vers leur propre foyer pathétique, comme tous les foyers pathétiques eux-mêmes centralisèrent autour du foyer pathétique dont ils avaient été séparés.

Devo se réjouit en disant :

« Dans le passé lointain j'ai divisé les *Intelligences Libres*, premières Formations dans les matérialismes, et maintenant voici que j'ai divisé cinq fois la densité la plus matérielle ! Quoique tout s'accommode à son état, cependant, à mesure que les foyers pathétiques sont divisés, les forces pathétiques, spirituelles, intellectuelles et vitales diminuent

aussi ; je divise, j'attends, et je veille toujours ; et je divi-
serai, j'attendrai et je veillerai jusqu'à ce que je puisse
séparer Kahi de ses semblables, et ses semblables l'un de
l'autre. »

Divisons, attendons, et veillons jusqu'à ce que sa force
diminue, jusqu'à ce que je puisse vaincre l'*Holocauste
Suprême* qui a sacrifié pour la rédemption de la matière
éternelle la Personnalité qu'il avait assumée en Elohim !

CHAPITRE XII

DU PREMIER ÉMANÉ ET DES ARCHIBIOSIS

Kahi fut enfin isolé sur une sphère comparativement petite et éloignée, détachée de la sphère où il avait été formé par le Grand Formateur. A une certaine époque Devo retira encore de cette sphère une partie de sa constituante, de sorte qu'elle se condensa à un degré de densité inconnu jusqu'alors.

Pendant que Kahi était dans ce repos de contemplation qui faisait sa force en temps de trouble et de changement, Devo dit à l'une de ses Formations qui était avec lui :

« A présent je vais revêtir cet homme de cette matérialité dense ; puis j'y infuserai ma force, de sorte qu'il y sera comme emprisonné. »

Mais lorsqu'il voulut s'approcher de Kahi, dans la forme la plus matérielle qu'il put assumer, l'imperfection de son être due à son manque de *passivité* l'empêcha de traverser l'enveloppement de protection et de sustentation de Kahi, et il fut incapable de le toucher.

« Je vais donc, dit-il, former de cette matérialité dense tout ce qui est formable, de peur que Kahi ne me prévienne en l'utilisant lui-même, car l'homme est le formateur par excellence. »

Mais, ces êtres inférieurs une fois formés dans l'état du corps nerveux, qui est le deuxième degré de l'état physique, il ne pouvait toujours pas toucher l'état matériel, parce qu'il ne lui était pas possible de se revêtir de sa densité.

Alors il amena ses Formations devant Kahi et lui dit :

« Je suis Elohim ; regarde, voici ceux que j'ai formés, je les ai amenés pour que tu leur donnes des noms. »

Il pensait : Si je peux unir Kahi avec moi par la pensée au sujet de ces êtres, ils se matérialiseront peut-être dans son aura et je pourrai ensuite, par eux, toucher et former la plus grande densité.

Mais Kahi ne fit attention ni à ces paroles, ni aux Formations.

Devo sentienta que les germes vivants des Formations stationnaires étaient dans le degré le plus dense de l'état physique ; mais que ces germes n'étaient pas dans les conditions voulues d'évolution.

Alors il retira des Vashas la partie le plus raréfiée qu'il entoura de sécheresse, puis il s'éleva dans l'atmosphère, et subitement il réunit à l'air respirable cette partie d'abord isolée. Un éclair jaillit et le coup de tonnerre qui suivit fut le signe que la partie la plus légère s'était unie à l'air respirable, et la pluie arrosa la terre. La végétation s'éveilla avec sa verte parure ; ce fut comme un jardin délicieux. De leur côté les eaux de la sphère jaillissant de leurs sources profondes, par suite de leur affinité avec celles de l'air, formèrent des rivières.

Par la suite Kahi s'apercevant que l'air respirable manquait de plus en plus, comme dans le passé, des propriétés nutritives nécessaires à l'être de la densité dans laquelle il avait été enveloppé en troisième lieu, revivifia le fruit des arbres qui croissaient à côté des eaux, en mangea et recouvra des forces.

Néanmoins, il se sentait isolé ; il ne trouvait aucune matérialité suffisamment évoluée pour en former des êtres à sa similitude : ce n'est pas qu'il désirât faire immédiatement des Formations, car il connaissait la puissance et la subtilité de Devo. Tout Formateur, pensait-il, est responsable du bien-être de ses Formations ; par conséquent, je ne formerai aucun être à ma similitude avant de savoir si je puis le protéger.

Pendant ce temps Devo avait formé, de la matière qu'il pouvait toucher, toutes sortes d'êtres inférieurs qui rampaient autour de Kahi durant son repos.

Peut-être, se disait Devo, Kahi, dans son isolement, revêtira-t-il quelques-uns des ces êtres de la matérialité que lui seul peut toucher et j'entrerai dans l'un d'eux.

Mais il attendit inutilement. Kahi ne faisait aucune attention à ces Formations. Une nouvelle pensée lui vint; il dit à sa Formation principale : « Si je puis réaliser ma pensée tout ira bien. —Ça et là, dans les eaux, j'ai aperçu ce qui se trouve entre la densité de l'eau et celle du sol ; peut-être, pourrai-je descendre au-dessous des eaux et y former des êtres de densité moindre que ceux qui sont en état de demeurer à la surface de la terre.

Il entra donc par violence dans les eaux profondes; il y rencontra des masses de protoplasma en repos.

— Voici, pensait-il, une source d'êtres germinatifs passifs non éveillés, non vivifiés activement ; je vais infuser en eux mes forces et les éveiller à la vie. Mais il essaya en vain d'y parvenir. En regardant de près, il s'aperçut qu'il avait été devancé ; la masse avait été influencée. Sa colère éclata de nouveau.

— Qui a pris les devants ? s'écria-t-il. Que celui qui a fait cela se présente afin que je combatte avec lui pour la domination.

Alors les profondeurs des eaux furent remuées en un rythme lent; c'était comme une ondulation en spirale. Devo vit une douce lumière aux couleurs de l'arc-en-ciel, et ce qui s'agitait ainsi lui dit, de mentalité à mentalité :

— Pourquoi êtes-vous ici, comme un voleur ?

— Je ne comprends pas ce que vous dites, répondit Devo.

— La forme que vous avez n'est pas la vôtre, continua la voix, rendez-la donc.

— A qui la rendrai-je ?

— A moi, le *premier Emané*, à qui elle appartient.

Mais Devo connaissant la valeur de la forme dans laquelle le *premier Emané* avait diffusé sa passivité répondit :

« J'ai, dans le passé lointain, assumé la forme que vous avez rejetée ; si vous pouvez me la prendre, faites-le. Mais sortez d'ici et retirez de toutes les eaux la vie que vous avez infusée en elles, cette vie germinative, à peine propre pour des formations. C'est pour moi-même que j'ai séparé cette sphère, c'est par ma propre puissance que je l'ai condensée, je ne partagerai avec personne cet empire.

— Kahi seul, répondit le *premier Emané*, est le Seigneur des états matériels et cette sphère que vous réclamez est la sienne.

Devo essaya, mais en vain, de retirer du protoplasma cette vie que le *premier Emané* y avait infusée et, de son côté, le *premier Emané* essaya de reprendre à Devo la forme dont il était revêtu, mais il ne le put.

Enfin Devo remonta, laissant le *premier Emané* dans les profondeurs des eaux.

Dès que l'Hostile eut repris de la force, il chercha, comme toujours, le moyen d'affaiblir Kahi et de le dominer afin de toucher par lui la matière, ainsi qu'avait fait *le Grand Formateur* par l'intermédiaire de IE.

« Si je pouvais, se disait-il, exciter Kahi à une grande colère, peut-être dans cette excitation réussirais-je à prendre empire sur lui, car je sais par expérience que, souvent, dans la passion, une partie de l'être est extériorisée, et je pourrais peut-être entrer dans le vide qu'une telle extériorisation laissera. »

Il chercha donc à se reposer pour augmenter ses forces, mais il ne le put à cause des passions qui l'agitaient lui-même en tout temps quand la pensée du repos lui venait : Il se rappelait les paroles du *premier Emané* : « Kahi est le Seigneur des états matériels et cette sphère est la sienne. » Et une colère épouvantable s'emparait de lui.

Cependant Kahi reposait dans la partie Est de la sphère, au milieu des arbres fruitiers. A travers leur feuillage il voyait les foyers pathétiques des sphères et sphéroïdes, divisés et subdivisés, briller partout dans l'immensité et, en songeant au passé où il avait été le centre de ses Formations, un sentiment indicible d'isolement l'oppressait. Se levant alors il se promena sous les arbres et s'arrêta près du grand fleuve en regardant les fleurs blanches du lotus qui se penchaient sur leurs larges feuilles arrondies.

Luttant contre la tristesse qui l'accablait, il se consolait ainsi : « Quoi que je n'aie aucun compagnon, je ne suis pas seul car *Brah*, l'Holocauste, dont je suis le Sanctuaire et la manifestation, est avec moi à tout jamais, comme Il est au centre de cette sphère et dans les foyers les plus éloignés qui brillent dans l'immensité ; Il est partout comme l'amour de l'amour, la lumière de la lumière, la vie de la vie ! »

Tout à coup il sentit un souffle chaud, presque brûlant, passer sur sa tête. Il comprit que c'était Devo. Il vit ensuite une forme de la couleur d'un feu sombre briller faiblement, et comme par accès, à travers un nuage violacé. Cette forme était animée d'un mouvement rapide ; une voix en sortit, l'appelant par son nom : « Kahi ! Kahi ! » Mais Kahi ne répondit pas.

La voix continua :

« Je suis l'Eternel, le Seigneur de cette sphère et de tout ce qui l'environne ; j'ai tout créé et j'ai la souveraineté sur tout ! »

— *Brah-Elohim*, répondit Kahi, est l'amour, la lumière et la vie de tout ce qui existe dans les Etats plus denses que la Région Attributale et l'homme est le sanctuaire du temple des Formations. *Brah-Elohim*, seul, a le droit de former. C'est par l'homme qu'il touche la matérialité dense, qu'il la forme, qu'il l'évolue, qu'il la perfectionne ; personne ne peut créer.

Devo dissimula sa colère :

— J'ai planté ce jardin, dit-il, et je vous ai formé afin que vous formiez la matérialité ; c'est maintenant un jardin magnifique où poussent les fruits pour votre sustentation et celle des autres Formations qui sont miennes. Avant peu j'assumerai cette matière dont je vous ai formé. Je me réserve pour moi seul le fruit de l'arbre qui nourrit et tortifie l'*état de la mentalité*, matérialisation de l'*état de la lumière*, ou *Intelligence*, en forme permanente, matérialisation lui-même de *l'état de l'intelligence libre.* Vous ne toucherez pas à ce fruit : vous n'approcherez pas non plus des arbres qui l'entourent, car j'en ai besoin pour moi-même.

Et comme Kahi gardait le silence :

— Jurez-moi, et par moi-même, continua Devo, que vous n'en approcherez pas.

Kahi persista dans son silence.

— Le jour où vous mangerez du fruit qui sustente la mentalité, dit Devo, vous rentrerez sûrement dans l'état de la mentalité, car je vous dépouillerai du degré physique, du degré nerveux et même du degré de l'âme de votre état physique.

Alors, de toute sa puissance, il essaya de retirer Kahi du corps protecteur dont il était enveloppé, mais celui-ci demeura calme sans se laisser émouvoir.

De sorte que Devo fut encore une fois impuissant.

Bientôt après Kahi alla, selon son habitude, parmi ces arbres dont les fruits sustentaient la mentalité ; au milieu d'eux, il en avait planté dont les fruits nourrissaient spécialement la vitalité. Il les trouva entourés de feu et d'une obscurité semblable à un nuage qu'il ne put pénétrer. Il s'en rapprocha le plus qu'il put en songeant au moyen de prévaloir contre la puissance de l'ennemi.

Bientôt la voix qu'il avait entendue auparavant, sortant de la lumière ardente entourée d'épaisse obscurité, l'appela de nouveau par son nom ; mais il garda le silence.

Devo lui dit : « Je ne peux encore vous toucher mais j'ai réservé pour moi ce qui sustente en grande partie votre mentalité et votre vitalité et vous ne pourrez y toucher sans ma permission. Ainsi, puisque l'air respirable de cette sphère est tout à fait insuffisant pour vous nourrir, si je vous retire encore cette nourriture vous perdrez nécessairement cet état mental qui vous met en rapport avec les états de la *Lumière ou Intelligence en forme permanente* et de *l'Intelligence libre* et, en même temps, le degré physique le plus matériel. Vous tomberez donc en mon pouvoir et, par vous, touchant la matérialité, je formerai et je régnerai sur mes Formations.

— Vous ferez ce qu'il vous sera possible de faire, répondit Kahi ; vous défigurerez autant que vous le pourrez l'œuvre du Grand Formateur, mais tout ce que vous tenterez en vue du désordre et de la lutte tournera à votre confusion. Malgré vous, votre œuvre de division produira l'union ; votre œuvre de combat conduira au repos ; votre œuvre de désordre hâtera l'Equilibre universel.

Devo se cacha dans l'obscurité nuageuse, mais de temps en temps, il continua à parler à Kahi pour le tenter ou le menacer tour à tour.

Kahi sentait ses forces mentale et vitale diminuer graduellement. Lorsqu'il fut presque épuisé, Devo lui dit : Pathétisez, spiritualisez, intellectualisez et vitalisez cette matière pour que nous puissions former des êtres à ma similitude, ensuite je vous autoriserai à manger des fruits que je me suis réservés. Ainsi vous pourrez vous rétablir et vivre.

Mais Kahi continua à résister. Devo voyant qu'il ne pouvait le réduire à l'impuissance ni par séduction, ni par menace, usa de subtilité.

« Ecoutez, dit-il, et faites attention à mes paroles,

« Vainement je vous déclare que je suis votre Formateur ; vous ne voulez ni m'accueillir, ni m'obéir, ni suivre mon conseil. Vous savez que jadis IE, lorsqu'il fut gravement troublé, fit appel à son Formateur, et comment celui-ci fit lui-même appel à son Origine Attributale. Puisque vous êtes supposé un avec IE, faites donc appel à Elohim que vous déclarez s'être centralisé au lieu de son origine. Peut-être viendra-t-il ici et vous portera-t-il au travers du cercle de feu et de nuage, comme on dit qu'il a porté IE au travers de la région de l'Hostile. S'il n'est pas capable de le faire, puisque Brah, son origine immédiate, n'est pas avec lui, peut-être fera-t-il appel à la Cause Cosmique.

« Ma volonté n'est pas que vous périssiez sur cette sphère mais que vous m'obéissiez et que vous viviez. Puisque vous refusez de faire ainsi, que Celui que nous croyons être votre Formateur vienne ici, afin que nous luttions pour la suprématie et que nous décidions lequel de nous deux vous servirez. »

Kahi répondit :

« Tant que vous m'avez parlé de moi-même j'ai gardé le silence mais à présent je vous répondrai :

« IE fit appel à son Formateur non pas pour lui-même mais pour les Formations intégrales dont il était le chef-d'œuvre et le représentant. Kahi est seul sur cette sphère que vous avez séparée, rejetée loin du lieu de sa formation et détériorée. Pensez-vous, chef des déséquilibrés, qui prenez le nom du divin Formateur, que pour ma seule sûreté j'irai vous fournir les moyens de vous mettre en rapport avec les raréfactions dont vous êtes exclu. Je ne suis pas assez épuisé pour ne pas discerner votre plan qui est plein de subtilité. Voici votre pensée : « Puisque je suis en rapport avec cet homme, si je pouvais par quelque moyen lui persuader de se mettre en communication, lui-même, avec la *Cause Cosmique* des matérialismes, dont l'origine est la *Cause sans cause*, peut-être pourrais-je ainsi revenir au lieu de mon origine. »

« Pensez-vous, Tentateur, que pour moi-même et pour m'affranchir de la souffrance j'exposerai à la confusion non seulement les états plus raréfiés des matérialismes mais encore les Ethérismes et les Pathétismes ? »

Alors Devo laissa Kahi et, pour s'entretenir avec ses Formations, il se cacha dans ce cercle de lumière sombre au milieu duquel les arbres, dont le fruit sustentait principalement la mentalité, entouraient celui dont le fruit soutenait la vitalité.

CHAPITRE XIII

I

Or, Kahi devenait de plus en plus faible; une telle torpeur l'envahit qu'il perdit la connaissance de son entourage et la faculté de se mouvoir : il demeurait immobile près du cercle des arbres de sustentation.

« Voici mon œuvre, dit Devo, à sa principale Formation ; et maintenant Kahi ne peut plus sentienter cette matérialité dont le Grand Formateur lui a fait un vêtement à sa propre similitude.

A cette époque, Devo sortit de la lueur de feu et du nuage changeant, s'approcha de Kahi, l'entoura de sa puissance subtile, comme une araignée enveloppe sa proie dans la toile qu'elle a soigneusement tissée, puis essaya de communiquer avec lui. Mais Kahi était entré dans un état où il ne pouvait rien sentienter dans le degré physique.

Le visage de Devo s'illumina d'une joie malicieuse : « Autant qu'il me sera possible, dit-il, je retirerai de Kahi sa passivité ; de cette passivité je formerai un être et ensemble nous peuplerons cette sphère d'êtres actifs et passifs à notre similitude ; je me revêtirai du corps de Kahi afin d'être en plein rapport avec le degré de matérialité dont je formerai ces êtres. »

Il eut un rire sardonique :

« Ensuite je descendrai au-dessous des eaux et je lancerai avec mépris au *premier Emané* la forme dont je me suis servi pendant si longtemps. »

Avec beaucoup de ruse et de subtilité, Devo sépara donc l'être de Kahi pendant le lourd sommeil où celui-ci était plongé ; puis il essaya d'attirer sa passivité en dehors de la forme protectrice et sustentatrice où la passivité et l'activité de Kahi divisées étaient enveloppées ; mais malgré tous ses efforts il ne put influencer ni l'une ni l'autre.

Une observation attentive lui fit distinguer une forme ovale qui apparaissait graduellement dans l'aura de Kahi, et il devina que cette forme voilait l'être qu'il avait essayé en vain de former. Il en fut très troublé.

Bientôt Kahi s'éveilla et, voyant sa passivité séparée, il lui tendit les bras.

« Voici, dit-il, l'être de mon être et quoique toute autre chose soit sujette à la division, nous, nous n'y sommes pas sujets car nous sommes un. »

Devo, hors de lui, quitta la lueur de feu et le nuage obscur pour descendre dans la région de la chaleur et en consolider les barrières.

La douleur de Kahi fut immense. « Maintenant, dit-il, pour la première fois, il me semble sentienter la douleur, car je ne suis plus seul. Dans mon isolement j'étais fort pour souffrir et endurer, mais maintenant j'ai celle-ci qui dépend de moi et je suis incapable de la soutenir. »

Et, cet Etre passif, qui était l'être de son être, il le nomma KAHIE.

Lorsque Kahi s'aperçut que leur mentalité et leur vitalité diminuaient rapidement, il dit à Kahie : « Je vais aller au bord de la Grande Vasha ; qui sait si je ne trouverai pas ce qui vous soutiendra ? » Et il partit.

Kahie qui n'avait pas la force de l'accompagner resta dans son enveloppement de protection. Pendant qu'elle reposait elle vit une splendeur multicolore dans laquelle était une forme qui se mouvait en spirale. Celle-ci lui parla ainsi : « Vous savez que Devo a dit à Kahi : si vous prenez du fruit qui est propre à la mentalité vous serez sûrement désintégré. »

Kahie répondit :

— Nous pouvons manger de tout ce que Kahi a formé, sauf de ce qui est nécessaire à l'état de mentalité et à celui de vitalité physique ; or, à quoi nous sert le reste ?

— Entrez sans crainte dans le cercle et prenez du fruit de mentalité, vous acquerrez ainsi la connaissance de tout ce qui est connaissable.

— Pour cela je me sens forte, répondit Kahie, et elle écouta le conseil ; elle prit des fruits de mentalité et en mangea abondamment, puis elle en porta à l'endroit d'où elle était partie.

Elle vit bientôt revenir Kahi faible et découragé ; elle alla à sa rencontre et lui donna des fruits en disant : « Voici le fruit qui a la propriété de soutenir l'état de mentalité : mangez-en. »

Et ils en mangèrent ensemble.

— A quoi bon, dit-il, si nous n'avons pas le fruit de la vitalité ?...

— Au moyen de notre mentalité, répliqua-t-elle, nous trouverons le procédé pour renouveler la vitalité à perpétuité. Kahi fut consolé et ils reposèrent ensemble.

Or, Devo envoyait de nouveau, comme il l'avait fait auparavant, des rayons de chaleur concentrée vers la surface de la terre : il avait décidé de diviser encore la sphère habitée par Kahi.

Lorsque tout fut préparé, il se mit à rire amèrement :

« Toutes les sphères matérielles, s'écria-t-il, sont votre domaine, Kahi, et celle-ci est votre palais. Ainsi soit-il ! Mais, si je vous lançais au loin ? si je vous séparais du foyer central de la force pathétique, de sorte que votre demeure n'ait plus aucune lumière en elle-même ? »

Puis il remonta. Quand il vit que les fruits de la mentalité avaient été pris, sa colère éclata.

Tandis que *Kahi* et *Kahie* se reposaient, l'archi-ennemi

s'approcha d'eux et vit que leur être, bien que séparé dans sa forme, comme *Kahi* et *Kahie*, était cependant enveloppé du corps du degré physique. C'est-à-dire du corps glorieux et léger, élastique, résistant et lumineux par lui-même, et que ce corps les protégeait partiellement contre l'hostile en les aidant à conserver les forces qui leur étaient inhérentes.

Devo dit à sa formation : j'ai travaillé en vain ; aussi longtemps que leurs états d'être subsisteront dans leur intégrité, cette chair qui est à notre image sera immortelle, parce que les parties constituantes de son enveloppement sont indestructibles.

En conséquence, il appela trois autres grandes formations pour le garder, afin de pouvoir concentrer toutes ses pensées sans que rien vînt déranger son repos de méditation. Mais bientôt, prenant à part sa principale formation, il lui dit : « Tandis que je me repose dans le carré, je suis assailli par les pensées du passé lointain, et je ne puis les supporter. » Celui à qui Devo s'était adressé appela deux de ses semblables ; les six entourèrent leur chef et il resta très longtemps au milieu d'eux, concentrant ses forces, méditant comment il pourrait priver Kahi et Kahie du corps glorieux.

Quelque temps après, il s'approcha d'eux, entouré des six puissants êtres, et soudainement, pendant leur sommeil, il les dépouilla de leur enveloppe extérieure. Brusquement éveillés, ils reconnurent leur perte, se regardèrent l'un l'autre accablés de douleur, et, d'un commun accord, se réfugièrent sous un arbre à l'ombrage épais, qui avait la propriété spéciale d'élasticité, et l'aura de cet arbre leur procura quelque soulagement.

Devo se mit à leur recherche. Quand il fut près de l'arbre où ils s'abritaient, il appela : *Kahi ! Kahi !* où êtes-vous ?

Et celui-ci répondit : Je vous ai entendu mais je suis resté caché dans l'ombre, parce que je suis dépouillé de mon corps glorieux.

— Comment savez-vous que vous êtes dépouillé ? N'est-ce pas que vous avez mangé du fruit que je vous avais interdit ?

— La passivité que vous avez séparée de mon activité d'être m'a procuré ce qui était nécessaire à ma mentalité.

— Qu'avez-vous fait ? s'écria Devo à *Kahie.*

— Un être enveloppé d'une aura multicolore, répondit-elle, et qui se mouvait en spirale, m'a dit d'en manger et j'en ai mangé. »

A ce moment la Forme dont elle venait de parler se plaça entre elle et Devo. Celui-ci reconnut dans la Forme celui qui l'avait devancé dans la profondeur des eaux pendant la vie primaire. Il eut un accès de rage et éclata en imprécations et en menaces :

— Vous êtes plus maudit que mon bétail ; vous n'êtes propre qu'à ramper sur le ventre et à vous nourrir jusqu'à votre désintégration finale de la matière la plus grossière et la moins vitalisée.

Voilée d'une aura irisée, la Forme répondit avec calme :

— Vous avez semé l'inimitié entre vous et la Passivité, entre vos Formations et les siennes. Lui, l'*Homme collectif,* meurtrira votre tête, c'est-à-dire votre mentalité, et vous meurtrirez son degré physique ; il ne peut être attaqué que par les ennemis qui viennent par derrière et frappent sans être vus, ainsi que vous-même êtes venu, caché au milieu de votre entourage.

Devo dit à *Kahie :*

J'augmenterai pour vous, le plus possible, la douleur de la conception et celle de la Formation qui est la matérialisation de la conception ; vous serez dominée par le désir de posséder l'Activité dont vous avez été séparée violemment.

A *Kahi*, il dit :

Parce que vous avez écouté la Passivité et pris pour votre mentalité la sustentation que je vous avais interdite, l'état physique sera maudit pour vous. Il produira ce qui blesse et détériore. Vous vous sustenterez avec peine aussi longtemps que durera votre forme matérielle. Vous ne vous nourrirez que de ce qui est propre aux êtres inférieurs, et vous n'obtiendrez cette subsistance qu'à la sueur de votre front, jusqu'à ce que vous reveniez à la matérialité d'où vous avez été tiré. Car vous avez été formé avec de la matière grossière, et vous retournerez à cette matière.

Quelque temps après l'archi-ennemi qui veillait toujours s'aperçut que les forces de Kahi et de Kahie s'affaiblissaient rapidement par l'effet de la souffrance à laquelle leur degré d'être nervo-physique était assujetti depuis qu'il avait été dépouillé du corps glorieux léger, élastique, résistant et lumineux. Il entra de nouveau dans le cercle de ses six formations afin de méditer sur le moyen de détériorer la Forme de Kahi et, ainsi, défigurer ce qui était à la similitude divine tout en conservant cependant l'existence de Kahi sur la sphère matérielle. Mais cette œuvre de détérioration était tellement difficile que Devo fut obligé, après des æons de temps, de faire cette déclaration : « Nous avons pu priver Kahi de son vêtement de gloire et de beauté ; mais nous sommes impuissants à y substituer la forme d'êtres inférieurs, pour vêtir, par elle, ce qui est à la similitude d'Elohim et du Saint des Saints dans lequel repose et agit son Origine Attributale. »

D'autre part, comme Kahi était très abattu, Kahie lui dit : Ne sois pas découragé ; j'ai gardé les graines du fruit dont nous avons mangé ensemble, et elles conserveront à jamais leur vitalité.

Devo se dit : l'Homme peut arriver aussi bien que l'un de nous, à la connaissance ; qu'adviendrait-il s'il parvenait à l'immortalité ?

Descendant donc dans la région de la chaleur, il divisa la sphère une fois de plus et projeta Kahi avec la portion de la sphère sur laquelle il avait été revêtu. Il voulut retenir Kahie mais il ne le put pas. Kahi et Kahie furent donc ainsi rejetés ensemble avec violence.

Devo appela les plus puissants parmi ceux qu'il avait formés et essaya de les revêtir de la matérialité, mais sans y parvenir. Alors il leur donna une enveloppe de feu, puis il confia à quelques-uns des Cherubim la garde du fruit qui soutient la vitalité, à d'autres le soin de former la matérialité; mais il leur fut complètement impossible de toucher la densité dont il voulait qu'ils formassent des êtres à sa propre similitude. Ils ne purent pas davantage revêtir ses propres formations inférieures.

II

Dans le sphéroïde sur lequel était Kahi et Kahie, le foyer intellectuel fut obscurci, cessant d'être lumineux par lui-même.

Pour la première fois il y eut la lumière et l'obscurité, le jour et la nuit dans les sphères matérielles.

Kahi, en regardant les foyers pathétiques des sphères lumineuses divisées qui resplendissaient dans l'immensité des raréfactions et des éthérialités, demeura en contemplation pendant que Kahie dormait, et une paix profonde pénétra son être : « La lumière et l'obscurité alternantes, pensa t-il, sont comme le rayonnement et l'ombre de *Brah Elohim*. »

Puis, dans le repos, Kahi et Kahie formèrent un être à la similitude de Kahi et ils le nommèrent *KAOAH* : « Il est d'Elohim », dirent-ils.

Ils formèrent ensuite un autre être que Kahi nomma *ABAL* : « Il est comme le souffle de *Brah-Elohim* », dit Kahie.

Ces Formations ressemblaient à Kahi, c'est-à-dire qu'elles manquaient de passivité. Alors Kahi dit à Kahie :

« Faisons des *Formations à votre similitude* afin que l'activité et la passivité soient égales. »

Et ils formèrent des êtres à la similitude de Kahie. Ils éveillèrent la première et la troisième de ces Formations duelles, dont l'une était plus active et l'autre était plus passive ; la deuxième reposa dans une sphère de sustentation parce que, jusqu'alors, la troisième conception n'était pas matérialisée quoique, dans la conception de Kahi et de Kahie, un troisième être actif fût formé.

Kahi émana ensuite des forces pathétique, spirituelle, intellectuelle et vitale dans la matérialité dense du sphéroïde, après quoi la matière ayant, comme auparavant, reçu ces forces selon sa capacité de réception, il conféra avec sa première Formation active :

« A vous, lui dit-il, de former à notre similitude tout ce qui est formable. »

Alors, dans la puissance de son activité unie à celle de la première Formation passive, Kaoah avec Kaoahé travaillèrent à rendre matérialisables leurs formes conceptives.

Kahi dit ensuite à la seconde Formation active : « A vous de soigner et de préparer ce qui n'est pas encore bon pour des formations à notre similitude et de veiller à ce qu'aucun être hostile ne le touche. »

Abal, comme un avec la troisième Formation passive, surveilla et garda la matérialité encore impropre à la formation d'êtres à notre similitude ; il garda aussi tout être stationnaire propre à la sustentation.

III

A une certaine époque Devo ayant réussi à se matérialiser et à se dématérialiser dans sa traversée des degrés de raréfaction entre une sphère et une autre, arriva au sphéroïde de Kahi ; il avait avec lui quatre de ses Cherubim.

Il constata qu'il y avait du fruit de la mentalité en abondance et que la constituante de la terre convenable à la nourriture de ce qui sustentait la vitalité était évoluable, bien qu'elle fût encore insuffisamment évoluée. Il constata aussi que Kaoah avait façonné, dans la conception, des êtres à sa propre similitude et que la matérialité convenable à de telles formations était constamment évoluée par Abal.

Il se dit en lui-même : « Je suis encore pris au dépourvu. Malgré la perte et la souffrance que j'ai infligées au chef-d'œuvre de *Brah-Elohim*, je ne puis nullement m'en servir.

Toutefois la division entraîne la faiblesse ; je finirai donc par prévaloir contre eux. »

Il dit ensuite aux Chérubim : « J'essaierai de toucher par vous la matérialité propre à des formations inférieures ; c'est pour cela que je vous ai amenés ici ; mais, puisque la matière ne peut être touchée que par ceux qui sont de la même densité qu'elle, il faut que je vous endorme pour que vous soyez revêtus de cette densité. » Ils essayèrent mais ils ne purent y parvenir.

« Nous ne pouvons pas, dirent-ils, parce que la matérialité est gardée. »

— « Cherchez bien, ordonna Devo, et découvrez celui qui la garde ; quand vous le saurez, vous me le direz. »

Longtemps après l'un d'eux, dont la qualité particulière était la clairvoyance, dit à Devo.

— « Nous avons tracé les lignes de puissance ; c'est la deuxième Formation de Kahi qui garde la matérialité que nous ne pouvons toucher. »

Devo tâcha de se reposer autant qu'il le put, méditant sur ce sujet.

Un jour, comme la lumière diminuait, Kaoah et Abal se promenaient ensemble parmi les arbres de sustentation de la mentalité. Kaoah dit : « La lumière s'affaiblit ; mais celle qui est en nous et qui est de *Brah-Elohim* ne s'affaiblit jamais, quoique nous ayons été si souvent rejetés dans l'immensité. Cette matérialité dense est presque prête pour la matérialisation de mes conceptions.

— « Et la matérialité moins évoluée, répondit *Abal*, évolue continuellement, passant ainsi de ma garde à la vôtre : Avant longtemps nous aurons ici aussi le fruit de sustentation le plus précieux de tous, celui qui soutient la vitalité. Je sentiente que, dans la lutte même, il y a un renouvellement de forces, quoique dernièrement je me sois trouvé plus accablé. »

Kaoah, sa main droite autour du cou d'*Abal*, le regardait avec tendresse.

— « S'il y a une semblable lutte, dit-il, c'est que l'Etre

Hostile est avec nous. Pourquoi ne me l'avez-vous pas dit?

— « Parce que je suis le plus fort, malgré tout, et que, par charité, on doit se servir de sa propre force avant d'avoir recours à celle des autres ».

Un peu plus tard, Devo s'entretint avec ses quatre Cherubim : « Il est vrai, leur dit-il, que vous n'êtes rien en comparaison de moi qui vous ai formés, néanmoins chaque être individuel a ses propres forces. *Abal*, la deuxième Formation de Kaoah, garde la matérialité intérieure ; cernez-le de quatre côtés. Je planerai au-dessus de vous comme un nuage avec une lumière de feu ; ensuite vous approcherez le plus possible afin de pouvoir toucher le degré d'être le plus matériel ; cela fait, ma force sera avec vous et nous essaierons ensemble de prendre à Abal son état de corps nerveux afin de séparer son être. »

Les Cherubim se réjouirent : « Reposons-nous, se dirent-ils, jusqu'au temps voulu afin d'être forts, car si Devo accomplit par nous cette grande chose, il s'en souviendra et nous gratifiera de faveurs et de dons. »

Ils reposèrent donc dans la densité de l'air respirable.

Or, ils n'avaient pas la forme humaine ; c'étaient des êtres étranges dont trois avaient des figures semblables aux formations inférieures. Un seulement avait un visage ressemblant à celui de l'homme. Ils étaient rusés, agiles, forts et terribles et, par suite, d'une grande utilité pour leur formateur.

Abal était aussi courageux que doux. Peu de temps après son entretien avec Kaoah il lutta pendant quarante jours et quarante nuits pour conserver la domination sur la matière encore impropre à la formation d'êtres à sa similitude. Quoique l'ennemi ne pût toucher la partie la plus dense de la matérialité, il luttait pour conserver les forces qui la maintenaient en forme moléculaire et au moyen desquelles elle pouvait être évoluée.

La quarantième nuit de la lutte, à minuit, les quatre Cherubim se matérialisèrent jusqu'au degré le plus dense du corps nerveux et formèrent un carré autour d'Abal.

Devo se plaça au-dessus, dans un nuage à la lumière de feu, et unit sa force à celle des quatre.

Abal et sa passive résistèrent de toutes leurs forces, enfin l'état de corps nerveux s'extériorisa, leur fut retiré et il y eut séparation d'être.

Les formes extérieures furent cependant laissées intactes, parce que ni Devo ni ses Formations ne purent toucher ce degré de matérialité dont elles étaient formées.

Quand les quarante jours et les quarante nuits furent écoulés, c'est-à-dire dès l'aube du quarante et unième jour, Kaoah ne voyant pas revenir *Abal* comme d'habitude, se dirigea en toute hâte vers le théâtre de la lutte. Là il vit les formes d'Abal et d'Abla et au-dessus d'elles la lumière de feu et le nuage qui descendaient. Il comprit que le dessein de Devo était non seulement de toucher la matérialité en retirant les forces d'Abal et d'Abla, mais aussi de prendre possession de leurs corps au moyen de ses principales Formations. Son désir n'était pas d'assumer lui-même la forme matérielle, mais de toucher la matérialité au moyen des serviteurs dont il était le maître.

Dès que Kaoah vit la lumière de feu et le nuage d'où descendaient deux des principales Formations de Devo, il retira rapidement des formes d'Abal et d'Abla toute leur vitalité, de sorte que la matérialité dont ils étaient formés fut restituée à la matière moléculaire.

Alors la colère de Devo fut indescriptible ; il descendit rapidement et Kaoah fut tantôt couvert du nuage obscur, tantôt ébloui par la lumière de feu. Devo essaya de séparer son être comme il avait fait des autres ; mais il ne put y parvenir. Il demanda alors à Kaoah :

« Où est Abal ?

« Que vous importe ? répondit Kaoah ; ne suis-je pas le gardien de mon frère ? »

« Les sangs d'Abal, répliqua Devo, montent de la terre en criant vengeance ! Je vous rejetterai comme j'ai rejeté Kahi et vous errerez sans répit autour de la terre. »

Puis il remonta.

Dès que Kaoah eut recouvré ses forces, il alla vers Kahi à qui il raconta ce qui s'était passé.

« J'ai été presque vaincu, dit-il, c'est avec peine que j'ai pu retenir mon être intégral, et maintenant, si je suis rejeté et isolé, tout être hostile pourra me priver de la vie, car je ne pourrai plus supporter aucune lutte. »

Kahi consola son premier formé.

« Tu ne seras pas complètement séparé de la terre, car ta demeure sera visible à toutes les Formations de l'avenir et grâce à toi l'obscurité deviendra lumière. »

Kahie le consola de son côté :

« Comme l'activité de Kahi, dit-elle, domine sur la terre, la passivité de Kahie domine sur les eaux ; tu sentienteras à jamais les eaux, sauf dans leurs profondeurs, et elles sentienteront ta puissance. Ainsi, nous ne serons pas séparés. »

— Sur la surface de ta sphère, dit encore Kahi, il y aura toujours, même dans la lumière de son aura, la lumière et l'obscurité, comme un rayonnement et une ombre. Tous ceux qui la regarderont sauront qu'il y a en elle un être formé à la similitude de *Brah-Elohim* et aucun être n'osera ainsi te faire du mal.

Quelque temps après, Kaoah et sa passive furent rejetés.

Kahi nomma *Nud* l'habitation de Kaoah parce qu'elle errait autour de la terre.

Là, Kaoah façonna une Formation à sa similitude, qui était celle de *Brah-Elohim*. Cette Formation avait une grande affinité avec les eaux de la terre et à une certaine époque, pendant qu'elle reposait, elle dit à Kaoah :

« J'aperçois dans la profondeur des eaux quelque chose qui se meut en spirale et au milieu de ces circonvolutions une forme indistincte et entourée d'une ombre ; c'est comme la forme d'un être à notre propre similitude, de la densité des eaux, mais d'une luminosité blanche.

— « Repose-toi, lui dit Kaoah, et dis-moi quelle espèce de forme a cet Etre.

— « C'est la forme d'Abal que vous avez désintégré. Sa matérialité moléculaire qui a la vie en elle-même (sinon elle ne pourrait retenir la forme) a été attirée par les eaux profondes ; elle a été conservée par ce qui se mouvait et chaque molécule a attiré à elle ce qui lui était nécessaire pour son perfectionnement ; c'est ainsi que la forme s'est reconstituée. »

Kaoah comprit et fut consolé, car il avait de l'affinité avec Abal ; il l'aimait profondément.

Après avoir reposé dans le sommeil de la contemplation, il dit à sa Formation qui avait aperçu la forme d'Abal :

« Vous êtes *Kaoahel,* notre première Formation, et vous êtes à la similitude d'autrefois, c'est-à-dire de *Brah Elohim*; par conséquent, vous êtes différent des autres. Essayez, par la puissance de votre passivité, qui égale votre activité, d'attirer cette forme que vous voyez dans les eaux profondes et décrivez-moi, si vous le pouvez, ce que vous sentiez. »

Et Kaoah posa sa main droite sur le front de Kaoahel.

« J'aperçois, dit ce dernier après un moment, la forme dont je vous ai parlé, elle vient à travers les eaux.

— « Veillez, veillez toujours.

— « Maintenant elle a quitté les eaux et elle monte dans l'air respirable.

— « Je ne comprends pas comment cela peut se faire, car ce qui respire dans les eaux ne peut respirer dans l'air.

— « Celui qui se meut en spirale est entouré d'une lumière prismatique ; une aura enveloppe la forme qui s'élève comme dans une sphère de sustentation.

— « C'est l'aura du *premier Emané.* »

Quand la forme d'Abal fut arrivée dans l'aura de la sphère de Kaoah, elle s'arrêta dans la raréfaction, semblable à celle que Kahi avait entourée de sécheresse et qu'il avait unie à la constituante avec laquelle il était en affinité; Kahi avait fait ainsi afin de produire l'eau qui, en descendant, avait filtré à travers les brumes des nuages amassés, et tombait sur la terre en ondées.

Kaoah en fut bien aise. Il dit à sa formation :

— « Lorsque les hostiles seront vaincus, Abal sera restituée dans l'intégrité de l'être. Passez dans l'habitation de Kahi et de Kahie et dites-moi tout ce que vous sentientez, car chez vous il y a unité d'être et ce qui pour nous est impossible est possible pour vous. »

Kaoahel, sous la protection de Kaoah, s'extériorisa, laissant l'enveloppe nervo-physique aux soins de ce dernier. Il sortait dans une sphère de sustentation, mais il dit aussitôt :

— « Il y a entre moi et l'expansion une barrière que je suis incapable de franchir et je sentiente que cette barrière entoure toutes les sphères matérielles de même densité que la nôtre.

— « La sphère de sustentation dont vous êtes entouré doit vous rendre capable de franchir toutes les barrières et même les régions épuisées.

— « Il n'en est pas ainsi.

— « Pouvez-vous trouver un moyen ?

— « Etant dans la perfection d'être, je pourrais, je pense, franchir l'obstacle par la force de mon individualité.

— « Essayez. »

Kaoahel quitta la sphère de sustentation que Kaoah retira aussitôt et il franchit la barrière.

— « Je ne vois, dit-il, que la lumière de feu et des nuages obscurs.

— « Passez à travers ces couches et entrez dans la lumière qui est au delà.

— « Placez mon corps qui est avec vous, dit Kaoahel, dans la sphère de sustentation, afin qu'il soit en rapport avec moi. »

Kaoah se conforma à ce désir. Au bout d'un certain temps, il appela sa Formation, mais il n'obtint pas de réponse.

Alors la peur le saisit. Il alla trouver Kaoahé et lui raconta tout.

— « Reposez-vous, lui dit-il, et tâchez de voir où se trouve notre premier Formé. »

— « Je suis arrivée, dit-elle, à un endroit où tout est obscur ; et au delà je ne puis rien distinguer.

— « Ne voyez-vous pas Kaoahel ou quelque trace ?

— « Je cherche mais je ne vois rien. »

Elle éprouva une grande tristesse.

« Kaoah essaya de la consoler en disant :

— « Il est vrai que notre *premier Formé* ne revient pas ; mais il n'est pas comme un autre. Peut-être qu'Elohim l'a attiré à lui.

— « Ou un autre, dit Kaoahé, inconsolable. »

CHAPITRE XIV

I

A une certaine époque, Kahi et Kahie s'entretenant ensemble dirent :

« Abal n'est plus et Koaoh est rejeté de notre milieu. Formons donc un être qui soit un avec la deuxième Formée qui repose dans la passivité, afin qu'à leur tour ils forment des êtres qui hériteront de la terre. »

Et ainsi firent-ils.

Ils nommèrent leur troisième Formation active *Sheth.*

« Son nom sera éternel », pensèrent-ils.

Or, la passive qui ne fut éveillée qu'après la Formation de Sheth était très forte en passivité de sorte que, par affinité avec les eaux qui étaient autour, au-dessus et au-dessous de la terre, elle pouvait sentienter beaucoup de choses.

Pendant qu'elle reposait elle dit à Sheth :

« Devo reste dans les eaux profondes ; il essaie toujours de conquérir la domination sur la matérialité, mais il en est incapable parce qu'elle a déjà reçu toutes les forces qu'elle était en état de recevoir, et cela en abondance.

« Il est connu, répondit Sheth, que Celui qui se meut en spirales a infusé ses propres forces dans la matérialité inférieure pour que Devo ne l'influençât pas.

— « Déjà des cellules apparaissent çà et là dans la masse albumineuse et il y a vie cellulaire individuelle.

— « Dans le passé lointain, *Elohim* voulut qu'il y eût forme individuelle à sa propre similitude lorsque, quittant l'Etat attributal extérieur du voile septénaire, il couva l'immensité de la matière mélangée sans forme et lui infusa ses forces. De même à présent quelqu'un couve la masse informe de la matière albumineuse des eaux profondes en voulant qu'il y ait vie et formation individuelle. »

— « C'est plutôt comme IE quand, sous la protection de *Brah-Elohim*, Il fit des formations dans la sphère indivisée. »

Un autre jour, la passive de Sheth lui dit :

« C'est le moment où *la Nud* influence le plus les grandes eaux ; je sentiente cette sphère par affinité.

— « Allons à Kaoah et Kaoahé répondit Sheth, puis dites-nous ce que vous sentientez. »

La demeure de Kaoah et de Kaoahé éclairait de la lumière de son aura l'ombre de la nuit et la passive reposait parmi les siens. Alors Kahie entra et lui demanda :

« Dites-moi, si vous le pouvez, ce qui concerne notre première Formation.

— « Tout va bien chez Kaoah, cependant Kaoahé paraît souffrir.

— « Quelle en est la cause ? demanda Kahie.

— « Leur première Formation n'est plus ; celui qu'ils ont formé maintenant ressemble aussi au grand Formateur, c'est-à-dire qu'il est parfait dans son être et il a replanté l'arbre dont le fruit soutient sa vitalité ; il y a encore d'autres Formations. »

Kahie fut ainsi rassurée sur le sort de Kaoah et des siens : néanmoins ses pensées demeuraient avec celui qui était disparu.

Quelque temps après, la sensitive de Sheth, qui était la deuxième Formation passive de Kahi et de Kahie, était seule avec Sheth. Elle dit : « Formons un être à la similitude de celui que j'ai vu, c'est à-dire à la similitude de la

Formation de Kaoah, qui n'est plus; c'est mon plus grand désir. »

Ils formèrent un être parfait en lui-même et ils se réjouirent.

« Ton nom sera *Mahallal*, lui dirent-ils, car tu es le fruit de notre désir. »

— « Pour la naissance de tout être actif, dit Sheth, qui proviendra de cette Formation, il y aura une fête solennelle qui sera célébrée le huitième jour parce qu'elle est la huitième.

— « Bien, répondit Kahi. En effet, de la Cause Cosmique procéda l'attribut d'équilibre; de cet attribut émana Elohim dont IE fut la seconde Formation et dont je proviens moi-même; vous êtes ma troisième Formation, active, et celle que nous fêtons est la première. »

Voici l'ordre :

> *Cause cosmique des Matérialismes;*
> *Attribut de Justice;*
> *Elohim*, le second qui procède de cet attribut;
> *IE, seconde Formation d'Elohim;*
> *Kahi*, un avec IE, mais sujet à la séparation;
> *Sheth*, troisième Formation active de Kahi;
> *Mahallal.*

II

Quelque temps après, Shorah dit : « Mon désir est de former un être parfait en lui-même, ainsi que l'est Mahallal, et de le placer dans une sphère de sustentation, afin qu'il puisse traverser les densités et les raréfactions sans extériorisation et en sûreté. »

— « Votre désir est grand, répondit Sheth, mais en ceci je suis en communauté de pensée avec vous. »

Ils formèrent donc ensemble une sphère dans laquelle ils attirèrent la matérialité la plus parfaite; puis ils formèrent dans cette sphère un être parfait en lui-même comme l'était Mahallal. Cet être se reposa dans le repos de l'assimilation.

Le huitième jour, Kahi et Kahie, Sheth, Shorah et Mahallal se réjouirent ensemble.

« Kaoah, notre première Formation, dit Kahie, sentientera peut-être notre joie. »

Et ils nommèrent le nouvel être *Chi* disant :

« Avec lui il y a la vie, car il passera de sphère en sphère, de sorte qu'il n'y aura plus de séparation complète. »

III

Chi était déjà fort, Sheth lui dit :

« Reposez-vous maintenant, afin de sortir dans la sphère de sustentation à travers les densités et les raréfactions sans extériorisation et surtout sans danger.

— « Veillez sur Shorah, dit Chi, afin que dans sa sensibilité et sa passivité elle puisse vous communiquer mes propres messages dans le cas où je ne pourrais le faire moi-même.

— « Qui donc, répondit Kahi, gardera cette partie de toi-même qui reste avec nous ? et sous la protection de qui reposeras-tu ? »

Chi s'endormit sans répondre.

Kahi pensait qu'il s'extériorisait en laissant le corps nerveux physique sous sa garde ; il fut étonné en voyant que Chi partait dans l'intégrité de son être, entouré de la sphère de sustentation. Il parla à sa troisième Formation, Sheth, qui lui-même avait Chi pour deuxième Formation et le pria d'amener Shorah afin que, dans le repos, elle communiquât avec Chi, si cela était possible. Sheth plaça les mains de Shorah dans celles de Kahi et les mit en rapport l'un avec l'autre.

— « Voyez-vous Chi ? entendez-vous sa voix ? demanda Kahi.

— « Je ne le vois pas, répondit Shorah. Je vois seulement la sphère de sustentation qui est multicolore et légèrement lumineuse en elle-même ; mais j'entends sa voix aussi clairement que la vôtre ; seulement elle semble venir de loin. Il m'appelle par mon nom.

— « Faites-moi part de ce qu'il dit ? n'en perdez pas un seul mot !

— Voici ce qu'il dit :

« Dans le centre de la sphère d'où je suis parti, je vois, au-dessous de la surface, comme des couches sphériques de chaleur, de vie, de lumière, et le nucléolinus du pathétisme. Ces forces concentriques sont en affinité avec la chaleur, la vie et la lumière extérieures ; l'air respirable voile ce qui émane d'un centre de forces, la grande sphère, vers laquelle je me dirige. »

— Y a-t-il, demanda Kahi, d'autres sphères semblables à celles que vous venez de quitter et qui soient en rapport avec la sphère vers laquelle vous allez, ou en rapport entre elles ?

— Il y a onze autres sphéroïdes semblables ; mais aucun d'eux n'est guère égal en densité à celui que je viens de quitter. Je suis, continua Chi après un moment, dans une obscurité complète, sauf la légère luminosité de ma sphère de sustentation.

— Etes-vous stationnaire ? souffrez-vous ? ressentez-vous quelque malaise ? Désirez-vous revenir.

— Je me meus rapidement dans une seule direction, c'est-à-dire vers le centre des forces, et par ma propre volonté. Je ne souffre pas parce que ma sphère de sustentation est entourée de votre puissance et cachée sous votre invisibilité ; mais je sentiente que, si elle était visible et si elle n'était (pas protégée, la vie de mon corps nerveux physique serait retirée par les forces hostiles. Loin de désirer revenir, j'ai la volonté ferme d'aller tout droit en avant.

Je sors de la couche obscure et j'entre dans une couche de lumière blanche où reposent une foule d'êtres que je sentiente n'être pas hostiles mais ils ne me voient pas. J'ai quitté cette région et je passe dans une lumière bleue très

riche où il y a le rayonnement et l'ombre mélangés inégale-
ment, comme les nuages qu'on rencontre dans les couches
inférieures de l'air. Quoique je ne puisse les distinguer, j'ai
conscience d'être au milieu d'individus en activité.

Ce qui m'intéresse extraordinairement c'est la descente
continuelle de lumières étincelantes, petites et brillantes,
qui, venues du dehors, entrent dans des formes de rayonnement et d'ombre.

Je passe avec difficulté et lentement dans une clarté de
raréfaction ; je suis dans le bleu où alternent le rayonnement et l'ombre et où pénètrent beaucoup de lumières
brillantes. Maintenant je suis entré dans la lumière rose où
beaucoup d'êtres reposent ou dorment ; puis me voici
dans la lumière carmin pâle.

Un moment après, Shorah dit : Chi s'écrie : « Couvrez-moi
de votre puissance et voilez-moi de nouveau d'invisibilité
car je suis dans une profonde obscurité et j'y sentiente du
danger.

— « Ne craignez rien, dit Kahi, ne soyez pas troublé, car
rien ne peut vous faire du mal. Concentrez toute votre volonté pour passer en avant et rapidement. »

Alors Kahi émit de sa puissance et dit à Shorah.

— « Voyez-vous encore la sphère de sustentation ?

— Je la vois se mouvoir rapidement à travers l'obscurité.

— Dirigez la puissance que j'émets, répondit Kahi, et enveloppez la sphère ; voilez-la d'une double invisibilité et ne
la perdez pas de vue un seul instant. »

Kahi continuait à émettre de la puissance et ne donnait
aucun signe d'anxiété ou de fatigue. Néammoins quand Chi
se fut écrié triomphalement : « J'ai passé à travers l'obscurité terrible et je suis dans une lumière glorieuse ! » le
visage de Kahi était blême et il tremblait.

Kahie lui donna du jus de fruit de la vitalité et il fut réconforté.

— Je passe, continua Chi, vers une région sphérique
pleine de force pathétique spirituelle, intellectuelle et vitale

que je sentiente être de la nature de notre terre mais moins dense.

Le visage de Kahi devint radieux.

— Dès que vous serez au milieu de ses habitants, dit-il, voyez s'il y a des chefs et quelle espèce d'hommes ils sont.

« Le plus grand, répondit Chi, est à ma similitude ; j'ai avec lui et les siens une si grande affinité que j'ai écarté le voile d'invisibilité et il m'accueille maintenant avec une joie immense en disant.

« Il est de Kahi ! Il est de celui qui nous a formés, de celui dont je suis la deuxième Formation. »

Et il me demanda : « Tout va-t-il bien avec Kahi ? voit-il la lumière des forces quaternaires que nous émettons continuellement ? cette force pathétique, spirituelle, intellectuelle et vitale a-t-elle pu pénétrer les doubles couches sphériques de l'obscurité qui nous enveloppe nous-mêmes ainsi que toutes les sphères que nous sentientons ? »

Kahi dit à Shorah :

Que Chi réponde ceci :

« Tout va bien avec Kahi ; vos forces sont avec lui et les siens. » Mais qu'il ne parle pas de notre séparation d'état d'être ni de rien qui puisse les attrister. Et en se rappelant la gloire du passé, il laissa retomber sa tête dans ses deux mains et pleura longtemps.

Kahie se tenait debout, les mains sur ses épaules, sans dire un mot. Les souvenirs d'autrefois lui revinrent aussi à la mémoire, souvenirs d'amour, de vie et de lumière.

Kahi se remit enfin et dit à Shorah :

« Dites à Chi de revenir par la même voie ; il ne peut aller plus loin pour le moment à travers les sphères divisées. Dites-lui aussi : Kahi désire que vous vous souveniez de tout ce que vous avez sentienté dans la sphère que vous avez visitée ; voilez-vous soigneusement dans l'invisibilité et gardez-vous d'emporter avec vous quoi que ce soit de la lumière éclatante de l'aura de ceux qui vous ont accueilli,

car vous pourriez encourir du danger en passant par les
couches sphériques de l'obscurité où séjournent les ennemis. »

Chi se conforma à ces recommandations.

En arrivant il se trouva très fatigué. Il mangea du fruit
de la vitalité et reposa longtemps dans l'aura de Kahi.

Kahi et Kahie se dirent entre eux :

« Non seulement il est notre bien-aimé, mais en lui est
notre source de connaissance pour tout ce qui concerne les
êtres dont nous sommes séparés ; il est pour nous comme
l'espérance de la réunion, comme un garant de la Restitution.

Quand Chi eut recouvré ses forces, il dit à Kahi :

« Pendant mon repos dans votre aura j'ai sentienté beaucoup de choses et mon désir est de partir comme avant
pour traverser les expansions. »

— « Chaque chose a son temps, répondit Kahie. Racontez-
moi votre voyage et ce que vous avez sentienté dans votre
repos réparateur.

— « Je vais vous en donner les détails. Pendant que je
reposais avec ceux qui sont à notre similitude, j'ai aperçu
tout alentour la lumière des auras des onze sphères semblables à la nôtre ; elles étaient toutes entourées de l'obscurité dont je vous ai parlé et ici nous ne pouvons rien
sentienter. Je me suis aperçu, en outre, que ces sphéroïdes
se condensent graduellement ; j'ai cru à un certain moment voir près de l'enveloppement de l'air respirable une
deuxième couche sphérique qui semblait comme une
ombre. Cette ombre me parut comme un liquide agité. La
lumière d'aura des sphères et sphéroïdes diminuait à mesure qu'ils se condensaient. Dans les couches raréfiées
où l'on ne sentiente pas, les forces n'avaient aucun effet et
n'étaient pas affectées, mais dès qu'elles touchaient l'atmosphère des sphères et sphéroïdes, la matière atomique
vivante, qui a sept degrés de densité, répondait à celles de
ces forces avec lesquelles elle était en affinité et, de ce fait,
l'atmosphère devenait radiante.

« L'utilité des trois degrés les plus raréfiés de la matière atomique radiante ne m'apparut pas tout d'abord ; mais je constatai que, des quatre degrés plus raréfiés de l'atmosphère respirable, celui qui était le plus raréfié et radiant nourrissait notre mentalité, le deuxième notre âme, le troisième notre degré nerveux et le quatrième notre degré nerveux physique. Dans le troisième degré, plus que dans tous les autres, il y avait des éléments nuisibles mélangés, mais non combinés. »

Kahi répondit : Elohim a couvé la matière mélangée infusant ses forces dans les forces dormantes de celle-ci. Naturellement, ce fut la partie constituante la plus raréfiée qui répondit la première, et ainsi fut manifestée la Lumière, ou Intelligence.

Comme les trois degrés les plus denses de l'état nerveux sont occupés par les Hostiles, le degré nerveux des Azertes est sous leur influence spéciale, obscur, par conséquent, et plein de dangers ; et ce qui a lieu pour les Azertes se passe aussi chez leurs habitants. Abal, notre bien-aimé, n'a pas pu rentrer dans son degré d'être nervo-physique lorsque son degré d'être nerveux en a été retiré par force et violence par Devo. Par la même raison, la première Formation de Kaoah n'est pas revenue à son Formateur ; nous n'en doutons pas.

— En revenant parmi les obscurités, dit Chi, j'ai sentienté un peu les effets de ce qui est nuisible dans les degrés nerveux influencés par l'hostile : j'ai eu conscience du danger d'une perte.

Kahi demeura pensif et silencieux ; puis il reprit :

— Ce qui nous assujettit, c'est la perte du degré physique du corps nerveux, dont Devo nous a dépouillés.

— Et les sphères ou les sphéroïdes, sont-ils aussi sujets à la désintégration nervo-physique ?

— Non pas, le pouvoir de résistance des Azertes excède de beaucoup celui de leurs habitants, et le temps de la restitution viendra longtemps avant qu'ils ne puissent être désintégrés.

À une autre époque, Chi repartit et Shorah dormit comme avant sous la protection de Sheth avec lequel elle était une. Chi parla ainsi à Kahi par l'intermédiaire de Shorah.

— Je suis sorti du foyer des forces, demeure de votre deuxième formation et de celle qui lui appartient ; maintenant, comme par prédilection, je vais vers la terre.

En regardant en arrière, j'aperçois que onze sphéroïdes circulent autour du foyer des forces et que tous circulent autour de votre demeure actuelle ; celle-ci se rapproche quelque peu de la forme d'un disque ; cependant elle ne s'en rapproche point au point d'avoir la forme des supports de la vie de nos sangs.

Maintenant je suis dans une région plus raréfiée qu'aucune de celles que j'ai vues. La lumière d'aura est dorée.

J'entre dans un état de mentalité et j'approche d'un autre foyer. Ici aussi les habitants sont à notre similitude et ils m'accueillent avec joie.

— Le foyer est-il aussi divisé et diminué ? demanda Kahi.

— Non ; il est dans son intégralité, lumineux en lui-même et il tourne lentement autour d'un centre qui est complètement en dehors de ma sentience. De cette grande sphère resplendissante de blanche lumière et lumineuse en elle-même, j'aperçois d'innombrables sphères dont les lumières d'aura diffèrent, mais qui sont également lumineuses en elles-mêmes ; je sens en moi une si grande affinité pour elles, qu'elles m'attirent et mon désir est non seulement de passer d'une sphère à une autre mais encore d'aller jusqu'au centre autour duquel elles roulent lentement.

Puis il se tut.

Après une longue attente, Kahi dit à Shorah :

« Vous devez être en rapport avec Chi en quelque lieu qu'il se trouve, car il est de votre être. Demandez-lui donc où il est et pourquoi il garde si longtemps le silence. »

Chi répondit :

« Je me repose parmi ceux qui sont à notre similitude et j'éprouve un désir intense.

— Quel désir ?

— Celui de passer de raréfaction en raréfaction, d'éthérisme en éthérisme, parmi les sphères matérielles.

— La connaissance de ce qui est connaissable des états et degrés matériels est essentielle pour nous. Je ne vous blâme pas de vouloir savoir ; vous êtes de *Brah-Elohim*, qui lui-même procède des Ethérismes au delà du voile ; néanmoins il est nécessaire que vous reveniez sans délai. »

Mais il n'y eut pas de réponse. Tout à coup Shorah serra la main de Seth et dit :

— Chi passe au delà de la limite de ma sentience. Il ne reviendra pas plus que la Formation de Kaoah n'est revenue.

— Faites-lui comprendre qu'il doit revenir ; la force pathétique est omniprésente.

Shorah parla alors ainsi à Chi :

— N'êtes-vous pas l'être de mon être ; ma vie ne sera-t-elle pas ruinée sans vous et loin de moi où sera votre perfection ?

— Qui sait si l'ombre dont vous parliez ne deviendra pas plus profonde ? Revenez donc, Chi, mon bien-aimé.

Chi se rendit à ses supplications ; il revint tout épuisé et se reposa silencieux et immobile pendant bien des révolutions de la terre.

Sheth dit à Kahi :

« Voici ce que dit la Passive qui est une avec moi et dont le bonheur est le mien :

« Nous vous prions de ne plus faire voyager Chi ni de lui permettre de partir, car depuis qu'il est revenu, il n'est plus bien portant et même dans son repos on voit qu'il souffre. » — Et Kahi le promit.

CHAPITRE XV

I

Tandis que Chi restait immobile et silencieux, Mahallah,
première Formation de Sheth, formait des êtres semblables
à Sheth et à Kahi, c'est-à-dire qui n'étaient point parfaits en
eux-mêmes. A leur tour, ces Formations, de concert avec
leurs passives, formèrent des êtres actifs et passifs à leur
propre similitude.

Parmi ces Formations, il y en eut une qui était douée
d'une grande puissance de vitalité tandis que sa passive en
manquait, et qu'en revanche, le pathétisme et la spiritualité
étaient surabondants chez elle. Ils se nommaient *Lhamkhial* et *Lhamkhialah*. « Souvenez-vous, leur dit Kahi, que
vous êtes un ; que chacun de vous deux fournisse donc à
l'autre ce qui lui manque, et, ainsi, tout ira bien pour
vous et pour vos Formations : Aidez-vous l'un l'autre. » Ils
lui obéirent.

A une certaine époque, eux aussi produisirent deux formations duelles qui étaient comme Lhamkhialah d'une
grande passivité. Le premier de ces deux formés et sa passive aimaient à errer dans les lieux les plus beaux et les
plus fertiles, à s'y reposer de temps en temps, à passer
leur vie dans la paix et la contemplation. Le deuxième
formé, et sa passive, aimaient à écouter la voix des eaux,

les mélodies, les harmonies et ils essayaient de les imiter
en les perfectionnant.

Lhamkhial, leur Formateur, désirait ardemment évoluer
la matérialité la moins sensitive ; il fit appel au concours
de ses Formations, mais sans succès. Il pensa alors : « Si
mes Formations me sont inutiles, c'est que Lamkhialah est
trop passive », et, dans cette pensée, il donna les signes
d'un grand mécontentement. A Lhamkhialah qui lui demandait le motif de cette contrariété, il répondit : « Ce
n'est pas à vous que je déclarerai ma pensée, mais seulement à Kahi ou à Sheth. »

Sur cette déclaration Sheth lui dit : « Vous songez depuis longtemps à me parler face à face ; me voici donc près
de vous pour apprendre de vos propres lèvres pourquoi
votre visage est troublé, car vous êtes de nos Formations et
la charité nous commande d'avoir soin de votre bien-être
et de votre bonheur. »

— Le bonheur est dans la conscience que nous appro-
chons du but que nous nous efforçons d'atteindre. Le mien
est la restitution du vrai corps physique, ou corps glorieux ; or, sachant que les parties constituantes dont il a
été fait ont été attirées sous la surface de la terre et qu'elles
ne sont pas perdues, je ne vois point par quelle raison
nous ne parviendrions pas à la restitution de ce corps.

— Mais ce désir, cet espoir, dont la réalisation est certainement possible, ne sont pas, sans doute, la raison de
votre trouble ?

— Non ; ce qui cause mon mécontentement, c'est l'incapacité de la passive qui est une avec moi, et celle de nos
deux Formations actives ; elles ressemblent à Lhamkhialah
et me sont aussi inutiles qu'elle pour atteindre mon but.

— Avez-vous parlé de votre désir à Lhamkhialah ?

— Oui, bien souvent, mais toujours, et sans cesse, je re-
çois cette même réponse : « Bien : mon désir est semblable
au vôtre, mais le temps n'est pas encore venu ; nous ne
sommes pas prêts. » Or, je suis las d'attendre.

— Mais la prédilection de Lhamkhialah est probablement vraie ; il serait bien préférable d'attendre quelque temps encore plutôt que d'essayer pour manquer votre but.

— Vous n'êtes vraiment qu'un triste consolateur.

Sur ces mots, Lhamkhial se détourna, et ils se séparèrent.

II

La nuit suivante, Lhamkhial ne revint pas chez lui : il resta dans une grotte, sur le bord de la mer, pour s'entretenir avec lui-même. « Ne suis-je pas, se dit-il, de la race des Formateurs, qui font évoluer? Mon œuvre, par droit d'hérédité, aussi bien que de par mon désir, n'est-elle pas d'accord avec celle de la restitution? Et cependant, je ne puis rien faire d'efficace ! Les premières Formations de Kahi et de Kahie ont préparé la matière pour d'autres Formations et les ont accomplies. Mes Formations, à moi, qui sont en partie celles de Lhamkhialah, ne sont pas semblables à Kaoah et à Abal. Et mon âme elle-même est lasse d'attendre, lasse de l'inaction ! »

Agité, troublé, il s'étendit sur le sol de la grotte, le visage caché entre ses mains ; une lourdeur l'accabla bientôt ; il s'endormit, et, dans son sommeil, il entendit une voix l'appeler par son nom :

— Me voici ! s'écria-il.

— Je suis, reprit la voix, le Formateur de Kahi et de Kahie, de Sheth et de Shorah, de Mahallal et de Chi, car sans moi, rien n'a été fait de ce qui est fait. Ne craignez point, ne soyez point troublé ; je suis avec vous comme un aide puissant. Levez-vous donc ; attirez à vous la matérialité propre à une Formation passive selon votre idéal. Quand vous aurez formé comme je vous le commande, moi-même j'inspirerai le souffle de la vie dans les narines de votre Formation et elle vivra, et vous sera une aide convenable. »

Lhamkhial s'éveilla, se souvint de sa vision, attira par

son activité surabondante la passivité de la matière atomique, et forma dans son aura sustentatrice un être passif
conforme à son propre idéal de perfection. Il donna à cet
être le nom de *Zoy*, parce que, dit-il, par elle, je mettrai
la matière en mouvement.

A l'aide de cet être, il façonna deux autres Formations
duelles; avec l'une d'elles, il évolua la matière la moins
sensitive et avec l'autre, de cette matière, il fit des formes
à leur similitude. Satisfait, il oublia un peu Lhamkhialah,
quoiqu'il eût à ce sujet quelque inquiétude.

Cette Passive que Lhamkhial avait faite pour lui-même
forma, de son côté, un être passif à sa similitude. Lhamkhial vit tout à coup devant lui une Passive semblable à celle
qu'il avait formée.

— « Que désirez-vous? demanda-t-il, et pourquoi me re-
cherchez-vous maintenant? » « Il pensait s'adresser à la
Passive qu'il avait formée lui-même et à laquelle il avait
donné le nom de Zoy.

— « Je ne suis pas Zoy, répondit-elle, mais *Maahma*
que Zoy a formée ; je viens vous demander l'activité dont
j'ai besoin.

— « Jamais je n'ai rien entendu de plus étrange, dit
Lhamkhial étonné. J'ai déjà deux Passives, et voici qu'il
m'en surgit une troisième. »

Lhamkhialah, voyant que Lhamkhial ne revenait plus vers
elle, se rendit à la demeure de Kahi et de Kahie.

— Je viens auprès de vous, leur dit-elle, pour me reposer en sûreté.

— Où donc est Lhamkhial ? demanda Kahi. Lui est-il
arrivé malheur ?

— Lhamkhial désirait beaucoup utiliser la matérialité
propre pour la restitution du corps glorieux. Mais vous
n'êtes pas l'aide qu'il me faut pour cela, m'a-t-il dit ; vos
Formations ne sont bonnes que pour l'évolution de l'art,
de la mélodie et du beau. Puis il est sorti et n'est pas
revenu.

— Cependant, repartit Kahi, n'est-il pas préférable que

vous attendiez dans votre propre demeure où il peut revenir?

— C'était mon intention ; mais dernièrement j'ai été entourée d'une foule de Formations actives appartenant à certains degrés de raréfaction et je sentiente quelque danger. Je me suis donc dit : Je me lèverai et je m'en irai à la demeure de Kahi et de Kahie, de crainte que quelque malheur n'arrive à cause de moi.

— Vous avez agi sagement. Demeurez chez vous et reposez-vous sans inquiétude.

Un jour, les deux Formations de Lhamkhial et de Lhamkhialah vinrent également chez Kahi et Kahie et demandèrent à s'entretenir avec la Passive.

— « Lhamkhialah repose, dit Kahi, et personne ne doit la troubler, mais qui a le droit de séparer les Formations de leur Formateur ? »

La première de ces Formations et celle qui était une avec elle s'approcha de Lhamkhialah qui s'éveilla contente. La Formation qui avait nom *Iabhal* lui dit : « Où est Lhamkhial ? Pourquoi n'est-il pas avec vous, ou avec nous qui sommes les siens ?

— « Je ne sais pas. Peut-être est-il retenu par ses occupations. »

Iabhal sortit et Aabah, la deuxième Formation, entra.

Il y avait entre Aabah et Lhamkhialah une grande affinité. En le voyant entrer, elle lut la tristesse peinte sur son visage. Silencieusement elle prit sa main dans la sienne et, après l'avoir tenue quelque temps ainsi, elle lui dit :

— « Ce qui est fait est fait ; qui peut le défaire ? »

Puis elle tomba dans une rêverie profonde et Aabah sortit sans bruit. Dès qu'il fut devant Kahi, Aabah cacha son visage dans ses mains et pleura amèrement.

— Qu'y a-t-il de nouveau, demanda Kahi, pourquoi ces pleurs ?

— Lhamkhial, s'est formé un être passif selon ses propres idées et cet être s'est lui-même formé un être passif à sa similitude. Lhamkhial a pris ensuite de la matière la moins

sensitiva et l'a moulée dans une forme à notre propre similitude, à notre similitude d'autrefois, et à celle de Devo
et de ses Cherubim. Il a suivi le conseil de Zoy qui lui
a dit : « Ainsi sera conservée la similitude des êtres de cet
âge dont les générations futures diront : ils sont des
Dieux. »

A ces mots, Kahi fut pris de tristesse.

— La deuxième ombre que Chi a vue est sur nous, dit-
il ; il y a ainsi déséquilibre entre l'activité et la passivité.
De même que Devo et ses Formations ont un excès d'activité, de même ceux qui sont de notre propre Formation ou
à notre similitude ont un excès de passivité. Quel sera le
résultat ?

Pendant que Kahi faisait ces réflexions, Lhamkhialah se
présenta.

— « Hélas, mon enfant, lui dit-il, qui te consolera ?

— « Ce n'est pas à moi que je pense, répondit-elle, mais
au danger de déséquilibre que l'acte de Lhamkhial a causé.
Je comprends maintenant pourquoi j'ai été assaillie de tous
côtés par des êtres actifs. Puisque Lhamkhial a pris une
autre Passive, restituez-moi, je vous prie, si vous le pouvez, à la matérialité dont je fus formée ; peut-être parerez-
vous ainsi à la confusion.

— « Vous parlez noblement, Lhamhkialah, en offrant
le sacrifice de vous-même pour le bien-être collectif ; mais
je ne puis l'accepter pour deux raisons : d'abord, parce que
personne n'a le droit de se sacrifier pour un bien incertain,
et ensuite parce que la matérialité qui a été formée en un
être passif de votre capacité et de votre rang se reformerait
d'elle-même et attirerait à elle de l'activité. Nous irions
ainsi au-devant du danger que nous voulons éloigner. Demeurez plutôt avec nous et reposez-vous dans le sommeil,
jusqu'à ce que nous trouvions le moyen le plus efficace de
parer à ce danger terrible. »

— Qu'il soit fait selon votre volonté. Seulement donnez-
moi le pouvoir de dormir, car je ne peux m'endormir à
cause du trouble qui m'agite.

Kahi posa sa main droite sur le front de Lhamkhialah qui s'endormit et fut portée à l'endroit qu'elle venait de quitter.

III

Quelque temps après, la seconde Formation de Lhamkhial et de Zoy vint à Zoy au moment où cette dernière conversait avec Maahma, et, la prenant à part, lui dit :

— Il n'y a pas longtemps, je me promenais près d'une cascade dont je voulais imiter le mugissement avec l'instrument que j'ai fabriqué, quand j'aperçus deux êtres à notre similitude qui se promenaient ensemble sur le bord de la rivière.

Ils s'étendirent à l'ombre d'un arbre dont les branches s'inclinaient sur les eaux. Je me cachai derrière le tronc de l'arbre et je reconnus dans l'un d'eux celui qui imite avec la voix les harmonies et les perfectionne. Peut-être, pensai-je, pourrai-je apprendre quelque chose de lui ? Mais sa voix était faible et on sentait qu'il souffrait.

Ils parlaient de Lhamkhial qui vous forma pour lui-même ; il est un, disaient-ils, avec l'être de la grande Passive qui fut formée en même temps que lui et pour lui, et ils ajoutèrent qu'ils étaient eux-mêmes des Formations de Lhamkhial et de Lhamkhialah. J'appris ainsi qu'ils connaissent votre Formation et la mienne, ainsi que celle de Maahma que vous avez formée avec si peu de sagesse. »

Zoy ne dit pas un mot, mais elle devint blême et parut comme pétrifiée. Son interlocutrice voulut se rapprocher, mais elle la regarda d'un air si féroce que celle-ci s'enfuit.

Zoy alla trouver Maahma et lui dit : « Lhamkhial, qui est de la race de Kahi, m'a trompée, car il est en dualité d'être avec celle qui a été formée pour lui et il m'a formée pour que je serve d'instrument à ses propres desseins. J'agirai prudemment, je ruserai avec lui et ceux de sa race comme il a fait avec moi. Dorénavant, je vivrai pour la vengeance. »

Dès qu'elle fut seule avec Lhamkhial, elle lui dit :

— « Souffrez que je prenne les images des formes passives que vous avez moulées dans la grotte souterraine où j'avais l'habitude de reposer quand je vous aidais à évoluer la matérialité dont vous les avez formées...

— « Qui vous en empêche ? Prenez-les. »

Zoy et Maahma portèrent les formes vides dans la grotte. Lhamkhial continua avec sa Formation à faire des instruments aux sons bruyants et variés et ne pensa plus à la demande de Zoy.

Dès qu'elles furent seules, Zoy dit à Maahma, sa Formation : « J'ai entendu jadis Lhamkhial converser avec quelqu'un de sa race ; il était question du passé lointain.

On racontait à Lhamkhial une histoire merveilleuse : Une forme pathétique, disait-on, repose près du *Nucléolus ;* deux êtres ont été formés, l'un en dedans, l'autre en dehors de cette forme. Dès qu'ils ont été évolués, ils ont été unis par la forme pathétique et n'ont plus été qu'un à la similitude de cette dernière.

Si nous pouvions, avec les formes que voici, faire dans cet état plus dense ce qui a été fait dans l'état plus raréfié ?

— Nous ne sommes pas, répondit Maahma, comme ceux de la race de Kahi et de Kahie ; nous n'avons ni leur puissance ni leur connaissance.

— C'est vrai ; mais je ne suis pas seule. » Et comme Maahma la regardait d'un air interrogateur : « Depuis l'absence de Lhamkhial, continua-t-elle, je suis de plus en plus entourée par des êtres actifs d'une grande puissance et d'une grande subtilité ; ils désirent évidemment se mettre en rapport avec moi. Tant que j'ai eu confiance en Lhamkhial, j'ai gardé ma liberté ; maintenant tout est changé et si je peux apprendre d'eux ce qui servira mes desseins, je le ferai avec empressement.

Au même temps, Lhamkhial disait à sa Formation :

« Promenons-nous un peu et tâchons de nous instruire dans la connaissance des sons puissants. »

Il alla à la grotte ; mais en approchant, il rencontra la dernière Formation de Zoy à qui elle ressemblait.

— « Venez avec nous, lui dit-il ; nous nous promenons en étudiant les sons.

— Je ne suis pas Zoy, répondit celle-ci, mais sa Formation. Elle m'a dit de veiller et de répondre à Lhamkhial, s'il se présentait, qu'elle repose afin de lui découvrir un grand trésor caché sous terre et de parvenir à la connaissance qu'il désire acquérir. A tout autre que Lhamkhial, je dois répondre que Lhamkhial lui-même travaille dans cet endroit dont je suis la gardienne et qu'il est défendu d'y pénétrer, sous peine de malheur.

— Dites à Zoy qu'il soit fait selon son désir, mais qu'elle n'oublie pas que je tenais à l'avoir avec moi. »

Lhamkhial et sa Formation continuèrent leur promenade. Je suis content, pensait-il, de n'avoir plus Zoy avec moi car, maintenant, je songe de plus en plus à Lhamkhialah.

La Formation de Zoy entra dans la grotte où se trouvaient les images ; elle apprit à sa formatrice le départ de Lhamkhial et de sa Formation.

— « Votre nom, dit Zoy, est Vash-Zoy ; si quelqu'un vous demande : d'où viens-tu ? vous répondrez : D'où je viens ? Mais de Zoy sans doute. »

La nuit vint. Zoy s'endormit tandis que Vash-Zoy veillait à ce que personne n'approchât. Elle vit bientôt un nuage qui descendait sur la tête de Zoy ; au milieu du nuage il y avait une lueur rouge. Des êtres vinrent se ranger en ordre autour de Zoy. Un premier cercle, le plus rapproché d'elle, était formé de dix-neuf êtres ; le deuxième de treize êtres, et le troisième de vingt-cinq.

Au centre des trois cercles, elle vit quatre êtres qui étaient quatre des Cherubim de Devo. Ils s'entretinrent avec Zoy : mais Vash-Zoy ne put comprendre leurs paroles. Dès le point du jour, ils partirent et le nuage se leva et disparut comme une vapeur en faisant un bruit sourd.

Peu après, Zoy s'éveilla ; Vash-Zoy l'interrogea :

— « Que vous ont dit ces êtres étranges ? La voix que j'ai entendue venait-elle du nuage ou de la lueur de feu ?

— Ne savez-vous pas, répondit Zoy subtilement, que ce qui est entendu dans le sommeil ne peut être rappelé à l'état de veille ? Allons maintenant à l'endroit où sont les moules en terre avec lesquels Lhamkhial a formé ces images creuses. »

Et elles descendirent ces moules dans la grotte, dans laquelle Lhamkhial avait évolué la matérialité. Vash-Zoy était souriante ; mais elle se disait intérieurement :

« Si Zoy ne se souvient pas de ce qui s'est passé dans son sommeil, comment peut-elle savoir que ces moules sont nécessaires ? Elle feint l'ignorance ; mais moi ne suis-je pas aussi une Passive à qui il manque de l'activité ? et ce qu'elle fait, ne pourrai-je le faire ? »

Quand les moules furent rangés en cercle à la place où Zoy avait été formé, Vash-Zoy dit :

« J'ai veillé pendant cette nuit obscure où la Nud ne donnait aucune lumière, et maintenant mes yeux sont alourdis par le sommeil.

— Moi aussi, répondit Zoy, car le sommeil de cette nuit m'a plutôt fatiguée. Allez donc à la grande grotte où nous avons pris les moules et reposez-vous-y ; moi je reposerai ici. »

Dès que Vash-Zoy fut dans la grotte où ravait travaillé Lhamkhial, elle prit les formes des êtres actifs qu'il avait moulées et les plaça l'une derrière l'autre, de façon à barrer l'entrée.

« Reposez-vous là, dit-elle, Formes en terre ; si l'on essaie d'entrer, on sera obligé de vous déplacer et je m'en apercevrai. »

Puis elle s'endormit.

Dès que Zoy, qui l'observait, se fut assurée qu'elle était entrée dans la grotte, elle s'y achemina elle-même lentement. Voyant les Formes placées devant l'étroite entrée de la cave, elle devina que Vash-Zoy se proposait d'attirer à elle des êtres actifs.

« Qu'importe ! se dit-elle : Ce que j'ai appris cette nuit me suffit ; je sais que les êtres que j'ai vus et qui manquent de passivité désirent la prendre chez les filles des hommes et ni leur nombre ni leur zèle ne leur fera défaut. »

Elle se retira alors en un site ravissant, déjà favorisé de la nature ; les charmes en avaient été embellis encore par les Formations de Lhamkhial et Lhamkhialah ; il était arrosé d'un ruisseau à l'eau limpide et claire où se miraient en s'y penchant les branches de grands arbres. Zoy s'y reposa sous leur feuillage et regarda couler l'eau.

Une voix qui semblait en sortir l'appela par son nom :

— « Vous êtes, disait cette voix, de la Formation de Lhamkhial ; pourquoi concevez-vous de mauvais desseins contre lui et les siens ? »

— « Parce qu'il m'a trompée pendant que je travaillais avec lui, répondit-elle ; j'ai souffert en silence parce que je manque d'activité et aussi à cause de ces êtres étranges avec lesquels je n'avais à ce moment aucune affinité. Oui, je connais la raison de mon malaise : Lhamkhial est Un avec une Passive plus grande que moi, qui a été formée pour lui et en même temps que lui !

— Cette Passive, repartit la voix, repose dans un sommeil dont personne, sauf Kahi, ne peut l'éveiller ; elle n'interviendra en aucune façon entre Lhamkhial et vous qui êtes sa propre Formation et l'être de son désir. Levez-vous donc et suivez-le, vous serez ainsi sous sa protection, car c'est vous et nulle autre qu'il a formée pour lui-même. Ne vous a-t-il pas toujours été fidèle et dévoué ?

— « Il est vrai que ce n'est point par sa faute qu'un être passif ne suffit pas à son activité, — quoique cet être ait été formé pour lui, il n'en est pas responsable. Vous avez raison. — Pourquoi lui nuirais-je, à lui ou aux siens ?

— En vérité, il a été pour moi tout ce qu'il pouvait être.

— Je le suivrai donc et j'emmènerai Vash-Zoy avec moi

pour l'empêcher de faire du mal. Mais j'irai d'abord à la
cave pour déplacer les Formes en terre ; Lhamkhial, s'il y
entrait, pourrait s'étonner de les voir ainsi.

— Non ; n'entrez pas dans la grotte, dit la voix ; Lhamkhial ne saurait être surpris que les Formes soient placées
d'une façon ou d'une autre.

— Ne suis-je pas assez forte pour entrer dans la grotte
ou ailleurs et en sortir à volonté ? »

Elle s'empressa de se rendre à cette grotte. Elle y fut
aussitôt entourée d'une ombre d'où sortit une voix qui
l'appela par son nom.

« L'air est plein de voix, pensa-t-elle.

— Savez-vous quelle est celle qui vous a parlé sur le
bord du ruisseau ? C'était Shorah, la grande Passive qui
est une avec la troisième Formation de Kahi et de Kahie.
Ce qu'elle vous a dit n'était pas pour votre propre sécurité
mais pour eux-mêmes de qui elle veut écarter un grand
danger.

— Il n'est pas probable, répondit Zoy, qu'un parent de
Lhamkhialah me conseille de suivre Lhamkhial ; ce serait
prolonger leur séparation.

— Vous parlez comme une personne sans discernement.
Ils savent parfaitement que ceux qui sont un, seront unis
tôt ou tard indissolublement. Pour eux, vous n'êtes qu'un
mal passager, un grain dans la balance que le temps se
chargera de faire disparaître ; avec nous, au contraire, avec
nous qui avons été dépossédés par ces hommes, vous
serez reine et vous serez la cause de leur perte. La passivité de Sheth vous trompera comme Lhamkhial vous
a trompé. En outre, si cette voix des eaux vous parle,
si vous l'entendez, comment Lhamkhial, qui est de leur
Formation, ne l'entendrait-il pas ? Soyez donc persuadée
que tout ce que vous projetiez lui est connu et que vous
sachant un danger pour les siens, il peut vous désintégrer ;
aller à lui serait courir à votre perte. »

Zoy fit ces réflexions :

« La voix des eaux dit blanc et la voix du feu dit noir ;

peut-être la voix de l'air me conseillera-t-elle aussi ; c'est son conseil que je suivrai s'il m'est donné ; ce troisième est toujours le bon et, du reste, la vie est précieuse. Je vais retourner au bord de l'eau. »

La voix reprit :

— « Ne savez-vous pas que, pendant que vous hésitez, Vash-Zoy attire à elle les êtres les plus puissants et qu'avant peu elle aura pris votre place ? Alors, vous, sa Formatrice, vous deviendrez sa servante. Hâtez-vous et vous jugerez si ce que je vous dis est vrai ou faux. »

Zoy se précipita vers la cave ; mais lorsqu'elle voulut déplacer une des formes en terre, elle fut pressée dans ses bras ; elle y sentit de la chaleur et un mouvement respiratoire et, de plus, elle ne put la mouvoir.

Elle en éprouva un grand trouble et resta un moment sans savoir ce qu'elle devait faire.

La voix de l'ombre se fit de nouveau entendre.

« Si vous êtes une avec moi, rien ne pourra prévaloir contre vous ; si vous refusez de m'écouter, où sera votre refuge ? Si vous retournez auprès de Lhamkhial, vous serez désintégrée ; si vous demeurez seule ici, vous serez l'esclave de votre propre Formation.

— En vérité, dit Zoy, je suis dans le plus grand embarras. Si j'écoute vos conseils, comment saurai-je que vous êtes plus fort que ceux qui sont avec Vash-Zoy.

— Passez devant ces Formes et regardez : elles vivent toutes.

— Je ne puis entrer ; mais je m'aperçois, en effet, qu'elles sont vivantes.

— Regardez bien et alors vous saurez quel est le plus puissant.

— Je veillerai car il s'agit de ma vie. »

Après un moment la voix reprit :

— Dites-moi ce que vous voyez.

— « Je vois que ces Formes en terre sont faites de matière moléculaire dont chaque molécule a quatre degrés de densité. Je vois aussi que chaque molécule a en elle

quatre forces latentes, ces forces ont été récemment
éveillées à l'activité par l'infusion d'autres forces avec
lesquelles elles sont en affinité. La matière ainsi influencée
s'est classifiée, de sorte que les molécules les plus évoluées
répondent le plus à la force pathétique et que les autres,
suivant leur ordre, sont pour ainsi dire classées par affinité,
répondant plus spécialement aux forces spirituelle, intellectuelle ou vitale. C'est de ces molécules ainsi classifiées
que ces formes sont faites, quoiqu'elles ne soient pas
évoluées pour le moment.

— Ils sont vraiment puissants, dit la voix, ceux qui peuvent ainsi classifier la matière par l'infusion de leurs propres forces et donner la vie à ce qui semble inanimé ; mais
il y en a de plus puissants encore. »

Après ces paroles, Zoy, continuant à observer, vit
comme une aspiration qui attirait au-dedans du nuage
toutes les forces dont les Formes étaient animées, et bientôt
ces Formes tombèrent en poussière.

— En vérité, dit-elle, votre puissance est grande. Quel
est votre nom ?

— Les Formations de Kahi me connaissent sous le
nom de Devo ; mais vous pouvez me donner tel nom que
vous voudrez.

— Je vous appellerai *H'aoul*, parce que vous m'avez
donné un signe de votre puissance.

— De même que j'ai retiré les Forces de ces Formes en
terre, de telle sorte qu'il ne reste d'elles que de la poussière atomique, de même nous pourrons avant peu retirer
les forces de toute forme individuelle qui vit dans cette
densité. Qui sait ce que nous pourrons faire en d'autres
densités ?

— Comment, répliqua Zoy, saurai-je que vous avez le
pouvoir de retirer les forces de ceux dont l'origine est
ailleurs que dans la poussière ?

— Je connais votre pensée intime ; la voici : « Je voudrais n'avoir jamais formé Vash-Zoy, je voudrais qu'elle
n'existât pas. Eh bien, regardez attentivement. »

Elle vit les forces de Vash-Zoy attirées comme par une forte aspiration et ce qui l'avait composée redevint comme de la matière moléculaire. Néanmoins, elle ne fut pas réduite en poussière atomique comme l'avaient été les formes en terre.

Lorsqu'il ne resta plus rien de Vash-Zoy que de la matière moléculaire et que cette matière fut répandue sur la terre afin qu'elle ne pût se reformer, Zoy dit :

« Je vous appellerai *Tsnin H'aoul*, parce que vous m'avez donné deux signes de votre puissance ; mais le dernier est un triste signe, car ce que vous avez désintégré était ma propre Formation, celle que j'avais façonnée toute seule. Vous avez désintégré sans pitié ce qui m'avait coûté beaucoup de travail ; je ne désirais pas du tout cette désintégration.

— Le fait est de moi, mais la pensée est de vous ; non par impulsion, mais par volonté et désir.

— Vous vous trompez grandement, répondit Zoy, car je déplore cet événement. Si vous prétendez lire mes pensées et si vous faites ce que je ne désire pas en disant que c'était mon désir et ma volonté, je ne vois devant nous que trouble et confusion.

— Je vous donnerai moi aussi un nouveau nom, dit Devo ; je vous appellerai *Herelua*, car vous êtes éminemment subtile.

— Je veux être connue sous le nom de *Bara Herelua*, car je suis une formatrice.

— Ne vous faites pas d'illusion, répliqua Devo, sans la dualité il n'y a pas de formation. C'est avec notre aide que vous fîtes Vash-Zoy ; car, depuis qu'avec ce vif instinct spécial à la passivité et qui supplée à la force et à l'audace, vous sentientez que toute l'activité de Lhamkhial n'est pas à vous, vous cherchez anxieusement ce dont vous avez besoin et c'est nous qui vous l'avons procuré. »

— J'ignorais tout cela, répondit Zoy. S'il en est ainsi, vous avez fait une action monstrueuse puisque vous avez détruit votre propre Formation.

— C'était votre Formation aussi bien que la mienne, répondit Devo. Qui donc mérite le plus de blâme ou de louange? celui qui conçoit ou celui qui exécute?

—Celui qui a la conception a aussi l'effectualité; autrement il y a imperfection.

— Il n'y aura, dans notre œuvre, aucune imperfection car nous serons un.

— Je suis lasse d'entendre des voix. Montrez-vous tel que vous êtes, dans votre intégralité. »

Et Devo lui apparut dans le même état d'être que le sien.

— « Je vous ai dit, reprit Zoy, de m'apparaître dans l'intégralité de votre être et vous m'apparaissez comme une des formes creuses de la cave. »

Alors Devo lui apparut dans l'état le plus raréfié de Lhamkhial.

« Je vois toujours des vides, dit Zoy.

— Si vous voulez me voir autrement, répondit Devo, il faut que vous dormiez.

— Je veux bien. »

Et elle tomba dans un sommeil lourd et accablant. — Pour la première fois, un être passif de la matérialité de la terre dormait sous la puissance de Devo.

C'est ainsi qu'après des æons de temps, la matérialité terrestre fut touchée par Devo et ses Formations.

Alors les Jenoun et les Chiat'in formèrent une couche sphérique autour et dans l'aura de la terre, là où Chi avait vu l'ombre légère et le mouvement qui ressemblait à de l'eau agitée.

Devo fournit Zoy du mieux qu'il put. Elle était fière de son pouvoir et pleine de zèle.

— « Formez seulement des passives, dit-il ; et qu'il en soit toujours ainsi. »

Chaque Formation nouvelle était amenée par les Jenoun ou les Chiat'in devant Devo qui la présentait à Zoy en disant : « Voici votre Formatrice et votre reine. »

CHAPITRE XVI

DE LA LUTTE DE LHAMKHIAL ET DE SA DÉFAITE ; DE SON CORPS
— DE LA LUTTE PENDANT SEPT JOURS ET SEPT NUITS ENTRE
LE PREMIER ÉMANÉ ET DEVO DANS LES PROFONDEURS DE LA
MER. — DE LA SPHÈRE DE L'ARKANAH. — DE L'ENTRANCE-
MENT DE ZOY PAR LE PREMIER ÉMANÉ.

A cette époque, Kahi chercha Lhamkhial ; lorsqu'il l'eut
trouvé, il lui dit :

« Vous passez votre temps à faire des instruments pour
façonner la matière selon votre désir et la passive que vous
avez formée est une avec Devo autant qu'il est possible de
l'être ; Zoy, comme au commencement, forme toujours des
êtres passifs à sa propre similitude et ceux-ci deviennent
des aides pour les Formations de Devo. Il a pu ainsi
épuiser le terre de sa passivité et imposer sa domination. »

Lhamkhial fut étrangement troublé :

« Où est Lhamkhialah ? » dit-il après s'être un peu remis.
Peut-être nous aidera-t-elle à nous tirer de cet embarras. »

Kahi garda le silence.

Alors Lhamkhial et la seconde Formation qu'il avait eue
avec Zoy appelèrent à eux toutes les Formations passives de
Zoy. Lorsqu'elles furent assemblées, Lhamkhial s'écria à
haute voix :

« Ecoutez et faites bien attention, ô Passives ; vous êtes
à moi et à nul autre, car Zoy qui vous a formées est de
mon propre être. »

— Que nous importe ? répondirent-elles ; puisque nous sommes satisfaites ?

— Reposez-vous donc.

Il avait cette pensée : dans le repos, je les désintégrerai sans douleur et je restituerai ainsi la passivité à la terre d'où elle a été tirée.

A ce moment on entendit un grand bruit dans l'air. C'étaient les Chérubim, les Jenoim et les Chait'in qui venaient avec précipitation. — Ils luttèrent avec Lhamkhial pendant trois jours et trois nuits. Enfin, au bout du troisième jour, à l'entrée de la nuit, Lhamkhial sentit sa vitalité se retirer de lui et il s'écria :

« Je suis désintégré par l'arme que j'ai forgée et j'entraîne ma propre Formation dans ma chute. »

Les forces qui soutenaient son état nerveux physique furent retirées par la collectivité des êtres qui avaient lutté avec lui. Devo essaya de prendre possession de son corps afin de s'en servir, mais, quoique le corps fut séparé des états d'être plus raréfiés, la propre vitalité en était si puissante que Devo ne put accomplir son dessein ni le désintégrer.

Voyant qu'elles ne pouvaient faire davantage, les Formations de Devo emmenèrent avec elles les Passives qu'elles réclamèrent comme leurs et Devo remonta dans son nuage de feu.

Kahi fit porter le corps de Lhamkhial dans sa propre demeure et le déposa dans les eaux de cristallisation. Quand ce corps y eut séjourné assez longtemps, il le plaça dans une des grandes statues creuses que Lhamkhial avait faites à sa propre similitude et le descendit dans les eaux.

Le *premier Emané*, qui avait la possession de la matière non évoluée dans les profondeurs des eaux, constata que son œuvre d'évolution restait presque stationnaire. Quoiqu'il fût parvenu à infuser de sa propre puissance dans cette matérialité, de façon que nul autre ne pût l'influencer, il ne pouvait aller plus loin. Néanmoins, il restait à son poste et gardait jalousement ses possessions.

A une certaine époque, il vit un corps tomber dans les profondeurs et s'arrêter dans le sable. En l'examinant, il constata que dans son enveloppe, lourde et épaisse, il y avait quelque chose. A ce moment, il aperçut un nuage qui descendait et qui s'arrêtait au-dessus du corps, de sorte qu'il ne put continuer son examen.

« Avant l'arrivée de ce nuage, se dit-il, j'ai remarqué que ce corps ressemblait à un homme. Si Devo descend ainsi, c'est qu'il y a là quelque chose qui peut lui être utile. »

Alors il se dématérialisa, pénétra dans la statue, puis dans la cristallisation et prit possession de la forme de Lhamkhial. Il y demeura dans le repos de l'assimilation. Il sentienta bientôt que Devo essayait aussi de pénétrer dans cette forme. Il se leva et se trouva face à face avec lui.

Dès que le *premier Emané* eut pris possession de la partie physique de Lhamkhial dans son intégrité, tout ce qui était arrivé à ce dernier lui fut connu. Il dit donc à Devo :

« Songez-vous à me voler la passivité qui est dans ma forme physique, ou êtes-vous pressé de me réduire en poussière atomique comme vous l'avez fait pour les formes en terre ?

— Non pas, Lhamkhial, répondit Devo étonné, mais je veux prendre possession de votre corps pour l'utiliser à ma volonté. Quoique vous ayez acquis dans ces eaux une force nouvelle et inattendue, vous savez, par l'expérience du passé, que, même dans votre intégrité d'être, j'étais trop puissant pour vous. Combien le serai-je davantage maintenant que votre être est divisé comme celui d'Abl.

Le premier Emané, qui avait dépouillé la forme de Lamkhial de sa lourde enveloppe mais non de la légère couche de cristal, répondit à Devo :

« Vous parlez toujours comme vous pensez, c'est-à-dire fièrement ; néanmoins, de même que j'ai lutté pour la domination contre vos légions qui m'ont vaincu, de même je lutterai encore dans l'état où je suis, dans les profondeurs silencieuses des eaux. »

Devo sourit dédaigneusement.

Ils luttèrent pendant sept jours et sept nuits. Le septième jour, par une lumière claire et brillante, *le premier Emand* entourant de circonvolutions spirales Devo épuisé, le repoussa à la surface des eaux, et de là jusqu'aux nuages.

Avant de regagner les profondeurs, il lui dit :

— « Ne descendez jamais plus ici, car les eaux profondes sont mon domaine ; tous ceux dont vous avez séparé les états d'être et qui pourront y pénétrer, y seront hors de votre atteinte. »

Devo rencontra Zoy qui lui dit : « J'ai assisté au combat. Celui qui vous a vaincu est plus grand que vous ; je veux aller avec lui et je travaillerai avec lui. »

— « Gardez-vous-en bien, répondit Devo ; si vous l'essayez, je vous désintégrerai en un instant.

— « Je me suis arrangée de telle façon, dans mes formations passives, que ma désintégration sera suivie de la leur, et lorsque nous ne serons plus, comment aurez-vous prise sur la densité matérielle ?

— « Vous êtes bien nommée Rakkek, la subtile ; s'il en est ainsi, que puis-je faire pour vous contenter ?

— « Les filles des hommes sont très belles ; beaucoup plus belles que mes Formations. Dernièrement, dans le sommeil, j'ai vu dans votre degré de matérialité des êtres d'une beauté blonde. Or, quoique ces filles soient en dualité d'être avec ceux avec lesquels et pour lesquels elles ont été formées, néanmoins ces êtres les surveillent comme s'ils sentientaient quelque danger.

— « Quelle apparence avaient ces êtres ? demanda vivement Devo.

— « Ils sont d'une beauté supérieure à celle de Kahi. Ils montent et descendent dans des sphères multicolores, lumineuses en elles-mêmes, où ils passent de densité en densité sans extériorisation. Ils sont si beaux que rien ne peut leur être comparé. »

Devo poussa un cri de rage ; car il savait que ces êtres

étaient des *Intelligences Libres*. Il se retira afin de contenir sa colère et de décider ce qu'il fallait faire pour prévaloir sans délai contre Kahi et ses Formations.

Il se disait : si les Intelligences Libres réussissent à établir un rapport avec Kahi, tout est perdu. Ce qu'il y a de certain, c'est qu'il ne faut pas que Zoy m'échappe, car c'est par elle et ses Formations que nous pouvons retirer de la terre toute la passivité qui s'y trouve en forme moléculaire ou individuelle. Et il revint vers Zoy.

— « Nous avons fait bien des choses ensemble, lui dit-il, nous avons épuisé considérablement de sa vitalité la matérialité de la terre qui est propre à des formations à la similitude de Kahi, et nous avons peuplé cette région qui enveloppe l'air respirable d'êtres passifs qui procurent la dualité d'être à nos légions. Ils peuvent maintenant, sous certaines conditions, toucher dans son intégrité la matière plus dense. Complétons notre œuvre. »

— « Si vous êtes capable de dire la vérité, répondit Zoy, faites-moi connaître tout votre dessein.

— J'ai l'intention d'épuiser d'abord la passivité de la matérialité formable, propre aux Formations de Kahi, afin qu'il n'y ait plus de matière capable de répondre aux forces émanées ; ensuite, je compte soustraire ce qui convient aux êtres stationnaires pour entretenir leur vitalité. Ainsi Kahi et ses Formations deviendront d'abord incapables de former des êtres de leur espèce et ensuite ceux qui sont déjà formés deviendront si faibles qu'ils ne pourront plus nous résister.

Dès que nous pourrons posséder leur état nervo-physique, moi et les miens nous nous matérialiserons ou bien nous revêtirons les nôtres de la densité que vous pouvez assumer maintenant à volonté, ou pour mieux dire dont vous pouvez vous extérioriser à volonté, puisque cette forme est permanente. Nous posséderons ainsi la terre, puis toutes les sphères et sphéroïdes matériels. »

— Et les Etres de lumière, de puissance et de beauté qui montent et descendent ? Et celui qui est revêtu de la forme de Lhamkhial, mon Formateur, et qui vous a expulsé de son domaine ?

— Si nous restons fidèles l'un à l'autre, répondit Devo, nous serons plus puissants qu'eux.

— Vraiment!! répliqua Zoy ironiquement, nous resterons fidèles, mais elle pensa intérieurement : Je voudrais bien n'avoir pas besoin de vous pour atteindre mon but ! Comme je vous désintégrerais avec plaisir ! Croyez-vous que moi et mes Formations nous ne sachions pas à quoi nous en tenir ? Si je cède néanmoins, c'est pour me venger de celui qui m'a trompée.

Chi était toujours silencieux et immobile dans la demeure de Kahi qui veillait sur lui.

Un matin, dès l'aube, ce dernier sentit la présence d'un Etre ; levant les yeux, il vit la forme de Lhamkhial dont la couche cristalline était comme un prisme lumineux. Saisi d'une profonde émotion, il dit : « Je devine que je suis en présence du *premier Emané*.

— « J'ai assumé la forme que vous avez précipitée dans les eaux. répondit ce dernier, afin de pouvoir communiquer avec vous d'homme à homme et sentienter comme homme. Il n'est pas convenable, évidemment, qu'un être assume la forme d'un autre ; mais la fin que je me suis proposée justifie ce moyen.

Ecoutez-moi ; pendant que je luttais avec l'Ennemi dans la profondeur des eaux, j'ai connu tous ses desseins. Il se prépare à épuiser d'abord de sa passivité, puis de sa vitalité la matière propre à vos Formations ; ensuite il épuisera les substances nutritives. Déjà la Passive de celui dont j'ai pris la forme, ainsi que ses Formations, sont avec les créatures de Devo ; ils entourent la terre à la limite de l'air respirable qu'ils épuisent. L'ennemi a également l'intention de prendre possession des eaux au-dessous de la terre, mais il en est empêché. »

— « Hélas, répondit Kahi ; la sustantation n'est déjà plus ce qu'elle était et tous sentent que leurs forces diminuent lentement, mais sûrement ; la vitalité qui disparaît n'est pas remplacée. Aussi beaucoup de nos Formations sont actives et très peu sont passives, de sorte qu'il y a déséquilibre.

Parmi les Passives des dernières Formations, il en est qui, dans le temps du repos, voient, non pas celui sous la protection duquel elles reposent, mais d'autres êtres qui prennent des formes fascinatrices et effrayantes. Notre état devient si triste que, si nous ne savions pas que l'être de *Brah-Elohim* est en nous et avec nous, les plus courageux se désespéreraient. »

— « Dans votre état actuel, dit le *premier Emané*, vous ne pouvez sentienter cette couche sphérique, où se trouvent les Formations passives de Zoy, sans l'intermédiaire de Passives à votre similitude ; or, puisque les dernières formées subissent l'influence d'êtres autres que l'homme, méfiez-vous de leur sensitivité. Il y a du danger même avec celles qui ne peuvent être trompées ou contre-carrées, à cause de leur faiblesse toujours croissante et de celle de leurs protecteurs. Il y a cependant un moyen que l'on peut essayer, car il faut absolument que les Formations de *Brah-Elohim* soient préservées autant que possible de toute souffrance ou de toute nouvelle perte. »

— « Je me reprends à espérer ; dites-moi ce que je dois faire. »

— « Je vous formerai une sphère de sustentation ; vous y entrerez avec celle qui est vôtre et avec toutes vos Formations, ainsi que Sheth avec sa Formation, que Mahallal et que Chi ; ils sont parfaits en eux-mêmes, en activité et en passivité, puis j'entourerai la sphère de ma puissance de telle sorte que rien ne puisse vous atteindre. Vous pourrez monter jusqu'à la limite de l'air respirable et entrer dans la région qui est pénétrée par cette passivité formée d'une façon antinaturelle. Vous y sentienterez pour vous-même comme vous sentientez sur la terre dans la matérialité plus dense. En outre, comme la sphère contiendra en abondance tout ce qui est essentiel aux états physiques, en y demeurant, vous récupérerez la vitalité et la force dont vous avez besoin. »

Quand la sphère fut prête, Kahie y entra la première, elle fut suivie de Kahi, de Mahallal qui portait Chi en sommeil, de Sheth, la troisième Formation de Kahi et de Kahie, et de cette grande Passive qui avait de l'affinité avec les eaux.

Dès qu'ils furent entrés, le *premier Emané* dit à Kahi :

« Que tout le monde repose dans le sommeil de Kanah jusqu'à ce que vous soyez parvenus à la région de la passivité. »

Ils reposèrent donc et acquirent pendant ce temps maintes connaissances de la formation ; ils ne s'éveillèrent à l'activité que lorsqu'ils furent sur les confins de la région où étaient Zoy et ses Formations.

Kahi, voyant la sphère entourée d'une lumière prismatique qui évoluait en spirale au milieu de la puissance visible comme une ombre violette, s'écria :

« Bienheureux ceux qui reposent dans le sommeil de Kanah, car ils sont instruits de la connaissance des Formations. » Et il appela la sphère de sustentation *Arg* parce qu'ils y avaient dormi du sommeil de Kanah.

Chi s'éveilla avec les autres dans la plénitude de la vie. Avec l'activité renaissante, ils s'élevèrent dans la sphère qui, en ce temps-là, était voilée d'invisibilité, et doucement, sans bruit, ils traversèrent la région sphérique où se trouvaient Zoy et ses Formations avec les êtres de Devo.

Arrivés à la surface, ils circulèrent autour en circonvolutions spirales, silencieusement.

Pendant qu'ils évoluaient ainsi dans l'invisibilité, l'être passif de Sheth dit :

« Je vois descendre continuellement des formes majestueuses d'une grande puissance qui prennent leur station là où la région est inhabitée : elles sont voilées d'invisibilité. »

— « Peut-être, répondit Kahi, sont-ce des *Intelligences Libres* qui ont pu passer inaperçues à travers les légions de Devo, à cause de leur affinité avec celui qui a construit la sphère de sustentation et avec nous-mêmes aussi, puisque nous sommes un avec *Elohim* dont elles sont les premières Formations. »

Zoy, dans sa demeure du sud, faisait ces réflexions :

« Je devine que ceux qui ne sont pas des nôtres sont dans notre milieu ; je vais prévenir Devo... »

Elle allait sortir quand Lhamkhial lui apparut tout à coup ; elle fut terrifiée ; mais recouvrant son sang-froid, elle lui dit : « Je ne sais qui vous êtes ni qui a pu assumer la forme de celui dont l'être fut séparé par Devo et ses Formations et dont la forme nervo-physique repose dans la profondeur des eaux ; vous n'êtes qu'une ombre menteuse ; laissez-moi sortir. »

En regardant la forme d'un air de défi, ses yeux rencontrèrent des yeux d'un tel éclat et si merveilleusement beaux qu'elle ne put en détacher son regard et elle fut envahie par une somnolence qui finit par la terrasser.

Devenue lucide dans son sommeil, elle se trouva dans sa propre habitation ; celui qui avait la forme de Lhamkhial était debout devant elle ; il lui dit avec douceur :

— « Dites-moi tout ce que vous savez sur le nombre et la force des Formations de Devo en cet endroit ainsi que sur vos propres Formations et leur connexion avec vousmême. »

Zoy lui dit tout sans lui rien cacher.

— « Beaucoup de mes Formations, dit-elle, sont descendues et je les ai revêtues d'une forme de même densité que celle dont Lhamkhial m'a revêtue moi-même. Ceux qui sont comme elles se sont matérialisés suffisamment pour pouvoir toucher les Formations de Kahi, qui sont faibles et déséquilibrées ; mais comme ils n'ont pu les posséder à cause de la lumière de *Brah* qui est en elles, ils les ont désintégrées.

Quant à Kahi et ses équilibrées, ils sont imprenables.

— Je sens qu'il y a parmi nous des êtres qui ne sont

pas des nôtres ; c'est pour cette raison que j'allais prévenir Devo quand vous êtes intervenu...

—Qu'elle est grande, Zoy ! répondit la Forme. Si je ne me trompe, ses Formations sont sous sa dépendance comme les branches des êtres stationnaires sont sous la dépendance du tronc.

— Comment en serait-il autrement? Sans cela, elles seraient libres, comme Vash Zoy, de rivaliser avec leur Formatrice, ou même de la surpasser en puissance et en domination !

—Cependant, il y a peut-être une partie essentielle de la puissance formatrice qui vous est inconnue. Ceux qui veulent être sûrs de leur puissance sur leurs Emanations et leurs Formations doivent pouvoir les attirer à eux comme à leur centre et à leur source et, si besoin est, attirer tout leur être. Mettez vos mains dans les miennes et essayez de le faire. Si vous réussissez, vous serez véritablement la reine des Formatrices. »

Zoy mit ses mains dans celles de la Forme semblable à Lhamkhial mais glorifiée. Les Passives, ses Formations, en commençant par les plus petites jusqu'aux plus grandes se groupèrent autour d'elle selon leur rang et leur puissance et bientôt elles s'endormirent dans la lumière prismatique de l'aura du *Premier Emané*, du sommeil de l'inconscience, dans tous leurs états d'être.

Dès que toutes les parties de la région à la surface de laquelle l'Arq reposait furent occupées par ceux que Zoy avait vu descendre, leur voile d'invisibilité tomba et les Formations de Devo purent voir les *Intelligences libres* au milieu d'elles. D'un commun accord elles appelèrent les Passives par leurs noms ; mais aucune ne répondit.

Il y eut une guerre sans merci qui dura quarante révolutions de la terre. *Les Intelligences libres*, premières Formations *d'Elohim*, luttèrent contre Devo et les Formations qu'il avait avec lui.

Pendant ce temps le *Premier Emané* désintégrait dans tous leurs états d'être les Formations de Zoy et dispersait leur matérialité, restituant chaque degré à la collectivité dont elles avaient été une partie constituante. Puis, dans l'invisibilité, il s'approcha de l'Ark qui stationnait sur les confins extérieurs de la région du conflit et il s'entretint en mentalité avec Kahi.

« Dans le sud, dit-il, repose Zoy que Lhamkhial a formée de son propre être en prenant de la passivité universelle. Aucune de ses formations n'existe plus, elles ont été désintégrées dans le sommeil ; quant à elle-même, personne ne peut la désintégrer, si ce n'est l'homme de la formation d'*Elohim*. Personne, sauf un de vous, ne peut l'approcher ni l'influencer, car elle dort sous ma puissance dont je l'ai entourée. »

Puis il descendit, toujours dans la forme de Lhamkhial. Devo vit la lumière radieuse de son aura, et s'écria :

« Ne voyez-vous pas celui qui tombe du ciel comme une étoile ? C'est la lumière du *Premier Emané*, l'Etoile du soir et du matin. »

Et il fut mal à l'aise.

Après la quarantième révolution de la terre, les *Intelligences libres* vainquirent Devo et ses Formations que le *Premier Emané* avait privées de leurs passives.

Les Chefs, au nombre de douze, circulèrent autour de l'Ark et, là, ils établirent une expansion qui servit de séparation d'avec ce qui est plus raréfié au-delà. Pendant ce temps Kahi, Sheth, Mahallah et Chi reposaient dans le sommeil de Kanah et les aidaient de tout leur pouvoir.

De la surface des eaux sur laquelle il reposait, le *Premier Emané*, voyant cette expansion, se dit : « Elle est l'œuvre des premières et des dernières Formations de *Brah-Elohim*. Qui pourra prévaloir contre elles ? »

Quand le travail d'extension fut terminé, trois jours plus tard, la sphère descendit visiblement avec lenteur et majesté. Quand elle fut arrivée à un certain point de l'Orient, elle s'arrêta quelque temps, illuminant les cieux de sa splendeur.

« Regardez, dit Kahi à Kahie, et à Sheth ; regardez ; la

lumière de l'Arq unie à celle de notre aura descend sur la terre qui la reçoit. C'est un signe que sur la terre sainte il y aura à tout jamais l'ombre et la clarté, le reflet et le rayonnement de *Brah-Elohim*; même dans l'obscurité il y aura la lumière, et le matin de la septième splendeur ne connaîtra pas de soir. »

La sphère, au lieu de pénétrer dans l'air respirable, passa à travers une clarté telle que l'avait décrite Chi dans son premier voyage. Ce ne fut que lorsqu'elle eut traversé trois degrés de densité de moins en moins raréfiés, qu'elle atteignit l'air respirable.

— « C'est ici, dit Kahi à Sheth, que doit être la densité de la terre ; nous voici dans l'air respirable. »

La grande Passive, une avec Sheth, dit également :

« Par affinité avec Lhamkhialah qui est dans notre habitation terrestre et qui dort sous votre protection, j'ai pu discerner la terre d'où nous sommes sortis et j'ai vu qu'elle se condensait graduellement, ainsi que toutes les sphères de même densité, de sorte que la scène du dernier combat, dont les *Intelligences libres* ont fait une extension protectrice, est maintenant la limite de notre sentience. »

— « Ainsi, répondit Sheth, nous sommes séparés de plus en plus des autres sphères.

— « La séparation s'accentue toujours à cause de la centralisation de l'aura des sphères et de leur condensation ; mais jusqu'à présent ce changement avait été graduel ; maintenant la séparation est nette et soudaine.

— « L'habitation de notre premier Formé, Kaoah, dit Kahi, continue à garder son affinité avec la terre.

— « Il me semble même, répondit-elle, que l'affinité est plus grande que jadis. »

Ils descendaient toujours mais ne rencontraient pas la terre. Chi dit : « Il y a toute espèce de matérialités dans l'Arq ; faisons des êtres qui puissent voler dans l'air et qui descendent ainsi rapidement ; nous saurons par ce moyen si la terre existe encore. »

Les êtres ainsi formés furent lâchés ; quelque temps

après ils revenaient avec de la matière terreuse aux pieds. Alors tous furent consolés. Arrivés à la terre, ils quittèrent l'Arq et sortirent.

Kahi remarqua que les arbres de sustentation avaient péri par suite d'un froid intense. Il forma deux nouveaux êtres stationnaires propres à la sustentation ; l'un donna la force, l'autre le courage. Dès que Kahi eut constaté que ces deux soutiens étaient florissants il parla ainsi :

« Il n'est pas bien que nous demeurions ensemble de crainte que le mal ne se déclare là où nous ne sommes pas. Répandons-nous donc sur la terre et faisons des Formations à notre similitude afin que nous soyons assez forts pour résister à l'ennemi. Car Devo existe, Zoy existe et nous ignorons la puissance de ceux qui ont survécu. »

Kahi et Kahie demeurèrent dans la partie est de la terre ; Shêth et sa Passive allèrent au nord ; Mahallal au sud, et Chi à l'ouest.

CHAPITRE XVII

I

Quelque temps après, Lhamkhialah dit à Kahi et à Kahie :

« Je vois toujours, dans les îles des grandes eaux un être dans la forme de Lhamkhiâl, je voudrais me réveiller et aller à lui.

— « Reposez-vous ; je vais examiner si cela est possible. »

Kahi se mit en rapport avec le *Premier Emané* et lui fit part du désir de Lhamkiâlah.

— « Que cette Passive, répondit-il, qui dort sous votre protection et qui, seule, a survécu parmi vos Formations, agisse à sa volonté. »

Kahi écarta de Lhamkhialah toute influence. Dès qu'elle fut libre, elle sortit comme une personne qui se trouve en état somnambulique, traversa la terre et les eaux profondes et ne s'arrêta qu'après avoir retrouvé le *Premier Emané* qui résidait, à cette époque, dans les îles de l'ouest.

Dès qu'elle eut touché l'île où celui-ci l'attendait, il alla à sa rencontre et lui souhaita la bienvenue. Lhamkiâlah, mit ses mains dans les siennes et lui dit :

« M'aimez-vous et êtes-vous content de me voir ? »

— « Comment ne serais-je pas content d'avoir près de moi la plus fidèle et la plus brave ? Regardez dans les eaux que vous avez traversées. »

Elle regarda et vit que son passage avait laissé un sillage de lumière argentée.

— « Qu'ils sont beaux, s'écria-t-il, les pieds de celle qui a marché sur les eaux !... »

Puis il la conduisit sur les bords d'un lac intérieur. La rive opposée était couverte d'un épais fourré d'arbrisseaux fleuris. A l'ombre des grands arbres qui s'allongeaient sur leur tête, ils trempaient dans les flots les derniers rejetons de leurs branches aux éclatantes couleurs, pliés sous le poids de leurs fleurs odoriférantes.

« Là, en face, dit-il, est le lieu préparé pour votre repos ; car le voyage a été long ; du moins il m'a paru tel à moi qui attendais votre arrivée. »

Ils passèrent sur les eaux limpides et immobiles et parvinrent au bosquet.

— « Avant d'entrer, dit le *Premier Emané*, regardez en arrière une fois de plus. »

Elle se retourna. Partout où ses pieds avaient laissé leur empreinte sur les eaux, flottait la fleur étoilée et sans tache du lotus entourée de larges feuilles vertes.

Quand ils furent dans le bosquet, il lui apporta du pain, du vin et des fruits rares. Ils s'assirent l'un à côté de l'autre ; il rompit le pain et le lui donna avec des fruits, puis il lui fit boire le vin de ses propres mains. Lhamkhialah remuée jusqu'au fond de son être ne pouvait prononcer une parole et des larmes tombèrent sur la main du *Premier Emané*.

— « Pourquoi vos larmes coulent-elles ? demanda-t-il. Dites-moi tout votre désir, car votre désir est le mien et vous êtes entièrement libre.

— Je pleure de joie, répondit-elle.

— Que la joie règne dans tout ce qui est entouré par les eaux, ô reine des îles des eaux profondes ! »

Ainsi Lhamkhialah l'aima d'un amour profond qui fut la joie de sa vie. Partout où il allait elle le suivait. La nuit succède au jour, pensait-elle ; le croissant de la lune devient un cercle de lumière ; les eaux ont leur flux et leur reflux ; mais mon bien-aimé ne change pas ! mon être nage dans le bonheur auprès de l'être parfait qui est à moi.

C'est ainsi qu'après tant d'afflictions Lhamkhiâlah trouva le bonheur.

Le *Premier Emané* la nomma *Tzère* parce que les îles étaient sa demeure.

Un jour pendant son sommeil elle dit : « Je vois toutes sortes de Formations belles et gracieuses dans les eaux ; plus elles sont près de la surface plus elles sont parfaites.

— « Nous les aimerons, dit-il, et nous les évoluerons très rapidement, car ce sont nos Formations.

— En vérité, je les aime bien. Mais comment sont-elles nos Formations puisqu'elles ne sont pas à notre similitude ?

— L'ennemi, répondit-il, cherche toujours à influencer et à posséder la matérialité qui ne convient pas aux Formations de Kahi. Sa puissance et son habileté sont grandes ; mais en utilisant ce qu'il désire utiliser lui-même nous pourrons mieux contrecarrer ses desseins. Du reste, la terre n'est plus comme elle était lorsque toute la matérialité évoluée était convenable pour de grandes Formations, et puisqu'il est nécessaire d'utiliser la matière, il vaut mieux l'utiliser pour des Formations amies et agréables que de la laisser entre les mains de l'ennemi qui en formerait des êtres hostiles et hideux. Les Formations que nous avons faites ont la merveilleuse capacité d'évoluer elles-mêmes ; elles sont douées de l'instinct qui leur tient lieu de raisonnement... »

Peu de temps après Tzère poussa un cri de détresse.

— « J'ai vu, dit-elle, une de nos plus belles Formations, qui reposait sur les eaux, attaquée par une créature sombre et hideuse ; elle est blessée et s'est réfugiée dans une anfractuosité de rocher où l'être qui l'a attaquée ne peut entrer à cause de sa grande taille. »

Le *Premier Emané* la consola, mais il était lui-même extrêmement anxieux. Personne, sauf Devo, pensa-t-il, ne peut utiliser la matérialité de ce degré, et encore a-t-il besoin, pour le faire, d'un être passif de la densité de la terre, sans quoi il ne peut former.

— « Que ma bien-aimée, ajouta-t-il à haute voix, regarde au sud de l'extension. »

— Je vois, dit-elle, une Forme Passive qui dort dans l'aura de votre puissance.

— Repose-t-elle dans l'intégrité de son être ?

— Elle est du degré de densité que je possède moi-même, maintenant que j'ai quitté la forme qui repose dans votre aura et depuis que je suis ici. »

Le *Premier Emané* comprit que la forme physique de *Zoy* avait été divisée dans ses degrés quaternaires et séparée de ce qui reposait dans son aura de puissance.

— « Je n'en suis pas étonné, dit-il, car à cette époque, n'ayant pu revêtir l'état physique je n'avais sur lui aucune puissance ; on peut bien influencer un état ou degré d'être qu'on ne possède pas soi-même, au moyen d'un être de cet état avec lequel on soit en affinité ; mais on n'y peut exercer aucune puissance directe.

— « Voulez-vous, demanda Tzère, que je cherche ce qui manque et quel être sera descendu, puisqu'il est de plus grande densité ?

— Ce serait pour moi d'une grande utilité.

— Dans une brume sombre et nuageuse au-dessus des eaux du sud j'aperçois, continua Tzère, cette Passive, qui est une avec Devo ; ils forment ensemble des êtres semblables à celui que j'ai vu blesser notre Formation. »

— J'ai saturé de Forces la matérialité des eaux, dit le *Premier Emané* ; l'Hostile, qui demeure au-dessus des eaux d'où je l'ai chassé, cherche donc le moyen d'utiliser la matérialité de l'air et sa constituante ou d'attirer à lui ce qu'il a séparé des eaux, sachant que la séparation amène la faiblesse. Ne le regardez pas, Tzère, de peur qu'on ne nous voie, car Zoy garde toujours un sentiment de jalousie à votre égard et la jalousie des Passives leur donne la force de percer les voiles d'invisibilité. Restez en complète passivité en ce qui concerne Zoy, même en pensée, s'il est possible.

— Le premier, dit Tzère, vous êtes descendu jusqu'à la terre après que Kahi et les siens en furent remontés. Parlez-moi de la manière dont la terre s'est condensée et des grands changements effectués.

— Volontiers, dit le *Premier Emané* : Lorsque toute la passivité en forme individuelle, à l'exception de vous-même, eut été retirée par Devo et ses légions, avec l'aide de Zoy et de ses Formations, ils se mirent à retirer également la passivité de la matière. Ils furent si puissants, dans leur étrange mais efficace dualité d'être, que Devo touche même le centre de la force pathétique de la terre, cette force universelle et omniprésente qui constitue l'éternité de l'unité.

Lentement et imperceptiblement, mais avec continuité, la terre perdit sa chaleur normale dont dépendait son degré de densité et elle se condensa ainsi graduellement. L'air respirable qui était autrefois la sustentation intégrale de toute la sphère continua à l'envelopper.

Quant aux changements qui se sont produits, les voici :

L'enveloppement de chaque sphère et sphéroïde est en proportion de sa sensitivité, c'est-à-dire de la sensivité évoluée des habitants les plus parfaits de la sphère. La nouvelle extension est actuellement la limite de la sensitivité des Formations les plus parfaites de la terre ; dans cet ordre cosmique ce qui se trouve dans l'extension est classifié de telle sorte qu'on y rencontre les sept degrés de densité qui forment la perfection, savoir : d'abord l'air respirable, qui, maintenant, ne nourrit que partiellement les quatre degrés (physique, nerveux, psychique et mental) de l'état physique ; ensuite, ce qui soutient les degrés physique, nerveux et psychique de l'état nerveux (région de l'hostile) et permet ainsi de passer en sûreté jusqu'au degré mental de cet état.

Quoique, par le fait de l'Hostile, la terre ne soit plus comme jadis, quoique son enveloppement soit insuffisant pour la sustentation de la vitalité, néanmoins elle a tout en elle-même et peut recouvrer son premier état.

— « Malheureusement pour Kahi et ses Formations, répondit Tzère, les sources de forces leur manquent de plus en plus. Ils doivent nécessairement devenir la proie de l'ennemi.

— Je prévois, dit le *Premier Emané*, une époque de trouble profond, de confusion et d'obscurité dont la cause sera non plus dans la puissance de l'Hostile, mais dans sa subtilité et son habileté. L'homme, trompé par lui, dressera ses autels à toute espèce de dieux; toutefois, il y aura toujours sur la terre l'*Homme-Divin-et-Humain*, les descendants de Kahi, et en eux la lumière d'*Elohim* ne peut s'éteindre. Cette lumière pathétique, spirituelle, intellectuelle et vitale étant de l'Eternel survivra à tout ce qui est temporel...

— Il y a quelque temps, dit Tzère à voix basse, pendant mon sommeil j'ai vu l'Hostile prévaloir partout sur la terre et les *Hommes-Divins-et-Humains* se cacher pour échapper à la persécution. Tout se passait dans l'état physique; partout se trouvaient les images et les formes d'êtres en terre semblables à celles qu'avait faites Lhamkhiâl; on enjoignait à chacun de se prosterner devant elles et de dire : « Vous êtes nos dieux ». De plus, chaque dieu était déclaré par ses sectateurs le seul et unique Dieu et ceux qui adoraient d'autres divinités étaient dédaignés ou haïs. De temps en temps un *Homme-Divin-et-Humain* manifestait sa puissance pathétique, spirituelle, intellectuelle et vitale...

— Ensuite?

— La plupart du temps il était immédiatement dépouillé du corps physique pour être mis dans l'impossibilité d'influencer la terre et l'homme. Cependant, çà et là quelques hommes d'une grande puissance et d'une grande sagesse, possédant la connaissance de l'occulte, réussissaient à se protéger, à influencer le peuple qui les entourait, et à manifester un rayon de la lumière des anciens jours ; il se produisait alors une clarté locale qui faisait encore ressortir l'obscurité universelle.

Mais dès qu'ils cessaient d'être sur la terre, leur souvenir devenait entre les mains de l'Hostile un nouvel instrument de désordre : s'apercevant qu'il ne pouvait prévaloir contre eux, il en faisait des dieux et prescrivait aux hommes de les adorer.

Ainsi, à mesure que les hommes croissaient et multipliaient, les dieux croissaient et multipliaient aussi ; en même temps la division et la haine allaient toujours grandissant et partout les fausses lumières voilaient la lumière de la vérité.

Avec les dieux vinrent l'esclavage et la désintégration de l'homme jusqu'à ce qu'enfin on considérât la perte du corps que *Brah-Elohim* a formé à sa similitude comme un gain, un bienfait et une délivrance qui permettaient de passer dans l'état du corps nerveux, c'est-à-dire dans la forteresse de l'ennemi...

— Le *Premier Emané* dit : Afin de revêtir son chef-d'œuvre de Formation de l'état de matérialité plus dense, l'*Attribut de la Cause Cosmique*, a assumé la forme de l'homme et, un avec sa Deuxième Emanation, a pathétisé, spiritualisé, intellectualisé et vitalisé cette matérialité, la donnant à Kahi pour qu'il subjuguât l'hostile, développât toute matière et repeuplât la sphère d'êtres à sa propre similitude. Et cet état physique pour la formation individuelle duquel l'*Attribut* est devenu *Personnel*, l'homme trompé par les fausses lumières des faux dieux continuera-t-il à le tenir en peu d'estime ? »

Longtemps le Premier-Formé médita sur ce que Tzère avait vu.

Tzère lui dit enfin : « Vous m'avez donné un nom ; mais vous, comment dois-je vous appeler ?

— Donnez-moi le nom que vous voudrez.

— Je vous appellerai Tihphérès ; car aucun ne vous est comparable en beauté, ajouta-t-elle.

II

« Voilà des Eons et des Eons que je ne me suis reposé,
dit Tihphérès à Tzère. Je voudrais bien me reposer. »

— Reposez-vous, mon bien-aimé; je veillerai.

Il reposa donc sur le lac intérieur aux eaux pures où
fleurissait le lotus.

La lumière de son aura devint, pendant son sommeil,
de plus en plus radieuse. Il en voila la splendeur pour
tous les yeux, sauf pour ceux de Tzère. Elle vit la lumière
cramoisie se changer en cramoisi pâle à mesure qu'elle
s'étendait, et le carmin se changer en une teinte plus pâle,
puis en un bleu semblable aux eaux profondes.

Entre le cramoisi et le carmin il y avait une obscurité
que la lumière d'aura traversa très rapidement comme
mue par une force irrésistible.

Après avoir ensuite traversé le bleu, la lumière devenue
blanche traversa avec la même rapidité l'immensité obscure ; la force était si grande que l'état physique de Tihphérès en fut affecté au point que ce dernier pâlit et trembla. Mais aussitôt que l'obscurité fut dépassée, la lumière
de l'aura devint rose pâle et la force revint à l'état physique.

Tzère vit alors la lumière se changer en un bleu plus
clair et plus pâle, lumineux en lui-même, puis en lumière dorée et celle-ci en bleu saphirin d'un vif éclat.

Tihphérès dit alors à Tzère :

« Ne suivez pas davantage la lumière de peur de vous
endormir. »

— « Où êtes-vous et où allez-vous ? demanda-t-elle. »

— Je suis arrivé à l'état des *Intelligences Libres*. Maintenant je quitte les densités de la formation individuelle
matérielle semblable à IE et à Kahi et je passe dans l'*Etat
attributal* ; j'entre dans les sept degrés de l'Ethérisme pour
aller ensuite au centre.

Jusqu'où irai-je ? C'est ce que j'ignore, car le passage

dans la raréfaction dépend de la densité que l'on a. Mais étant dans la forme physique de l'homme, qui sait jusqu'où je puis aller ?

— Pourrez-vous revenir ?

— C'est de la préservation de ma forme physique que dépend mon pouvoir de revenir. Gardez-la ; que personne n'y touche et sûrement je reviendrai.

— Aurez-vous bien la volonté de revenir ? demanda-t-elle.

— Certainement ; il n'y a que ceux qui sont dans l'obscurité qui désirent ou acceptent la détérioration de leur être par la perte d'un état. Plus claire est la lumière vers laquelle je monte, plus précieux me devient l'état physique que vous gardez.

Puis il y eut un silence.

Tzère vit en mentalité le lac tout entier resplendir comme un diamant à la clarté du soleil, et des formes d'une beauté exquise monter et descendre ; mais elle ne songeait qu'à garder de son mieux la forme de Tihphérès pour que rien d'hostile ne l'approchât en secret.

III

La troisième nuit, par une faible clarté, elle s'entendit appeler par son nom.

« Lhamkhiâlah ! Lhamkhiâlah ! »

Et comme elle gardait le silence, la forme d'un être passif se tint debout devant elle, de sorte que celle de Tihphérès se trouvait entre eux.

La forme apparue était celle de Kahie.

« Longtemps, dit-elle, j'ai veillé sur vous et vous ai consolée dans votre douleur ; maintenant que je viens dans ma désolation et mon affection, vous m'accueillez froidement comme si j'étais une étrangère !

Sachez que Sheth, Mahallal et Chi ne sont plus sur la terre, que la force de Kahi diminue rapidement ».

Et la forme pleura abondamment, se jetant sur les eaux, gémissant à fendre le cœur.

Tzère écouta en silence, sans émotion. Quoiqu'elle aimât Kahi et les siens il y avait en elle cette force pathétique qui lui faisait préférer à tout celui à qui elle appartenait et les paroles de Tihphérès : « de la préservation de mon corps physique dépend mon pouvoir de revenir », résonnèrent en elle tandis qu'elle entendait Kahie.

La forme de Kahie s'approchait de plus en plus de Tihphérès, comme portée par les ondulations de l'eau. Ce que voyant, Tzère plaça le corps derrière elle de façon à se trouver devant Kahie — subitement les nuages sombres et lourds s'écartèrent et la lumière de la Nud resplendit. Tzère distingua dès lors nettement la Forme passive.

— « Vous n'êtes pas Kahie, lui dit-elle, mais Zoy, et vous avez assumé la forme de Kahie. Je vois autour de vous une lumière de feu et une ombre qui sont de Devo auquel vous vous êtes donnée. Vous avez causé la désintégration de Lhamkhiâl ; mais celui que je garde, vous ne le toucherez pas.

— Vous avez deviné juste, répondit Zoy en riant : je pensais vous surprendre ; mais toute votre volonté est concentrée sur celui qui repose sous votre protection.

Imbécile ! Imbécile ! Imbécile ! cria-t-elle, en s'écartant. Vous vous êtes unie dans votre intégrité d'être à celui qui repose, et vous êtes satisfaite parce qu'il vous donne toute l'activité qui vous manque ; mais je sentiente qu'il est si grand qu'il pourrait en donner à beaucoup d'autres de vos semblables. Si vous êtes satisfaite, lui ne l'est pas. Il s'ensuit qu'à tout instant il peut vous quitter pour une autre plus grande. Pour que l'union soit permanente il faut qu'il y ait équilibre. Vous avez joué tout votre avoir sur un seul coup de dé ; quand il vous manquera vous serez dénuée de tout. »

— « Le ruisseau qui est plein jusqu'au bord, répliqua Tzère, se plaint-il de la source parce qu'elle alimente d'autres ruisseaux ? Si la source ne peut suffire au ruisseau et qu'elle en alimente d'autres, de sorte que le ruisseau se dessèche et que tout ce qui en dépend se flétrit, alors seulement il peut se plaindre. »

A ces mots Zoy disparut. Mais ses paroles hantèrent le cerveau de Tzère et elle fut triste. Bientôt, cependant, elle se rasséréna : « Si cela était, pensa-t-elle, m'aurait-il dit : « depuis des Eons et des Eons je ne me suis pas reposé ». Et maintenant il repose à mes côtés. Quels que soient les changements qui puissent survenir, lui, le *Premier Emané*, l'Immortel, gardera mon souvenir !

IV

Tihphérès matérialisa ses pensées dans la mentalité et Tzère les devina. Les voici :

« L'*Impensable*, le *seul Indivisible* et *Impénétrable* est ce qui n'enveloppe rien et est capable d'être enveloppé dans tous les états et degrés de raréfaction et de densité.

Tout état et degré dont l'*Impensable* est revêtu devient un, indissolublement, avec lui.

Ce que le *Nucléolinus* voile, depuis l'exode de Devo, enveloppe dans son intégrité l'*Impensable* dans une unité indissoluble, depuis le *Nucléolinus* jusqu'à l'*Attributal*.

L'Ethérisme enveloppe l'*Impensable* en unité indissoluble.

Depuis la région attributale jusqu'au degré de densité de la terre, inclusivement, tout est sujet à la transformation et plus grande est la densité, plus grande est cette sujétion. Les états matériels dépendent en effet l'un de l'autre pour leur intégrité et ne cessent d'être sujets à la transformation que lorsque la *Matérialité* collective est capable d'envelopper l'*Impensable*. Il s'ensuit que le *Cosmos*, dans l'intégrité de son être, dépend de Kahi et de ses Formations. »

Lorsque Kahi évoluait par transformation tout ce qui était bon pour des Formations individuelles, non stationnaires, à sa similitude, cette transformation s'accomplissait sans perte ni douleur pour les individus transformés. Les forces pathétique, spirituelle, intellectuelle et vitale étaient évoluées selon la mesure de leur capacité et les Formations étant unies avec Kahi, désiraient, par suite de leur affinité, être semblables à lui ; elles consacraient donc leurs forces à la réalisation de leur désir jusqu'à ce qu'elles l'eussent obtenue.

Il en sera de même à l'époque de la restitution : La transformation se fera sans souffrance et sans perte, par l'unité avec le *Divin et Humain Restituteur* avec lequel elles sont en affinité et dont elles cherchent à se rapprocher.

L'évolution est naturelle et, plus l'être est perfectionné, plus rapide, plus effective est l'évolution. La transformation par la perte ou la souffrance est contre nature, c'est l'œuvre de l'Hostile.

Lorsque Kahi évolua et fit à sa similitude tout l'être individuel non stationnaire, l'Hostile avait déjà endommagé l'empire sphérique matériel ; mais dans l'état où *Brah-Elohim* a laissé l'empire à Kahi, l'homme pouvait véritablement habiter le Cosmos, depuis le centre de la force pathétique qui est le *Nucléolus*, jusqu'aux densités extérieures. Il n'y avait aucun endroit où l'air ne fût respirable et où il ne fournît toute la sustentation. Respirer, c'était vivre dans la plénitude de la vie, mentalement, psychiquement nerveusement et physiquement.

Il en sera de même à l'époque de la Restitution. Comme par instinct, les hommes chercheront à habiter sur toutes les parties de la terre et leur premier effort portera sur les régions de l'air respirable et des eaux. La division et la subdivision sphériques sont l'œuvre de l'hostile. A l'aube de la Restitution, l'homme concentrera ses forces pathétique, spirituelle et intellectuelle, par le désir et la volonté, sur le rétablissement de la communication entre les sphères, en commençant par les plus proches.

Il y arrivera, premièrement, par l'évolution ou le développement de cette union pathétique qui n'a jamais été rompue complètement puisque partout, dans l'universalité, toute sphère est influencée pathétiquement par des sphères semblables ; secondement, par le développement spirituel, c'est-à-dire au moyen des états évolués qui sont latents pour le moment, tels que ceux de clairvoyance, clairaudience, clairsentience, intuition, prévoyance, prédilection et prédiliction ; troisièmement, par le développement intellectuel, c'est-à-dire par la communication d'intelligenceà intelligence, de la mentalité des êtres d'une sphère avec celle des autres sphères et ensuite par l'extension des auras sphériques, de sorte que, sous certaines conditions,les hommes pourront passer d'une sphère à une autre.

L'homme n'a pas été formé pour manger du pain à la sueur de son front. A l'approche de la Restitution, tout son être se révoltera contre cette conception ; les Psycho-Intellectuels trouveront des moyens de sustentation de plus en plus faciles où l'acide des fruits variés, oréparé chimiquement, aura la prépondérance. Ensuite l'intelligence trouvera le moyen de concentrer les constituantes variées de l'air respirable et de lui rendre ce qui faisait jadis sa qualité sustentatrice.

Des êtres individuels autres que l'homme ne seront plus nécessaires et, pour la majeure partie, les êtres amis, c'est-à-dire ceux formés par Kahi et les siens, seront les seuls survivants ; ce seront, pour la plupart, ceux que l'homme désirera conserver en souvenir de leur fidélité, de leurs services et de leur affection. Quant aux autres, leur transformation se fera sans douleur et ils seront même désireux d'être transformés afin de parvenir à la similitude de l'homme.

L'union de l'Actif et de la Passive sera, par affinité, pathétique, spirituelle, intellectuelle et vitale. Chaque chef sera responsable à l'égard de ceux qui seront sous sa direction. Il sera exigé de lui qu'il se prouve capable de remplir son office, c'est-à-dire de satisfaire les besoins pathétiques, spirituels, intellectuels et vitaux de ceux dont il sera la tête ; s'il est incapable, il sera remplacé. Tout fonctionnaire, c'est-à-dire tout intermédiaire entre le chef et les gouvernés, sera tenu de remplir son office convenablement ; l'indigne ou l'incapable sera remplacé. Le chef sera responsable de tout fonctionnaire ; il sera, comme jadis, le cerveau et le cœur des siens dont les fonctionnaires seront les nerfs et les vaisseaux. Personne ne pourra assumer une autorité ou prendre la place de chef s'il n'en est capable.

Avant la ré-expansion des sphères et de leurs auras, la terre sera d'abord réhabilitée par quatre chefs sous l'autorité des chefs invisibles. Un autre, plus grand que les quatre, aura charge des Iles.

L'œuvre sera très ardue pour ces chefs invisibles. Les hommes étant imitateurs par nature, et, par conséquent, influencés et comme moulés par leur milieu, adhéreront pour la plupart aux cultes extérieurs des dieux créés par leur cerveau. Il en sera de l'Homme à l'époque de sa libération ce qu'il en est pour ceux qui ont été enfermés dans les ténèbres ; ils ferment les yeux à la lumière lorsqu'ils sont mis en liberté ; ou encore pour ceux qui sont accoutumés à respirer un air chaud et pestilentiel ; une atmosphère pure et rafraîchissante les incommode.

L'œuvre ardue des pionniers de la Restitution consistera à changer l'état de choses de telle façon qu'il soit possible à chacun de vivre selon ses convictions. Mais ce n'est pas encore là le plus difficile de l'œuvre. La plus grande difficulté consistera à changer non l'entourage de l'homme, mais l'homme lui-même. Les portes du grand temple seront grandes ouvertes, les membres engourdis seront déliés, l'air pestilentiel sera purifié longtemps, très longtemps avant que ceux qui sont habitués à l'obscurité essaient d'ouvrir les yeux à la lumière, avant que ceux dont les membres auront été déliés essaient de les mouvoir, avant que ceux qui auront respiré des miasmes respirent la pure atmosphère.

Les chefs proclameront à haute voix : « Vous avez les moyens d'être heureux, de posséder le bonheur qui est compatible avec le développement rationnel et naturel. Levez-vous donc et vivez ! »

Quelques-uns regarderont ces chefs avec méfiance. Ils se diront : « Dans quel but personnel ces hommes nous préparent-ils un nouvel entourage ? Prenons garde ; ne cherchent-ils pas à nous dominer et à nous réduire à un état de captivité pire que le présent ? »

D'autres penseront : « Ce moyen d'évolution et de progrès qu'on nous offre n'est pas d'accord avec notre idée du bonheur. Nous voulons le repos et la satisfaction dans l'immobilité ; nous ne voulons pas faire d'efforts pour atteindre ce qui peut être atteint mais qui ne l'est pas encore. Restons dans le *statu quo* de notre mieux et attendons la transition qui peut nous affranchir de l'effort continuel nécessaire au progrès ici-bas. »

D'autres encore, ayant plus de vitalité et d'énergie, diront : « Nous constatons que les vieux systèmes ne sont pas satisfaisants ; nous voyons l'immense avantage du règne de la raison, de la vérité et de la liberté légitime ; mais, tout en sympathisant avec le mouvement, nous ne ferons rien pour l'accélérer ou l'appuyer, de crainte de compromettre notre prospérité ou notre situation personnelles. Quand les innovateurs seront en majorité nous les suivrons. Que d'autres prennent part à la bataille ; pour nous, nous nous contenterons de partager le butin. »

D'autres enfin parleront ainsi : « Si j'étais parfaitement libre, je suivrais mes inspirations, pouvant le faire en sûreté ; mais la société au milieu de laquelle je vis et mes relations me le défendent. Si je montrais les nouvelles couleurs on me regarderait comme l'ennemi des anciennes et ma maison serait divisée contre elle-même ou bien encore je perdrais le prestige qui m'est si cher. »

Mais, quoi qu'on dise, aussi sûrement que la lumière du matin envahit la voûte sombre du ciel et illumine la terre, aussi sûrement la lumière de la Restitution prévaudra ; car l'*Homme Divin et Humain* en qui réside la force pathétique, spirituelle, intellectuelle et vitale de *Brah-Élohim* travaillera sans arrêt pour cette Restitution.

Les uns déblaieront les ruines, qui auront servi pendant

des âges de maisons d'aliénés et de prison, aujourd'hui prêtes à s'écrouler ; les autres ébranleront les temples en apparence inébranlables qui se dressent vers le ciel dans toute leur splendeur mais qui sont pourris dans leur fondement même et sont érigés sur des sables mouvants ou sur le vide. Il suffira d'une main habile pour que ces majestueux édifices succombent sous leur propre poids sans qu'ils puissent jamais se relever. Pendant le temps où ceux-là seront occupés à faire disparaître ce qui est dangereux ou nuisible à l'homme, d'autres lui prépareront des habitations sûres, convenables pour le travail sain et le repos. Avec circonspection et en tremblant, l'homme si longtemps trompé par les faux cultes et les faux dieux y entrera peu à peu.

D'autres proclameront sans cesse ni répit : « Hommes ! Les sphères matérielles vous appartiennent par droit d'héritage ; Vous êtes *Uns*, dans l'Unité, avec votre origine divine et humaine ! Tout est relatif, tout est dans tout. Pour vous, il n'y a de bon que ce qui vous rend capable de vous perfectionner continuellement ; il n'y a de mal que ce qui s'oppose à votre marche en avant dans la vie et dans la connaissance. La stagnation et la dégénérescence sont pour vous la mort ; l'évolution joyeuse, c'est la vie. Ici vous étouffez, vous éteignez en vous la lumière divine et éternelle ; là, vous la retrouverez toujours jusqu'à ce que vous soyez dans tout votre être, en plein rapport avec le pathétisme, la spiritualité, l'intellectualité, la vitalité éternelles et universelles, participant, comme un seul être, à l'immortalité. Le temple de *Brah-Elohim* est l'Homme intégral ; les dieux et les cultes divisent et défigurent l'unité formée à l'aide de l'homme, à la similitude de *Brah-Elohim*. »

Quelques hommes de bonne volonté répondront :

« Ce que vous proclamez est vrai et serait bon si l'homme eût été moins rabaissé à travers les âges par la peur, la souffrance, l'hypocrisie et le mensonge ; mais dans l'état actuel des choses, supprimer la crainte d'un châtiment éternel, inspirer le mépris d'êtres invisibles qui surveillent l'homme et auxquels rien ne peut être caché, ce serait déchaîner tous les crimes sur la terre ; ce serait préparer un état de choses tel que les plus évolués et les plus raffinés ne pourraient plus subsister. La peur et la superstition sont des maux, mais des maux nécessaires ; supprimer leur puissance, ce serait échanger le mal existant contre un mal plus grand. L'homme doit auparavant être préparé ; il ne doit être libéré que quand il sera prêt pour la liberté. »

Les pionniers répliqueront : « Vous pourriez tout aussi bien dire à un homme dont les bras sont liés solidement : faites-nous voir que vous êtes en état de travailler utilement et nous vous délivrerons des liens qui, paralysant jusqu'à la circulation du sang, peuvent actuellement occasionner l'atrophie de vos membres. Au reste, c'est la peur des châtiments humains et non d'une punition extra-humaine, la peur d'une punition naturelle et non celle d'une peine surnaturelle qui tient en respect les hommes de mauvaise volonté. C'est pour leur vie actuelle qu'ils craignent, non pour des états d'être dont ils n'ont aucune conception. Les adeptes des dieux menaçants assurent aux hommes qui ont outragé leurs semblables et qui ont été condamnés par la loi humaine, le pardon, la protection et les faveurs de ces mêmes dieux si ces condamnés font une profession de foi conforme à leur propre doctrine, par la confession de leurs crimes à des hommes qui ont pour mission de blanchir les scélérats ; ceux-ci obtiennent la promesse d'entrer, revêtus d'une robe immaculée, dans le paradis qu'on leur annonce.

« En vérité, dit Tzéré, je ne comprends pas la signification de vos dernières paroles. »

Et le Premier Formé répondit : « Ici tout semble d'actualité. Ce n'est qu'au son de votre voix entendu mentalement que je me rends compte que ce que je viens de sentienter a trait à un avenir lointain, au temps de la plus grande obscurité, de celle qui doit précéder l'aurore. »

Tzère fut très triste : « Malheur, s'écria-t-elle, malheur à Kahi et à ses formations ! Malheur à l'Homme collectif lorsque Devo et les siens seront devenus l'objet de leur culte et de leur crainte, lorsque le pathétisme sera remplacé par la méfiance, la spiritualité par la superstition, l'intelligence par l'ignorance grossière et la vie par la dissolution ! Malheur à eux lorsqu'ils regarderont comme imbéciles et ennemis les Divins et Humains qui leur diront :

« Votre Restitution réside dans l'intégrité de votre *moi*, dans le perfectionnement de vos capacités, dans la lumière rallumée de *Brah-Elohim* qui est en vous, dans l'acquisition de tout ce qui est connaissable, dans la revendication de votre droit à l'immortalité sur la terre et de votre perfection d'être qui en est la conséquence. Il n'y a rien de nouveau sous le soleil ; ce que vous avez été vous pouvez l'être encore car votre origine est immuable et éternelle. »

Ensuite Tzère demanda par la pensée :

« Comment l'homme a-t-il été ainsi dégénéré ? Par quel artifice a-t-il été ainsi privé des forces pathétique, spirituelle, intellectuelle et vitale qui le mettaient en rapport avec les forces universelles ? »

— Dans les temps de lassitude, de faiblesse et de détresse, répondit Tihphérès, Devo et ses Formations, dans l'état de corps nerveux qui est leur forteresse, se sont rapprochés de l'homme graduellement, avec prudence et circonspection. De même que Devo a séparé jadis l'activité de Kahi de sa passivité, dans le présent, ses Formations, connaissant son dessein de posséder l'homme, et par l'homme la terre, ont partiellement divisé l'être humain intégral en altérant ses forces, puis ils ont substitué ensuite en partie leur volonté à sa volonté, leurs désirs à son désir, leur but au sien.

C'est ainsi que les descendants de Kahi et de ses Formations, confus, troublés, endommagés dans tous leurs états, sont devenus incapables de distinguer le faux du vrai et suivent Devo, de bonne foi, en le prenant pour *Brah-Elohim*.

Ils acceptent ainsi avec résignation l'esclavage dans tous les états et degrés d'être, la dégradation, la souffrance et la transition ; ils s'encouragent les uns les autres à la résignation et à la patience en disant : « C'est par nos péchés et notre transgression que nous souffrons et mourons. » S'ils connaissaient l'origine de leur dégradation, de leur spoliation et de leur misère, des milliers et des milliers se lèveraient comme un seul homme et combattraient pour la Restitution. »

Le visage glorieux de Tihphérès était illuminé de joie et le cœur de Tzère battait avec force.

« Pourquoi, demanda-t-elle, le visage de mon bien-aimé rayonne-t-il de bonheur? »

— « Je vois, répondit-il, les yeux de l'homme, si long-temps voilés, s'ouvrir à la lumière et parmi les multitudes qui entrent dans l'arène de la terre pour combattre pour la vie et la liberté, j'aperçois non seulement les psycho-intellectuels, mais encore tous ceux qui, pour parvenir à leur état actuel, ont évolué du protoplasma des eaux pro-fondes après que, le premier, je l'eus éveillé à la vie en lui infusant mes propres forces afin que Devo ne prît aucun ascendant sur lui. »

Pendant que Tihphérès parlait ainsi, Tzère sentientait la présence d'un être calme, fort et reposé. En levant les yeux elle vit Izlem qui avait argumenté avec Devo dans le passé lointain. Il accompagnait un être aux traits douloureuse-ment contractés, qui serrait dans ses bras une enfant pas-sive voilée de couleurs cramoisi, bleu, or et blanc pur.

Izlem dit à Tzère : « Ne sont-ils pas tous deux des For-mations de l'*Attribut de Justice de la Cause Cosmique*? d'une même origine ? le premier et le dernier formés à la similitude divine et humaine ne sont-ils pas formés en-semble pour la Restitution?

L'homme de douleurs se lamenta en disant : Hélas! Devo était avant eux !

Et la vision disparut.

V

Le Premier Formé s'éveilla et se tint debout, silencieux, pensif pendant quelque temps. Puis, prenant la main de Tzère, il lui dit : « Très fidèle, très forte et très patiente est ma Dame des Iles des eaux profondes ! »

— « Et merveilleux autant qu'utile, répondit-elle, a été le voyage de Tihphérès qui est revenu auprès de celle qui veillait sur lui ! »

A ces mots, une paix profonde et un indescriptible bien-être pénétra Tzère. Tihphérès lui prit la main et lui dit : « Je vous donne le nom de *Tzère Neche*, car c'est par vous que j'ai trouvé le repos.

— « Un repos temporaire, répondit-elle ; mais pour un repos plus grand serais-je suffisante ? »

Elle vit encore, semblable à un nuage d'été qui à peine formé disparaît dans l'azur, l'Homme de Douleur suivi par Izlem ; et une voix semblable à celle d'une enfant sortit de dessous les voiles :

« C'est moi qui vous suffirai. »

Tihphérès devint pâle et trembla.

« Souffrez-vous ? demanda Tzère.

— Non. Assurément, pensa-t-il, on vient de toucher une corde de la lyre du passé dont le chant mélodieux a fait vibrer harmonieusement tout mon être. »

Sentant la main de Tzère dans la sienne, il jeta un regard sur sa tête inclinée et vit dans sa luxuriante chevelure une fleur blanche de lotus à peine entr'ouverte couronnée d'une lueur argentine. Il posa ses lèvres sur la fleur en murmurant : « Je vous aime d'un amour éternel ! » Et Izère s'endormit dans la béatitude ; et elle dormit durant trois Eons.

CHAPITRE XVIII

I

Des Eons s'étaient écoulés ; Kahi s'entretenait avec
Kahie.

« Nous avons fait ce que nous avons pu, lui disait-il,
pour préserver notre être et celui de nos Formations, dans
leur intégrité ; mais, il est inutile de nous le dissimuler,
notre force va en diminuant ; faute de sustentation, nos
corps s'affaiblissent de plus en plus. Si nous ne recevons
quelque révélation nouvelle de ce qui est connaissable, la
séparation d'être nous attend.

— « J'y ai pensé comme vous, répondit Kahie ; néanmoins nous devons conserver la perfection d'être par tous
les moyens possibles et aussi longtemps que nous le
pourrons. Sortons donc de cette terre, mais seulement pour
passer dans la région de l'état nerveux ; là nous ferons obstacle à Devo et à ses Formations dans leur forteresse même.

Je sais que de là, toujours et toujours, nous pourrons
nous matérialiser, nous remonterons et redescendrons,
gardant ainsi le chemin ouvert jusqu'à la restitution ».

— Je le sais ; néanmoins il est de notre devoir de retenir la perfection d'être et d'éviter la perte d'aucun état,
car cette perte est, par elle-même, l'unique mal positif, bien
qu'à la fin elle doive tourner à l'avantage de tous.

— « Nous sommes trop sensitifs pour notre milieu

actuel, reprit Kahie ; il en est de même de nos Formations. Nous ne pouvons perdre le souvenir du passé glorieux et de cette enveloppe protectrice, élastique et lumineuse qui nous protégeait. Si, du moins, nous avions quelques formations moins sensitives qui pussent nous aider et nous servir, nous pourrions encore tenir longtemps.

II

Dans le même temps, Tihphérès emportait Tzère dans une île longue et large qui s'élevait au-dessus des eaux de la mer du Sud.

Là il lui prépara un jardin de délices rempli de toute espèce de fleurs, de plantes aux couleurs variées et aux parfums exquis, ombragé par des arbres dont les feuilles dentelées se découpaient sur le bleu clair du ciel. Les vagues de l'Océan y murmuraient leur éternelle chanson, tantôt semblable à un hymne majestueux d'exaltation, tantôt douce comme une barcarolle.

Le nouveau séjour de Tzère était couvert d'une luxuriante végétation ; les palmiers s'y mêlaient aux fougères, à côté des arbres aux épices rares, des fruits variés et savoureux ou des fleurs embaumées. Dans toute la profondeur des eaux comme à la surface de la terre, partout, sur toute l'île les Formations de Tihphérès s'éveillaient pour la première fois à la vie consciente et à l'évolution.

Le septième jour après leur arrivée, Tihphérès, plongé dans le sommeil de la contemplation, vit tout ce qu'il avait formé : la masse albumineuse sans forme et sans cellule, qui, jusqu'alors, n'avait pas répondu à ses forces ; l'être composé d'une seule cellule vivante, cherchant d'un continuel mouvement à s'unir, par dualité, en un seul être avec son congénère ; l'éveil de l'être à la vie individuelle ; la sensation et la motilité naissant de l'instinct de préservation ; la première évolution de l'organe unique de nutrition et le rejet de ce qui n'était pas propre à la sustentation ; la formation et l'évolution des organes des sens ; goût, odorat, ouïe et vue ; le mouvement reflexe et la dualité de ces organes des sens provenant, en apparence, de simples dépressions extérieures, mais dûs, en réalité, à l'agrégat de cellules plus évoluées ; des rudiments d'organes en correspondance, mis en rapport, par des nerfs semblables à des fils, avec ce qui devait être les organes du toucher, de l'odorat, du goût, de l'ouïe et de la vue ; plus tard, ces nerfs se ramifiant partout parmi les cellules, éveillant la sensibilité dans tout l'organisme individuel, capables de remplir en partie l'office des organes des sens avec lesquels ils étaient en affinité ; dans chaque être individuel, en chaque groupement de cellules même, les organes rudimentaires des sept sens de *clairsentience, clairaudience, clairvoyance, intuition, prévoyance, prédilection et prédiliction.*

Il vit qu'en toute structure cellulaire, chaque cellule était capable, bien qu'en des modes différents, d'évoluer, de croître et de se multiplier au moyen de la dualité d'être.

Il vit la lutte perpétuelle pour la préservation de soi et l'évolution consécutive des plus résistants. Il vit émerger de temps en temps des êtres qui, par leur capacité de recevoir les forces universelles, aspiraient à une évolution nouvelle et qui, à chaque progrès, lui ressemblaient davantage à lui qui avait infusé en eux ses propres forces.

Les plus évolués, et ceux qui lui ressemblaient le plus étaient en grand nombre. Ils pouvaient garder la position verticale à volonté ; ils avaient la peau brune et étaient couverts de fins cheveux ; leurs jambes étaient arquées, leurs bras longs et leurs crânes hauts et étroits. Ils se servaient, en guise d'armes, de branches d'arbres courtes et droites ; ils se construisaient des huttes de branches vertes couvertes de feuilles persistantes ; leurs facultés d'imitation et d'assimilation étaient très développées.

Deux d'entre eux restaient de préférence près du lieu de repos de Tzère. Un jour, Tihphérès s'était promené dans la forêt avec Tzère qu'il avait couronnée de fleurs étoilées ; le lendemain, quand les deux êtres s'approchèrent du lieu de repos de Tzère, la femelle portait sur la tête une grossière guirlande de fleurs. Tihphérès alla à leur rencontre, leur tendant les deux mains. Ils s'approchèrent timidement, l'examinèrent quelque temps ; enfin le mâle mit sa main dans la main droite de Tihphérès, la femelle lui prit l'autre main puis ils se retirèrent dans la forêt.

Le jour suivant, Tihphérès les vit construire une hutte de branchages, sur les confins de la forêt, tout près de sa demeure ; sans bruit, il détacha des arbres une plante grimpante très belle et très vigoureuse et en couronna la hutte ; les deux êtres en furent ravis ; ensuite il leur donna du miel et des épices ; enfin il fit leur éducation.

Peu à peu ils cessèrent leurs longues excursions dans les bois, se contentant d'y chercher leur nourriture. Ils n'avaient plaisir qu'à suivre Tihphérès, à imiter ses gestes ou sa parole.

Ils eurent bientôt deux petits et Tihphérès s'occupa avec beaucoup d'intérêt de l'éducation de ces nouveaux êtres.

Il en avait suivi l'évolution dès l'instant de leur conception ; il avait vu la cellule duelle se développer, se diviser et se subdiviser, se replier graduellement en une double membrane, les cellules les plus évoluées entourant les moins développées. Il les avait vues se partager, suivant leurs capacités variées, l'élaboration de toute une série d'êtres régulière dont il avait suivi pas à pas l'évolution : d'abord *l'amibe* jusqu'au *synamibe* ou *amibe multiplié*, puis le *ciliaire velu* jusqu'au *gastrœada* avec son orifice destiné à recevoir la nourriture et sa cavité de digestion et jusqu'aux êtres qui possédaient une épine dorsale rudimentaire.

Il avait suivi leur évolution jusqu'à la forme du premier vertébré véritable, reconnaissant d'abord les êtres sans tête, sans cerveau, sans membres et sans cœur, puis les *acraniens* qui se développaient avec des têtes et des cerveaux protégés par le crâne, des cœurs, des membres, des mâchoires, une seule cavité nasale bientôt dédoublée chez le poisson primitif, muni en outre de deux paires de membres ou nageoires.

A l'époque où vivaient ces derniers, certains amphibies avaient progressé considérablement ; leur progrès stimulé d'abord par la conservation de soi-même avait eu ensuite pour mobile la conservation de la race. Leur conception pour l'assurer avait été réalisée par la formation d'un triple enveloppement propre à servir à leurs petits de sphère à la fois protectrice et sustentatrice. Par elle, ils eurent tout ce qui était nécessaire à leurs Formations, de même que les grands Formateurs avaient tiré de leurs sphères protectrices toute la matérialité nécessaire à leurs propres Formations, de la plus dense à la plus éthérée.

L'évolution avait été très rapide ; les êtres provenant de la masse protoplasmique, qui conservait leur type originel, s'étaient rapprochés de plus en plus de la forme humaine, jusqu'à ce qu'enfin, à la sixième période de leur évolution, ils eussent donné naissance aux deux êtres dont nous avons parlé. Tihphérès qui tenait maintenant leurs mains brunes et velues infusait en eux ses propres forces et en même temps les unissait par le désir et la volonté au chef-d'œuvre des Formations de *Brah-Elohim*.

Pendant tout le temps de la Formation de ces deux êtres dans le triple enveloppement de protection et de sustentation au sein de la mère, Tihphérès avait fourni à la mère tout ce qu'elle désirait, tout ce qui convenait à son bien-être.

A leur naissance, les deux êtres étaient véritablement à la similitude de l'homme, quoiqu'ils ne reproduisissent qu'imparfaitement les traits de leur Formateur et même le type le plus ordinaire de l'homme.

Leur langage se bornait à des monosyllabes ; leurs facultés étaient rudimentaires, à l'exception seulement de celles d'assimilation et d'imitation ; mais leur avancement fut très rapide.

A la septième période, Tzère s'éveilla : elle alla avec

Tihphérès à la demeure de Kahi, emmenant un homme et une femme de la race évoluée.

« Je me suis rappelé vos paroles, dit Tihphérès, et j'en ai compris la sagesse. C'est pourquoi nous avons évolué et perfectionné cet homme et cette femme que nous vous amenons. Etant moins sensitifs que nous et moins perfectionnés, n'ayant rien perdu mais ayant au contraire gagné continuellement, pleins d'énergie par conséquent, de courage et de gaieté, ils pourront vous servir en s'interposant entre vous et ce qui, dans votre entourage, manque d'harmonie. »

Kahi et Kahie accueillirent les êtres avec tendresse.

« C'est parfait, dit Kahi ; maintenant notre vie sur terre se prolongera considérablement. Ces petits ont droit à nos soins et à notre affection ; par origine ils sont un avec nous, puisque leur Formateur et le nôtre procèdent également de l'*Attribut de Justice de la Cause cosmique*.

— « Toutefois, répondit le *premier Emané*, ce n'est pas dans le Formateur de ces êtres mais seulement dans celui qui vous forma vous et les vôtres que l'*Attribut* est devenu un avec son *Emanation*. »

Lorsque Tihphérès et Tzére eurent quitté la vaste étendue de terre qui avait été si longtemps leur habitation, les plus évoluées des Formations de Tihphérès furent bientôt entourées par celles de sa race qui avaient vu leur Formateur les prendre par la main et leur témoigner la plus grande considération.

« Nous avons assisté au départ vers le nord de celui que vous avez suivi ; nous venons à vous pour que nous devenions à notre tour à sa similitude. »

— « Apprenez, répondit-il, que le changement de forme se fait graduellement et que tandis qu'une génération conçoit, une autre réalise. Tout ce que je peux faire pour vous, c'est de vous faire connaître les conceptions que nous a révélées le Puissant et le Beau et c'est ainsi que vous perfectionnerez les vôtres. »

— « Nous savons que c'est tout ce que vous pouvez faire et que vous êtes de bonne volonté. »

Ils demeurèrent ensemble, vivant en paix, évoluant et se perfectionnant les uns les autres.

III

A cette époque Zoy s'entretenait avec Devo dont la demeure était dans la région des nuages et des brumes du sud lointain.

« Le Premier Emané, disait-elle, et celle qui m'a contre-carrée, ont quitté leur demeure, emmenant avec eux deux enfants qui leur ressemblent beaucoup quoiqu'ils soient moins parfaits que les Formations de Kahi. »

— « Ce que vous me dites là est grave, répondit Devo. Les Formations de la Première et de la Deuxième Emanations de l'*Attribut de Justice* seront nécessairement en affinité les unes avec les autres, quelle que soit leur origine secondaire, et cette union rendra mon œuvre plus difficile. »

— Ce n'est pas tout, dit Zoy ; les parents et les ancêtres immédiats de ces deux enfants sont encore dans le lieu de leur naissance ; déjà ceux de leur race se groupent afin de se perfectionner et d'atteindre le plus possible la similitude de l'homme.

— Ceux qui sont de mauvaise volonté, dit Devo, enflammé de colère, annoncent toujours de mauvaises nouvelles. Qui trouvera le remède ?

— Ceux qui ne peuvent se dominer ont toujours des mots durs, répondit Zoy. Je l'ai trouvé, moi, le remède.

Comme Devo gardait le silence, ne pouvant trouver le calme nécessaire pour émettre ses idées, Zoy continua.

« Vous avez besoin, n'est-ce pas, d'êtres à la similitude de l'homme pour vous-même et pour vos Formations. Faites que le lieu de leur évolution s'enfonce sous les eaux, en sorte que tout ce qui vit soit détruit et vous pourrez ainsi séparer leurs formes physiques pour les posséder.

— L'idée est digne de celle qui l'a imaginée, répondit Devo, mais il n'est pas facile de l'exécuter, car le Formateur étendra sa protection sur toutes ses Formations et la lutte sera formidable.

— Pendant que je montais dans les nuages avec célérité j'ai assisté à un grand changement dans la demeure de ce Formateur, qui vous a si longtemps combattu, et j'ai appris beaucoup de chosses.

— Dites-moi tout.

— Ceux qui ont donné naissance aux deux enfants qui ont quitté l'île avec leur Formateur ont, comme leurs ancêtres, rencontré le *Premier Emané* sur la lisière de la forêt, au coucher du soleil, et lui ont dit : « Nous sommes maintenant plus avancés en toutes choses que ceux qui habitent les forêts et qui sont très nombreux ; permettez-nous d'être les chefs dans ce pays ; nous gouvernerons et nous perfectionnerons. Tant que vous resterez au milieu de nous, nous ne serons rien, mais si vous nous quittez, nous serons, pour le peuple non évolué des forêts, des chefs puissants et merveilleux.

L'anxiété se peignit sur le visage du *Premier Emané*, mais il garda le silence.

« Il faut qu'il en soit ainsi, continuèrent-ils ; notre désir est que vous ne nous gouverniez pas plus longtemps. S'il en est cependant parmi nous qui désirent vous suivre, qu'ils le fassent. »

Les deux enfants s'approchèrent en disant : « Assurément, nous suivrons Tihphérès partout où il ira.

— Voilà des actes, dit Devo ; mais d'où proviennent ces conceptions ? Peut-être de vous-même, porteuse de mauvaises nouvelles. »

Zoy se mit à rire.

— Lorsque le *Premier Emané*, dit-elle, a appris que les deux enfants étaient prêts à le suivre, son visage se rasséréna ; néanmoins il n'était pas satisfait car il dit à voix basse et avec fermeté: « Ecoutez : vous courez à votre perte ; il y a contre vous des ennemis dont vous ne connaissez pas la force. Si j'étais obligé de me séparer de vous de corps mais non de volonté, je pourrais vous protéger même pendant mon absence, mais si vous séparez vos forces des miennes de votre propre volonté, je ne pourrai vous protéger. »

— Nous ne vous demandons rien que de nous laisser libres ici, répondirent-ils d'un commun accord.

— Nous resterons dans notre demeure, dit Tihphérès, pendant trois jours et trois nuits, afin que vous puissiez nous retrouver dans le cas où vous changeriez d'avis. Dans le cas contraire, nous partirons. Seulement réfléchissez bien ; assurez-vous que le vouloir et le désir que vous manifestez sont bien vôtres et non ceux d'un autre.

Ils attendirent pendant trois jours et trois nuits et personne ne se présenta. Alors, lentement et après s'être arrêtés quelque temps à la lisière de la forêt, le *Premier Emané* et les deux enfants s'éloignèrent en se dirigeant vers le nord. En route, ils ne rencontrèrent aucun être à leur ressemblance ; mais seulement deux couples d'êtres marchant à quatre pattes les suivirent.

— Je ne doute pas, répondit Devo, que ces quatre êtres ne soient le *lion* et la *lionne d'Aba* ; le *Kavo* et la *Kava d'Ama.*

— Je ne connais ni *Aba* ni *Ama* ni *Kavo* ni *Kava,* répondit Zoy ; quant aux animaux, vous avez bien deviné pour les premiers ; mais les seconds étaient des chiens blancs, plus grands et plus forts qu'aucun que j'aie jamais vus.

Longtemps après que la lumière de l'aura de Tihphérès se fût évanouie dans la contrée, il resta encore une irradiation dans le bosquet où Tzère s'était reposée.

Aussitôt après le départ de Thiphérès, les Formations n'osèrent pas encore s'approcher de l'Est parce qu'elles y voyaient la lumière aux couleurs variées qui les effrayait.

Le huitième jour, au milieu d'une splendeur lumineuse qui ressemblait à une sphère prismatique, apparut une légère brume de forme ovale lustrée d'argent ; le neuvième jour ce lustre argentin était enveloppé d'un bleu saphirin ; le dixième jour, la lumière saphirine claire et radieuse était enveloppée d'une lumière dorée ; le onzième la lumière dorée était voilée d'un bleu mat ; le douzième, une forme semblable à celle d'un homme apparut au milieu de l'ovale ; elle avait une auréole d'une splendeur rose pâle ; le treizième jour il se développa autour d'elle un voile de lumière carmin qui brillait et rayonnait à travers des nuages obscurs et changeants ; le quatorzième jour un être sortit du milieu de la splendeur prismatique ; il était de forme parfaite et enveloppé dans le degré nerveux de l'état physique. Il s'étendit dans le bosquet à l'endroit où avait reposé Tzère et s'endormit dans le sommeil de l'assimilation.

Pendant ce temps, les Formations de Devo activaient et concentraient les feux souterrains sous la vaste étendue de terre que Tihphérès avait quittée et subitement une détonation formidable se fit entendre, comme si tous les tonnerres du ciel, les rugissements des vagues et les mugissements des vents se fussent confondus ; la terre fut soulevée puis elle s'enfonça lentement dans les eaux.

Alors, comme des oiseaux de proie, Devo et ses Formations, cachés par d'épais nuages, se précipitèrent pour prendre possession des corps des Formations de Tihphérès.

IV

Lorsque la vie eut à peu près disparu, ils s'emparèrent du peuple de la forêt. Devo voyant qu'après une lutte prolongée la vie s'échappait même de ceux que Tihphérès avait développés avec tant de soins, pensa à prendre possession de celui qui était le père des deux enfants ; mais l'être qui s'était endormi dans le sommeil de l'assimilation se leva tout à coup et se tint debout dans la partie est de l'île ;

puis, rassemblant autour de lui ce qui restait des Formations évoluées, il dit :

— Ecoutez, Devo ; vous êtes libre de prendre possession des Formations inférieures et non évoluées mais celles-ci je les réclame pour moi-même.

Alors Devo prenant possession de la forme la plus proche essaya d'atterrir sur la partie Est, mais il ne le put.

« Qui êtes-vous, s'écria-t-il, vous qui osez lutter ainsi contre moi, usurper ces Formes qui ne sont pas vôtres et que j'ai préparées pour moi et mes élus ?

— Je suis *Barashino*, fut-il répondu. Sorti après vous, j'ai toujours passé devant vous ; je vous ai toujours devancé, ici comme ailleurs. »

Alors Devo vit sortir de l'aura carmine et dense de Barashino des formes à sa propre similitude, au nombre de douze ; elles prirent possession des corps des douze êtres que Tihphérès avait développés.

Devo ne put retenir que le corps qu'il avait pris à la hâte, parce qu'aucun autre ne lui avait été préparé. Or, ses Formations comme lui-même avaient assumé les formes du peuple de la forêt, ces Formes que nous avons décrites, brunes et velues, aux jambes arquées, aux bras longs, aux crânes élevés et étroits, aux mâchoires saillantes. Quand ils se virent ainsi revêtus, ils éclatèrent en propos amers et, comme pour se railler eux-mêmes, ils se saisirent des femelles qu'ils firent leurs.

Ensuite, voyant qu'ils ne pouvaient d'aucune façon aborder la partie orientale de l'île qui était couverte de brumes argentines changeantes et voilée à leur vue, ils se dirigèrent tant bien que mal vers le continent ouest en nageant ou en se faisant porter par des troncs d'arbres flottants et des branches entrelacées. Ils atterrirent enfin et se reposèrent quelque temps. Ils s'aperçurent alors que Devo n'était pas avec eux.

Or, Zoy voyant que la vaste étendue de terre commençait à s'enfoncer dit à Devo :

« Je vais retourner dans le nuage qui m'a apportée ici

et je rentrerai dans le corps que j'ai quitté ; puis en marchant sur les eaux, je reviendrai. En attendant, vous pourrez prendre la forme de celui qui est à la similitude de l'homme, plus parfaite que tous ceux qui sont ici ; nous pourrons ainsi utiliser à volonté la matérialité de la terre pour des Formations. »

Quand elle revint, elle vit une Forme sombre et velue se débattre dans l'eau et essayer vainement d'aborder la partie orientale de l'Ile.

Devo, car c'était lui, l'apercevant lui cria : « Venez vite ; aidez-moi dans la lutte contre celui qui a pris les formes évoluées de Tihphérès et qui ne m'a laissé que ces Formes inférieures.

— « Jamais, répondit-elle, jamais je ne toucherai une forme aussi hideuse. »

Devo, exaspéré par sa défaite et par l'horreur qu'il inspirait à Zoy, s'approcha d'elle, la saisit et la maintint sous l'eau de toutes ses forces, séparant ses états d'être. Puis, avant que le corps ait eu le temps de s'enfoncer, des créatures ailées, de sa formation fondirent sur lui et le déchirèrent.

Demeuré seul, Devo resta près de l'île, cherchant les moyens de gagner les Formes évoluées dont Barashino avait pris possession. Ce ne fut que le quatrième jour qu'il abandonna tout espoir et rejoignit les siens, dans la terre de l'ouest qui faisait face à l'île.

V

Il y eut ainsi quatre espèces d'êtres à la similitude de Kahi sur la terre : ceux de Kahi et de Kahie ; ceux des plus évolués de Tihphérès ; ceux qui avaient été pris par Barashino et les siens, et ceux qui avaient été possédés par Devo et ses Formations. Ainsi Devo et Barashino, Tihphérès et Kahi se partagèrent la domination sur la sphère matérielle.

Kahi apprit tous ces événements de la bouche de la

deuxième Formation passive qui était une avec Sheth.

Il dit : « L'affinité est si grande entre les êtres que Tihphérès nous a amenés et nos propres Formations que nous sommes comme un ; mais ces autres Formations possédées ou assumées par Devo et Barashino peuvent causer beaucoup de trouble sur la terre.

Alors, par l'intermédiaire de Shorah, Sheth demanda à Kahi : « Quel est ce Barashino ? »

— C'est celui qui, après que Devo eut essayé, dans la sixième époque de classification, de toucher les Ethérialités, sortit et influença ce qui est entre le *Nucléolus* extérieur et le Pathétisme pur en passivité ou *Cause des Ethérismes*, laquelle Cause est dans l'Ethérialité, ce que la matière atomique et moléculaire pathétisée la plus raréfiée est dans les matérialités.

— Comment est-il venu dans cet état matériel dense ?

— En vérité, je ne le sais pas ; cependant je ne sentiente rien d'anormal ni de merveilleux en cela puisque le *Premier Emané*, qui est maintenant au milieu de nous, a pu pénétrer jusqu'à ce voile pathétique et que IE y a évolué sous la protection *d'Elohim*, laissant en chaque état et degré, dans une sphère de sustentation, une forme à sa propre similitude.

Quand un pionnier s'est frayé et préparé un chemin, ce n'est pas une grande affaire que de le suivre.

— Barashino est-il venu ici en ami ou en ennemi ?

— Il est venu pour accomplir ses propres desseins et réaliser ses propres désirs. Là où la personnalité se substitue à la *Cause* comment la *Cause* peut-elle être soutenue ?

CHAPITRE XIX

DE NEFA ET DE HAICHE. — DE DEVO ET DE SES ARTI-
FICES. — DE L'ENTRÉE DE ZOY DANS L'AURA DE LA
PRINCIPALE ÉMANATION.

I

La race des deux êtres amenés par Tihphérès croissait et
se multipliait et leur perfectionnement marchait de pair
avec leur accroissement. Grâce à leurs merveilleuses facultés d'assimilation et d'imitation, ils se modelaient sur
leur entourage ; ils aimaient et honoraient Kahi et Kahie :
Ceux-ci s'étaient chargés de leur éducation, de cette éducation qui consiste à développer les capacités dominantes et
les aptitudes individuelles : par leur vigueur, par la force
même de leur croissance, tout ce qui était inutile ou mal-
faisant en eux était rejeté ou refoulé comme les herbes
sauvages sont étouffées par le blé qui se développe. Ils s'as-
similèrent aux Formations de Kahi en leur ressemblant de
plus en plus par la forme et par le caractère. Ils rendaient
de grands services aux plus sensitives de ces Formations,
car n'ayant jamais connu de conditions plus favorables, ils
étaient satisfaits de leur entourage, et, étant de la terre
par nature, ils prenaient plaisir à utiliser ou améliorer tout
ce qui était susceptible d'utilisation et d'amélioration. Ce
n'est pas que l'énergie ou le désir manquassent chez Kahi
et Kahie, ou chez leurs Formations, mais comme la substantialité et les moyens de sustentation étaient insuffisants
pour eux, leur mentalité absorbait tout ce qui était nécessaire à la vigueur de leur vitalité.

A une certaine époque une belle enfant passive naquit de la race de ceux du *Premier Emané*. La sympathie fut vive entre cette Passive et Kahie.

Un jour un descendant de Chi dit à Kahi :

« Mon désir est de prendre pour femme *Haiche* qui est avec Kahie car elle est très belle et très intelligente ; elle est comme de notre famille. »

Kahi répéta ces paroles à Kahie.

— Il est vrai, dit-elle, que Haiche est belle et intelligente ; néanmoins elle n'est pas de nous et personne de notre race n'a pris en dualité d'être quelqu'un qui n'en fût pas.

Le jeune homme dont le nom était *Nadell* répondit doucement.

« La terre peut-elle nous donner la force qui nous manque ? Pour la vigueur même de notre race il me semble bon que les Formations de la *Première* et de la *Deuxième Emanation de l'Attribut de la Cause Cosmique* ne fassent qu'un : Les uns peuvent se soutenir là où les autres ne le peuvent pas et ce qui pour l'un est sain et même agréable est pour l'autre désagréable et débilitant. Celui-là est sage qui sait s'adapter aux circonstances pour que les circonstances s'adaptent à lui-même. »

— « Personne, répondit Kahi, n'a le droit d'intervenir dans la dualité d'être, car sans pathétisme il n'y a aucune dualité. »

Le soir, comme Nefa se promenait sur les bords du grand fleuve, méditant sur le présent et le passé, il entendit un bruit léger, le pas d'une personne qui le suivait : en se retournant il se trouva en face de Haiche.

— Soyez la bienvenue, lui dit-il ; mais pourquoi m'avez-vous suivi ?

— « Kahi et Kahie m'ont rapporté vos paroles. Si elles sont l'expression exacte de votre pensée, vous êtes à moi comme Tihphérès est à Tzère. »

Et Haiche ne revint plus chez Kahi et Kahie.

— Maintenant, dit Kahi à Kahie, les deux Formations

sont unies ; elles seront comme un contre ce qui est hostile.

— En pensant à cette union, je souris et je pleure, répondit Kahie.

Les Emanations de Barashino, qui les matérialisait comme il s'était matérialisé lui-même, prirent en dualité d'être les Passives qu'elles avaient sauvées des eaux étant dans les formes des Etres actifs qu'elles avaient assumées. Leur race, aussi, se multiplia et progressa.

II

Après le repos de l'assimilation, Devo s'éveillant à l'activité se souvint de l'horreur qu'il avait inspirée à Zoy ; en regardant autour de lui ceux qui attendaient ses ordres, il se demanda :

« Suis-je vraiment aussi laid que ceux-ci ? » Et s'adressant à l'une de ses principales Formations :

« Ma forme extérieure ressemble-t-elle en tous points aux vôtres ? »

Et le chef répondit :

« Oui, il en est ainsi : la forme que vous avez revêtue est même des plus inférieures.

— Que cette forme me dégoûte ! s'écria-t-il.

— Et nous donc ! répondirent les Formations. »

Devo s'aperçut que ses Formations avaient un dégoût de plus en plus marqué pour les femmes des bois, tandis que celles-ci se sentaient au contraire attirées de plus en plus.

— « Cet état de déséquilibre de l'actif et du passif, pensa-t-il, nous attirera certainement quelque grande calamité. L'état actuel des choses est pire qu'avant ; je ne vois aucun moyen de réaliser mon projet : m'agrandir et me multiplier sur la terre. »

Il rassembla toutes ses Formations et leur dit :

« Ces corps sont non seulement répugnants mais encore inutiles, puisque vous avez horreur des passives qui ont une forme semblable. Unissez donc votre volonté et votre désir avec les miens pour que je me délivre de cette forme, sans souffrance et sans danger pour les états d'être plus raréfiés avec lesquels elle s'est assimilée dans le repos. Une fois délivré, je vous délivrerai à mon tour.

Les êtres tournèrent autour de Devo en concentrant en foyer leur volonté et leur désir sur les siens, et, bientôt, la forme assumée tomba par terre. Alors ils s'écrièrent.

— « Maintenant délivrez-nous aussi, selon votre promesse. »

Mais ils n'eurent pas de réponse. Furieux et terrifiés ils essayèrent par tous les moyens possibles de se délivrer eux-mêmes mais sans succès. Les plus évolués se consultèrent et résolurent d'aller trouver Barashino, pour implorer son aide, car sa puissance et sa connaissance occultes étaient très grandes.

En approchant de l'île, ils constatèrent qu'elle était voilée comme auparavant et cachée par une brume argentine dense qui s'étendait au loin sur les eaux ; malgré tous leurs efforts ils ne purent la pénétrer. Ils revinrent las et découragés.

III

Comme le chef auquel Devo avait parlé avec tant de perfidie s'approchait du rivage, un petit nuage descendit au-dessus de lui ; il en fut surpris.

La nuit, pendant qu'il dormait, las et troublé, il vit que le nuage était toujours au-dessus de lui, puis il perçut mentalement ces mots :

« Vous êtes dans un grand embarras ; Devo vous a trompé ; lui est libre, mais vous il vous a abandonné dans ces formes qui vous emprisonnent et vous font horreur. En souvenir de sa sollicitude pour vous, il a fait pousser au milieu de vos fronts cette protubérance semblable à une corne, qui vous rend plus hideux encore.

— « Etes-vous envoyé par Devo, répondit le chef, pour nous railler dans notre douleur ?

— Loin de moi cette pensée, répliqua la voix ; je suis ce qui reste de Zoy, de Zoy qui, à cause de l'horreur que lui inspirait sa forme, a été désintégréé par Devo autant que cela lui était possible. Mais il n'a pas veillé assez pour prévenir cette réformation plus ou moins parfaite, naturelle à ce qui a été récemment séparé par violence.

— Vous aussi, répondit le chef, vous êtes habile dans l'art de la dissimulation et de la ruse ; nous savons bien que c'est par amour de vous-même, non par sollicitude pour nous que vous vous êtes mise en rapport avec nous qui sommes revêtus de ce corps dont vous avez horreur. »

— Vous avez dit juste. Il n'y a rien en dehors du moi ; et qu'importe ce qui n'existe pas pour soi ? Depuis Brah-Elohim jusqu'à vous, et la différence entre vous deux n'est pas petite, depuis vous jusqu'à la simple cellule vivante, la préservation de soi-même est la puissance motrice de tous les êtres.

— Il est vrai, le *Premier Emané* a pu avoir pour mobile la préservation du concept réalisable par lequel le bien-être universel peut être obtenu.

— Notre mobile est la préservation de votre moi par tous les moyens ; vous savez que la perte des états matériels serait l'annihilation de notre individualité. Le mobile de la cellule duelle est un simple instinct qui consiste à tirer de son milieu la nourriture nécessaire à sa conservation ; c'est par lui que s'est formé l'orifice dans lequel elle attire sa nourriture.

Cet instinct peut s'élargir, mais, chez tout être, la puissance motrice reste toujours la même, savoir : la préservation de soi-même.

— « *Brah*, répartit le chef, s'est sacrifié lui-même en se répandant dans la matière.

— « *Brah*, est-il le seul être qui se soit sacrifié pour la réalisation de son idée ou qui ait sacrifié la personnalité pour l'idéal ? »

Et comme le chef ne répondait rien :

« Pendant votre traversée en masse sur les eaux profondes, j'ai tiré de votre activité la dualité d'être suffisante pour réassumer partiellement la forme dans ce petit nuage et me mettre en rapport avec vous. Mon désir est maintenant de réassumer ma forme au moyen de votre activité.

— « Mais la forme dans laquelle je suis emprisonné vous est odieuse ! répondit le chef.

— Les circonstances changent les choses. Celui qui a du bon vin dédaigne l'eau pure ; celui qui meurt de soif accueille l'eau saumâtre comme un élixir de vie.

— Et mon bénéfice dans cette union ? demanda le chef.

— Au lieu de formes qui vous font horreur, vous aurez une passive belle et puissante. Au reste, de notre unité dépend notre pouvoir de matérialiser nos conceptions.

— Qu'il soit donc fait comme vous le désirez.

— Permettez-moi de reposer avec ce nuage dans votre aura.

— Faites. »

Zoy réassuma ainsi graduellement, comme dans une sphère de sustentation, l'être que Devo avait divisé. Elle fut revêtue comme auparavant, jusqu'à ce qu'elle arrivât à ce degré de densité du corps nerveux qui est le plus proche de l'état physique.

— Je vous en prie, dit-elle, aidez-moi, maintenant, afin que j'assume trois degrés de l'état physique, le mental, le psychique et le nerveux.

— Comment puis-je vous aider ?

— Concentrez, répondit-elle, votre pensée conceptionnelle sur la forme qui est votre idéal de beauté ; unissez votre volonté et votre désir jusqu'à ce que votre conception soit matérialisée...

Ainsi fit-il.

Zoy apparut alors dans son aura mais elle ne ressemblait aucunement à cette forme que dans le passé lointain Lhamkhial avait faite pour lui-même.

— Maintenant, dit elle, je vous vois non dans la forme hideuse qui vous emprisonne, mais sous votre véritable aspect, plein de force, de vigueur sauvage et féroce, beau d'une beauté étrange et séduisante.

— Et moi, dans cet état, je vois mon idéal ; vous réalisez tout ce que j'ai conçu d'ensorcelant, de fascinant, de subjugant.

— Descendons, dit-elle, jusqu'aux eaux immobiles afin que je puisse voir quelle espèce de forme vous avez conçue et matérialisée.

A la clarté émanée de la demeure de Kaoah ils allèrent sur les bords d'un grand lac qui se trouvait dans la forêt. Zoy, regardant son image, vit une forme exquise, souple, petite, dont les cheveux noirs et lustrés tombaient jusqu'aux chevilles, dont la figure ovale, d'un teint olivâtre, était illuminée de deux yeux clairs et brillants comme des étoiles, capables cependant d'une expression de douceur, voilés des cils noirs qui retombaient sur les joues délicatement rosées... La bouche bien arquée dénotait une volonté énergique ; et quand elle se sourit à elle-même les lèvres de corail légèrement entr'ouvertes découvrirent des dents fines semblables à une rangée de perles.

— Je suis contente ! s'écria-t-elle joyeusement, personne ne reconnaîtra dans cette forme enchanteresse l'être si beau et si fort que Lhamkhial avait formé. Avec ma volonté, ma connaissance, mon expérience de la vie et mes désirs insatiables que ne pourrai-je accomplir ? Je ne veux plus être connue sous le nom de Zoy mais sous celui de *Sheba-el-ma*, car je suis du passé lointain et ma puissance me vient des eaux où je me suis regardée pour la première fois en revenant à la vie individuelle.

— Nous reposerons ici, dit le chef ; ici vous vous matérialiserez, dans le quatrième degré de l'état physique, pour que nous soyons un en tout.

— Non pas, répondit Sheba. Vous imaginez-vous que, moi qui ai été accoutumée à Lhamkhial, de la formation de Kahi, et à la beauté sombre et sauvage de Devo je puisse supporter une forme comme la vôtre ?

— Il est de toute nécessité que vous vous matérialisiez ; autrement vous n'êtes d'aucune utilité.

— Vous m'avez donc aidée à me reconstituer, dit Sheba en riant, non par sollicitude pour moi mais pour votre profit ? Hé bien, moi, je n'ai voulu me reconstituer que dans un but, et ce but, c'est moi-même.

Cela dit, elle sauta dans les eaux et comme il la poursuivait, elle s'écria en gagnant la profondeur du lac :

« Vous serez appelé *Zelbaht* parce que vous avez été dupé. »

Puis elle disparut, et il ne put se rendre compte si elle avait plongé ou si elle s'était confondue avec les eaux.

Il revint à sa demeure en disant : « Ce n'est pas *Zelbaht* mais *Zelabhi* que je veux être appelé, car ce Devo m'a enseigné l'art de tromper et je vivrai dorénavant non pour être trompé mais pour tromper... »

A ce moment quelque chose de froid lui toucha le pied gauche ; il regarda et vit que c'était un petit ruisseau qui s'était formé à la suite d'un débordement du lac. Il s'y baigna les mains et les pieds, y rafraîchit sa tête brûlante, puis voyant ses membres bruns et couverts de poils sombres il murmura : « Et c'est une Formation de la race de Kahi qui m'a ainsi dupé ! mais moi et les miens nous lui apparaîtrons sous des formes hideuses et terrifiantes, aussi longtemps que nous pourrons nous soutenir sur la terre, quand même nous réussirions à nous extérioriser ou à nous échapper de cette forme. »

Puis, levant les mains vers le nord, il s'écria : « Soyez témoin, ô Premier Emané de Kahi, que, par le fait de votre propre Formation, je me suis lavé les mains, les pieds et la tête avec l'eau de la trahison qu'elle a amenée sous mes pas ! »

CHAPITRE XX

I

A cette époque, Kahi parla à Chi par la voix de Shorah,
la deuxième de ses Formations passives.

« Reposez-vous à présent et voyez si vous pouvez passer
dans la demeure de Kaoah et en revenir, puis allez à notre
propre foyer de force pathétique, spirituelle, intellectuelle
et vitale et de là, de foyer en foyer aussi loin qu'il
vous sera possible de le faire en sûreté avec la certitude de
revenir à volonté. »

Chi reposa comme auparavant, mais il ne put passer
même dans la demeure de Kaoah à cause des régions où
stationnait l'hostile, et qui n'étaient pas sentientables.

— Faites-moi, je vous prie, dit-il à Kahi, une sphère de
sustentation ; de cette façon je pourrai passer.

— Avec quoi pourrai-je la faire ? nous avons de la peine
à soutenir notre propre individualité sur la terre.

Chi fut obligé de revenir et n'essaya plus de franchir la
région de l'air respirable.

« Avant d'arriver à la région occupée par l'Hostile, dit-il, j'étais comme dans un état de béatitude, mais je n'avais pas la force de supporter cet état même sans perdre ma vitalité physique. »

Sheth dit à Kahi par la voix de Shorah : « Nous sommes séparés de toutes les sphères par le fait de l'Hostile ; comment sommes-nous donc en rapport avec l'Universel ? »

— Nous ne sommes séparés de rien, répondit Kahi, puisque une seule force, celle du Pathétisme, unit toutes les sphères. Sans doute dans notre état actuel, faute d'une sphère de sustentation, nous ne pouvons passer d'une sphère à l'autre ; cependant chez les Formations évolutionnaires les plus récentes du *Premier Emané*, chaque être individuel, outre sa triple enveloppe protectrice, est encore enfermé dans une autre enveloppe qui lui fournit le sang vital de la mère. Or, le sang ne contient pas seulement la vie du corps, il renferme aussi la vie de ce qui est propre à chaque état et degré d'être que l'individu est capable d'atteindre. L'être individuel est un Cosmos où rien ne manque, sauf le corps glorieux.

— Expliquez-vous plus clairement, je vous prie, dit Sheth.

— La *Cause Cosmique* provient d'au-delà de ce qui est voilé par le *Nucléolus* ; de son Attribut de Justice proviennent les Emanations qui sont le *Premier Emané*, et Elohim, le *Deuxième Emané*.

Elohim a formé IE son chef-d'œuvre ; d'après l'ordre établi, quoique l'Hostile empêche actuellement tout rapport entre nous, nous n'en sommes pas moins Un avec IE, comme avec tous les habitants du Cosmos qui ont été formés avec son aide.

Le Premier Emané est le formateur actuel de la matérialité cellulaire et de la masse cellulaire ; c'est lui qui a évolué ceux qui sont maintenant un avec nous, en dualité d'être ; ces êtres individuels, par leur origine duelle, sont donc des Cosmos, dès le commencement de leur formation. Il n'y a rien qui ne soit en eux.

En outre, toute cellule évoluée, comme celle du cerveau ou des ganglions, est une sphère qui a son nucléus, son nucléolus et son nucléolinus ; elle a en elle-même les moyens de se mettre en plein rapport avec ses sphères alliées. Ainsi, dans cette construction merveilleuse, en accord avec celle du passé, la force pathétique répond parfaitement à la force pathétique, la force spirituelle à la force spirituelle, la force intellectuelle à la force intellectuelle, la force vitale à la force vitale, dans l'intégralité du Cosmos.

Ces forces quaternaires de l'être individuel le mettent donc en rapport avec l'universalité pathétique, spirituelle, intellectuelle et vitale. De plus, dans chaque domaine sphérique, le protoplasma est sillonné par ce qui contient les forces pathétique, spirituelle, intellectuelle et vitale du *Premier Emané* ; chacun des innombrables atomes de ce protoplasma peut évoluer en une cellule vivante, individuelle et duelle, laquelle cellule peut, à son tour, devenir ce que nous sommes.

Observez la formation des êtres à notre similitude dans leur triple enveloppe protectrice ; celle-ci est elle-même protégée par la mère qui lui a donné l'être. Ce que l'individu complexe et composé évolue n'est qu'une cellule duelle ; mais elle contient sa substantialité ou son nucléus ; la vésicule germinative, ou son nucléolus, et son nucléolinus central, conception germinative qui peut contenir l'*Inconnu*, l'*Impensable*. Chaque germe duel est donc lui-même un cosmos.

La nuit suivante, Sheth reposa dans le sommeil de la contemplation sur les bords du fleuve.

« Puisque dans les êtres à notre similitude, pensa-t-il, chaque cellule du cerveau est comme une sphère dans l'empire sphérique, en plein rapport avec les sphères ses alliées ; puisque chaque germe duel peut être, lui-même, un Cosmos ; puisque d'innombrables cellules individuelles ont évolué de la matière sans cellule sentientable, tout est capable d'évoluer en des êtres tels que Haiche et ses enfants qui sont devenus un avec nous. Cela étant, l'*Homme, Divin et Humain*, qui contient dans son individualité com-

posée tous les états de la matière, depuis le plus dense jusqu'au plus raréfié, voile donc en lui-même ce qui est pour
lui encore *Inconnu* et *Impensable*, et cet Inconnu, cet Impensable est comme la source, le centre de son être.
L'Homme peut contempler l'immensité, l'universalité cellulaire et protoplasmique, et dire en toute justice : « Formé
comme je le suis par le *Divin Formateur*, le seul hommage que je puisse lui rendre, le seul qui soit digne de lui,
consiste à réaliser, au moyen de la lumière qui est en moi,
la conception de la Suprématie cosmique sans laquelle l'infinitude serait un vain mot ; Le rôle de l'homme, dans
cette œuvre cosmique que l'homme peut seul accomplir,
est de fonder l'unité d'être avec ce qui est au-delà des
voiles, de réclamer et de maintenir partout, dans l'empire
matériel, sa suprématie héréditaire et légitime. »

Semblables aux eaux du fleuve qui coulent paisiblement
de leur source profonde jusqu'à l'océan, les pensées de
Sheth, dans le repos, surgissaient des sources profondes de
son être et roulaient jusqu'au vaste océan de l'avenir, à ses
capacités merveilleuses, à ses profondeurs occultes encore
insondables.

Quelque temps après, il passa de l'état contemplatif au
sommeil de l'Avasha.

Pendant ce sommeil il se sentit dans l'empire sphérique
des forces pathétique, spirituelle, intellectuelle et vitale,
empire enveloppé par l'état physique et ses degrés quaternaires. Alors il prit conscience de l'ascension perpétuelle
de l'*Impensable* surgissant du centre de son être : il eut
conscience que cet *Impensable* était enveloppé par le pathétisme, ce pathétisme par la spiritualité, cette spiritualité
par l'intellectualité et cette intellectualité par la vitalité.
Il eut conscience que ce qui vient du dedans est attiré et
assimilé à la forme sphérique ; il vit que dans son entourage l'*Impensable* se revêtait en ordre du pathétique, du
spirituel, de l'intellectuel et du vital ; et il se dit en lui-
même : « Tout tend vers le physique ; en lui et autour de
lui, il y a affinité parfaite. »

II

Au même instant il aperçut un Etre qui s'approchait en marchant sur les eaux du fleuve. Sa forme était celle d'un tout jeune homme voilé d'une aura d'un lustre argentin qui ne le laissait apercevoir que comme à travers un brouillard. Sheth fut émerveillé de sa beauté.

« Après le Premier Emané, pensa-t-il, il est le plus beau ; personne ne peut lui être comparé. »

Quand il le vit près de lui, Sheth se sentit comme accablé et près de s'évanouir.

— « Soyez fort et courageux, lui dit cet être ; soyez digne du nom que vous portez.

— Oui, je m'appelle Sheth.

— C'est votre nom, reprit l'Etre. Kaoah et Abal ne sont plus sur la terre, et vous êtes la Formation directe de Kahi, de qui vous perpétuerez la race à jamais.

— Par quel nom dois-je vous connaître? demanda Sheth.

— Barashino est mon nom, parce que, le premier, j'ai évolué et formé en dehors du *Nucléolus*.

— Pourquoi êtes-vous venu ici ?

— Pour toucher cette densité, et pour fonder avec les Formations de Kahi une union éternelle sous un seul nom.

— Comment cela sera-t-il ?

— De même qu'une Formation de Kahi prit une fille de l'Evolution, de même vous laisserez une des Formations passives de Kahi s'unir en dualité d'être avec celle de mes Formations qu'elle choisira.

— J'y consens volontiers; mais il faut l'avis de Kahi.

— Communiquez-lui mon projet, car moi-même je n'ai pas assumé la nature de l'homme; je n'ai fait que passer ici avec mes douze Formations, afin que dans leur parfaite dualité d'être, elles puissent se revêtir de la matérialité de la terre et ressembler à Chi et à Mahâllal.

— Si elles sont parfaites en elles-mêmes, comment l'une d'elles peut-elle prendre une Passive de notre race?

— La Passive de votre race choisira parmi les quatre que nous avons façonnées au moyen de la principale Emanation.

— Un Voyant qui ne se trompe jamais, nous a dit que ces Emanations avaient revêtu les formes de ceux que le *premier Emané* avait évolués et qu'elles avaient avec elles des Passives de même origine.

— N'étant pas à cette époque revêtues de la matérialité de la densité de la terre, elles ont agi ainsi pour éviter que ces êtres ne fussent possédés par Devo et les siens ; mais dès que nous eûmes entouré de brume, afin que personne ne pût en approcher, cette partie orientale de la terre qui s'est enfoncée sous les eaux, nos Formations se sont extériorisées et ont rappelé à la vie les Actifs et les Passives. C'est ainsi que les deux enfants ont pu être amenés par le *Premier Emané* à Kahi et Kahie. »

Kahi reçut avec joie cette nouvelle ; Kahie donna une fête de délices à ses plus grandes Passives et, au milieu des réjouissances, Kahi vint parmi elles.

« Barashino, dit-il, est le premier qui a touché ce qui est en dehors du voile du *Nucléolus* ; il a traversé les régions de l'Etre hostile, emmenant avec lui douze Emanations ; par l'intermédiaire de leur chef, il a façonné quatre Formations actives et il demande qu'une d'entre vous choisisse l'une des quatre. »

L'une des descendantes de Sheth et de Shorah s'approcha de Kahi et, mettant ses deux mains dans sa main droite, lui dit :

« Faites-moi reposer, Kahi, afin que j'aille voir chez Barashino sans être vue.

Il mit sa main sur le front de la Passive qui s'endormit. Au bout d'un moment elle dit : « Je suis dans le brouillard argenté et je vois. C'est avec la deuxième des quatre Formations que je demeurerai. »

— « Revenez, répondit Kahi ; je ferai part à Sheth de

votre résolution. On viendra vous chercher pour vous emmener. »

La Passive qui se nommait *Fœrhan*, c'est-à-dire *joyeuse et contente*, répondit :

— « A quoi bon aller et venir ? Envoyez là-bas le corps qui repose sous votre protection. »

Kahi envoya le corps de Fœrham dans l'île de l'Est. Quand ceux qui l'emportaient furent loin, les douze Emanations de Barashino, trois Formations de ces dernières ainsi que quelques-unes de la race de Kahi, vinrent à leur rencontre, montées sur des bateaux légers qu'elles avaient richement ornés. Au milieu de ces embarcations voguait un navire aux voiles blanches et aux mâts enguirlandés de fleurs. La forme endormie de Fœrhan, enveloppée de voiles aux riches couleurs, fut étendue sur le pont de ce navire.

— Où donc est la deuxième Formation de Barashino ? demanda Chi.

— *Aun* repose, répondit-on, jusqu'à ce qu'il ait l'intégrité d'être pour venir auprès de Fœrhan. On veille sur lui.

Dès que Fœrhan eut réintégré son corps, il y eut une grande fête et des réjouissances.

« Maintenant, disait-on, les Formations de Kahi et de Barashino ne font qu'un seul peuple. »

Chi et ses compagnons revinrent auprès de Kahi qui était également en fête avec les siens.

Les Formations d'Aun et de Fœrhan se multiplièrent ; avec la race de ceux du *Premier Emané*, qui les servaient, ils peuplèrent toute l'île.

III

Barashino rassembla ses douze Emanations et leur dit : « Je m'en retourne d'où je suis venu. Je pourrai ainsi mieux, remplir ma tâche de perfectionnement. N'oubliez pas que Kahi est le seigneur de la terre entière ; c'est lui qui a travaillé, lutté et souffert : soyez-lui fidèles et utiles : soyez un avec lui, luttez ensemble contre l'Hostile. »

Et il traversa de nouveau les régions ennemies, mais seul cette fois. Tout le monde aima et servit Fœrhan la Formation de Kahi.

A cette époque il y avait quatre races d'hommes :

Kahi et ses Formations.

Barashino et ses Formations.

Le Premier Emané et ses Formations.

Haïche et ses Formations.

IV

La nuit qui précéda le départ de Barashino, Kahi gravit la chaîne des hautes montagnes du nord et se reposa au milieu des neiges éternelles dans le sommeil de la contemplation, puis dans celui de l'Avasha, ainsi que Sheth avait fait auparavant.

Il vit, lui aussi, le brouillard argenté qui était l'aura visible de Barashino. Celui-ci lui parla en mentalité :

« Salut, o Kahi, toi le lien du perfectionnement dans la chaîne de l'Etre : à Vous tous, salut !

— « Salut à vous, o Barashino, répondit Kahi, vous le Premier Formateur dans l'extérieur du *Nucléolus* ! »

— Je suis venu ici, dit Barashino, pour vous voir face à face avant mon départ. Vous êtes las et affaibli ; voulez-vous que je vous donne de mes forces?

— Non, répondit Kahi. Le mélange est dans l'ordre ; la combinaison serait la confusion. Les forces que je possède, grandes ou petites, sont de *Brah-Elohim* qui, dans un juste équilibre, toucha par IE ce degré de densité de la matière.

— C'est bien parlé, dit Barashino ; mes Emanations et mes Formations sont comme un avec les vôtres ; de leur union est issu un peuple grand et fort. Veillez sur tous à cause de moi qui m'en vais et aussi pour maintenir l'union qui est la force. Quoique la lumière de leur origine soit en eux, ma propre lumière est ici d'une utilité moindre que celle de *Brah* qui a pénétré la matière sensitive d'abord par sa deuxième Emanation et ensuite en elle.

— Pouvez-vous me dire où vous allez et quel est votre but ?

— Je vais à la source de la Vitalité, dans les Ethérialités, pour me reposer et pour y puiser des forces. Je reviendrai ensuite à la région attributale pour m'y unir avec l'attribut de sustentation de la *Cause Cosmique*. Je deviendrai ainsi le soutien de la Vitalité dans tous les états matériels que l'imperfection de la chaîne de l'Etre, causée par l'Hostile, épuise graduellement.

Il est essentiel que je comprenne tous les degrés des Formations matérielles ainsi que leurs nécessités, et que j'aie, dans chacun d'eux, des êtres un avec moi comme j'en ai sur la terre.

— Puisque, au moyen de vos Emanations, dit Kahi, vous sentientez votre entourage, que pensez-vous de l'homme, et des Formations à notre similitude ?

— En venant ici, j'ai étudié Celui qui est auprès du *Nucléolinus*, l'Etre à votre similitude qui a été formé dans la forme individuelle parfaite à l'endroit où IE a quitté le corps pathétique. »

— Il est de tradition, dit Kahi, que l'être éthéré a été formé à l'intérieur de cette forme ; que l'être matériel l'a été à l'extérieur, qu'après cette double formation, ils ont été unis comme un seul être dans cette forme pathétique et par elle.

— De même que la forme pathétique fut l'intermédiaire entre les états pathétiques et les états matériels, dit Barashino, de même l'enveloppement physique de l'homme à votre similitude est l'intermédiaire entre *Brah-Elohim* et *Brah-Aoual* qui vous est connu sous le nom de *Premier Emané*. Devo, ses Emanations et ses Formations ont le désir et la volonté ferme d'endommager, de détruire et de posséder ce corps physique à cause de sa prééminence.

— Avez-vous communiqué avec le *Premier Emané* ?

— Très peu : et pour un but particulier. Pendant son repos je l'ai interrogé ainsi :

« Moi, Barashino, je me rappelle la perfection de la forme sous laquelle vous vaguiez dans l'expansion en dehors de la Région Attributale et je témoigne qu'elle surpassait en beauté toutes les Formes que j'ai vues depuis. Pourquoi donc avez-vous assumé la Forme d'un autre être, chose qui n'est pas désirable parce qu'elle peut être la source de la confusion ?

Et *Brah-Aoual* m'a répondu : « Pour une raison que je ne connais pas, je suis incapable d'assumer cette forme dans les plus grandes densités ; c'est pourquoi je l'ai quittée pour venir ici. »

— Votre pensée, dit Kahi, est la mienne : cette forme de Lhamkhiâl assumée par le *Premier Emané*, quoique embellie et glorifiée par lui, est toujours et encore la forme de Lhamkhiâl.

— Préparons ensemble une forme pour *Brah-Aoual*, à la similitude de sa première forme : « Amassez dans votre aura toute la matière convenable et moi, je la façonnerai de mémoire. »

Ils préparèrent ainsi un corps semblable à celui dans lequel le *Premier Emané* avait parcouru la matière raréfiée et radieuse.

Lorsque le Premier Emané vit ce corps, il s'écria :

— « De tout mon être je vous remercie ! C'est la première et la dernière des Formations qui m'ont préparé ce corps. »

Alors, s'extériorisant du corps glorifié de Lhamkhiâl, il assuma le nouveau corps et durant trois jours il se reposa dans le sommeil de l'assimilation. Le troisième jour il se leva dans la perfection de l'être.

Pendant ce repos Kahi le protégea de son aura de puissance et Barashino le voila de son ombre. Ce dernier s'éleva ensuite dans la clarté des cieux illuminés par l'aube, et, comme une nuée argentée et brillante, il disparut peu à peu de la vue de Kahi qui continuait à le contempler, absorbé dans ses pensées.

V

« Ne vous arrêtez pas à regarder les cieux, dit Kahie ; ce n'est qu'au temps de la Restitution que celui qui vient de monter réapparaîtra sur le nuage argenté.

— Est-ce parce que vous avez été étonnée de me voir rester sous cet ombrage inconnu de vous, que vous êtes venue me chercher ?

— Non ! cet ombrage était celui de Barashino, mais j'ai ressenti de l'inquiétude lorsque j'ai vu une sorte de nuage orageux, teinté de cramoisi par le soleil levant, monter et descendre. J'ai senti du danger et je suis venue. »

Kahi raconta tout ce qui s'était passé.

— Où est le corps de Lhamkhiâl dont le *Premier Emané* s'est extériorisé ? demanda vivement Kahie.

Ils cherchèrent le corps : mais il fut introuvable. Et cette pensée leur vint :

« Les Etres hostiles sont descendus dans le nuage sombre et ils se sont emparés de ce corps ! »

Ils en éprouvèrent une grande tristesse.

— Nous avons eu la même pensée, dit Kahi, mais ne vous affligez point ; c'est moi qui ai commis une faute. Connaissant la finesse et la ruse de l'ennemi, j'aurais dû me mettre en garde.

— Nous partageons ce chagrin, répondit Kahie, comme nous partageons toute chose. Du reste : qui, dans la forme humaine, est capable de veiller continuellement ?...

VI

Après l'ascension de Barashino, Devo, enveloppé d'une flamme irradiante que voilait un sombre nuage, regardait le continent occidental peuplé de ses Formations encore emprisonnées dans les formes qu'elles avaient prises. Il s'aperçut que leur chef n'était pas avec elles et il fut inquiet, car il savait que ce chef qu'il avait trompé le haïssait.

« Je me repens, songea-t-il, d'avoir, dans ma colère, désintégré Zoy car elle m'était utile. »

Une voix répondit : « Ne regrettez rien, ne vous repentez de rien au sujet de l'être imparfait et changeant que vous avez désintégré, car s'il avait subsisté je n'aurais pu être avec vous et maintenant me voici... »

Alors Devo aperçut comme un nuage orageux teinté de cramoisi qui s'agitait près du nuage où il se cachait lui-même ; il y vit une petite Forme passive, souple, moulée d'une façon exquise ; un visage ovale et d'une beauté étincelante fixait sur lui deux yeux semblables à des étoiles.

— « Qui êtes-vous? demanda-t-il : d'où venez-vous et pourquoi venez-vous ?

— Ecoutez : De même que vous êtes Devo, moi, je suis *Dovah*. Je suis cette partie de la passivité qui vous manque et j'ai assumé la forme matérielle de la densité où vous êtes vous-même. Pendant des Eons et des Eons j'ai essayé d'y parvenir ; c'est maintenant seulement que ma conception s'est effectuée.

— Voilà un mystère trop grand pour moi.

— Où est le mystère? puisque la loi de l'affinité qui vient de la force pathétique est immuable, inépuisable, éternelle.

— Si vous êtes ce que vous prétendez, votre puissance doit être vraiment grande, puisque vous avez réussi à passer, sans en être empêchée, à travers tant d'états et de degrés de raréfaction ou de densité qui sont contre moi. Il n'est pas à supposer que ceux que je combats auraient permis que mon être fût ainsi perfectionné. Donnez-moi donc une preuve de votre puissance si vous voulez que j'aie confiance en vous. »

Sheba-el-ma avait pris le corps glorifié de Lamkhiâl dont le Premier Emané s'était extériorisé ; elle en avait aussitôt retouché légèrement les traits, selon le type de sa propre beauté, en avait bruni la peau et les longs cheveux ondulés, de sorte que le visage de Lhamkhiâl était presque méconnaissable.

« Depuis que vous avez touché la terre, reprit-elle, vous désirez, légitimement, posséder un corps d'homme digne de votre origine et vous n'avez pu satisfaire votre désir. Moi, j'arrive à peine sur la terre et j'ai déjà accompli ce que vous n'avez pu faire ; voici le corps que je vous ai préparé. »

Elle dissipa l'épaisse obscurité dont était enveloppée la Forme qu'elle avait apportée dans le nuage.

Quand Devo l'aperçut il fut comme étourdi.

— « Maintenant, s'écria-t-il, je sais avec certitude quelle est votre puissance ! Pour ce que vous avez fait je vous serai fidèle à jamais. Demandez-moi ce que vous voudrez et vous aurez tout ce qui dépendra de moi. »

— Permettez-moi, dit-elle, de me reposer dans votre aura de puissance, car je n'ai pas encore dormi du sommeil de l'assimilation nécessaire à mon bien-être et je suis aussi lasse que mal à l'aise.

— Faites et soyez heureuse.

Elle fit ainsi et reposa immobile, silencieuse, souriante dans son sommeil. Devo l'entoura de son aura de puissance et appela de la sphère du corps nerveux ses Emanations et ses Formations.

« Cette Passive, leur dit-il, qui repose dans le sommeil de l'assimilation, est l'être de mon être. Veillez donc : que rien de vivant ne l'approche ; veillez aussi à ce qu'elle ne quitte pas le centre de ma puissance. Si elle s'éveille avant mon retour, donnez-lui tout ce qu'elle demandera, mais prenez garde qu'elle ne vous échappe. »

Dès que les triples cercles de l'intérieur et les cercles sextuples de l'extérieur eurent entouré Sheba-el-ma, Devo prit possession du corps qu'elle lui avait apporté et, après un court repos, il descendit dans le nuage puis se dressa sur la terre dans la forme de l'homme.

VII

Or, l'endroit où il était descendu était une cavité profonde située entre les grandes montagnes sur la partie est du continent occidental ; c'était là que ses Formations s'étaient groupées dès qu'elles avaient possédé les corps des habitants de l'île précipitée sous les eaux. Il rendit accablante la chaleur de cette vallée et elle devint inhabitable.

Puis il s'y coucha et se reposa dans le sommeil de l'assimilation en disant :

« D'autres sont gardés pendant leur *sommeil* d'assimilation par leurs Emanations et leurs Formations ; moi, qui ne me fie à personne, je suis gardé par cette chaleur intense qu'aucun autre être nerveux-physique ne pourrait supporter. »

Il eut cette pensée :

« Maintenant que je puis toucher la matérialité de la terre, je voudrais bien pouvoir former quelque créature capable de corrompre ce qui reste encore pour la sustentation des Formations de *Brah-Elohim*. »

En s'éveillant, il entendit un bruit étrange au-dessus de lui ; levant les yeux, il vit que l'air était assombri par une multitude de créatures ailées qui projetaient leur ombre sur la terre. Il les vit s'abattre sur les coteaux et dans la vallée où elles dévorèrent toute la verdure, après quoi elles s'envolèrent.

Il en captura une et dit :

« Sois heureux, toi et ta race ; car tout ce qui favorise nos desseins est bon, comme tout ce qui leur nuit est mauvais. De même qu'*Elohim*, en voyant son œuvre dans les états matériels, la trouva bonne, de même en vous regardant je vous trouve très bons, car en dévorant ce qui soutient la vitalité de l'homme vous me rendez un grand service. Soyez bénis !

Alors il couvrit l'orthoptère de sa main droite et dit :

« Que ta race soit nombreuse et destructrice ; à toi et à

tes semblables je donne la couleur brillante comme le cristal. N'êtes-vous pas, dans cette densité, mes premières Formations destructrices ? allez et ravagez pendant les cha-
leurs ; accompagnez votre œuvre de ce cri : « *Khérabt,
Khérabt* » qui signifie : je ravage ! Aux côtés de votre thorax,
j'ai placé les organes de l'ouïe au moyen desquels vous
percevrez le bruit que vous faites : « *Khérabt ! Khérabt !* »
Vous le produirez en mémoire de Kahi lorsqu'il mangea
le fruit de l'arbre qui soutenait la mentalité auquel je lui
avais défendu de toucher. »

Alors il lâcha les insectes en disant encore :

« Soyez féconds ; multipliez, ravagez et subjuguez ;
soyez craints et redoutés de toutes les Formations de *Brah* ;
je serai toujours avec vous contre *Brah-Aoual.* »

Les sauterelles s'élancèrent comme un nuage sombre qui
ombrage la terre. Devo les regarda s'éloigner jusqu'à ce
qu'elles eussent disparu vers l'ouest, au-dessus des masses
rocheuses et escarpées.

« Soyez témoins, s'écria-t-il, vous qui m'avez donné
l'être pour mon malheur, que moi aussi j'ai créé ! »

Après cela, il fit, dans leur ordre évolutionnaire, toutes
sortes d'êtres malfaisants destinés à détruire la végétation,
les fruits et les graines de la terre, à endommager et détruire le corps de l'homme, depuis les serpents gigantesques jusqu'aux plus infimes dont le dard empoisonné
donne la mort ; depuis l'espèce des scorpions jusqu'aux
microbes aux variétés sans fin. Il leur donna toutes les
capacités malfaisantes, de sorte que l'air et l'eau furent em-
poisonnés, il ne put cependant toucher les eaux profondes.

C'est ainsi qu'il se servit de la Forme que lui avait apportée la Passive, de cette Forme de Lhamkhiâl, de la race
de Kahi, que le *Premier Emané* avait prise pour lui-même.

Quand tout fut fini, Devo éclata de rire.

« C'est dans la forme que j'ai gagné la victoire et je le
sais depuis longtemps, c'est dans cette forme et dans nulle
autre que je suis perfectionné, c'est dans cette forme, glo-

rifiée et embellie par Tihphérès, que j'ai effectivement touché la matérialité de la terre. Qui pourra dire que Devo,
lui aussi, n'est pas de ceux qui travaillent pour la justice?
Qui sait si, dans des Eons de temps, les descendants de
ceux qui aujourd'hui sont ligués contre moi, croyant adorer *Brah-Elohim*, ou l'Eternel, ne me rendront pas hommage en disant :

« Notre Dieu est digne d'être glorifié et adoré, lui qui
a créé tout ce qui existe et pour le bon plaisir de qui nous
et les « Khérabt, Khérabt ! » sommes également créés. »

« Tout ce qu'il a fait est bien fait ! »

CHAPITRE XXI

I

Sheba-el-ma reposait parmi les Formations de Devo qui la gardaient et, connaissant le désir de leur maître de la voir s'envelopper du degré de densité dont il était lui-même revêtu, attiraient autour d'elle la meilleure matérialité dont ils pussent disposer.

— « Quel gouffre ! quel grand gouffre ! » s'écria-t-elle dans son sommeil.

— Peut-être parle-t-elle, dit l'un des veilleurs, de quelque caverne de la terre où notre chef se livre au repos de l'assimilation ?

« Quel gouffre ? » demanda-t-il à Sheba ?

— « Le grand gouffre qui est dans mon être, répondit-elle, et que je ne peux combler. »

Alors le chef se tourna vers ses confrères et leur dit :

« Ne vous ai-je pas dit qu'en nous déclarant qu'elle était l'être de son être, Devo nous trompait ? vous voyez que j'avais raison, car si l'être de Devo renferme quelque imperfection, il n'a certainement aucun gouffre.

Tout le monde garda le silence.

« Le gouffre ! le gouffre ! » s'écria peu après, dans la nuit, Sheba-el-ma.

— Que voulez-vous dire ? interrogea de nouveau le veilleur.

— « Un être qui me ressemble, répondit-elle, mais d'une

plus grande délicatesse de forme est descendu en moi comme un éclair bleu et a comblé le gouffre qui était en moi ; mais il est trop grand pour mon être. »

Puis elle perdit connaissance.

Les veilleurs eurent peur et murmurèrent : « Pour nous aussi, la puissance qui est parmi nous est trop grande. Celui qui est descendu et a pris possession de la Passive est peut-être l'être de son être. »

Ils appelèrent à leur aide ; ils triplèrent les gardiens, mais celui qui était parmi eux ne parla ni ne se manifesta.

Lorsque Devo eut terminé ses Formations dans la Vallée, il apparut à ceux qui avaient pris les formes des hommes des bois et à ceux qui veillaient, ainsi qu'il l'avait prescrit, dans l'état du corps nerveux.

Il appela le veilleur en chef et lui dit :

« Celle qui est l'être de mon être et que vous gardez a-t-elle été agitée, a-t-elle parlé ? »

— O chef, répondit le veilleur, vivez à tout jamais ; elle n'a rien dit ni fait aucun mouvement.

— Pourquoi donc avez-vous triplé la garde ?

— Parce que notre Seigneur a tardé à revenir et que les veilleurs étaient fatigués.

Ayant renvoyé les veilleurs, Devo s'approcha de la Passive et lui dit :

— « Ne dissimulez plus, mais éveillez-vous et levez-vous pour que nous travaillions ensemble. Je vous reconnais malgré votre changement de forme ; je sais aussi que le corps dans lequel je suis est celui de Lhamkhiâl, bien que vous ayez changé son visage ; sa forme est glorifiée et embellie pour avoir été pendant des Eons et des Eons celle du *Premier Emané* ».

Mais Sheba-el-ma ne parla ni ne remua. Alors, dans sa colère toujours prête à éclater, Devo saisit sa main brusquement.

— « Eveillez-vous, Zóy, dit-il, éveillez-vous et assumez la matérialité dont vous êtes entourée, sinon je vous désintégrerai comme autrefois car je n'ai ni le temps ni l'envie de jouer. »

Retirant sa main avec force, la Passive se leva et debout fixa ses yeux sur ceux de Deva :

« Suis-je vraiment Zoy que vous avez désintégrée dans votre colère, dit-elle, ou ai-je dit la vérité en disant : si vous êtes Devo, je suis Dova. »

Comme il s'émerveillait, il vit une lumière semblable à un éclair bleu passer dans le bas et se perdre dans les eaux de la mer resserrée qui le séparait du domaine de Kahi. Quand l'éblouissante clarté, qui l'avait presque aveuglé, fut dissipée il se trouva seul. Son trouble et son désappointement l'emportèrent sur sa colère.

« Je pensais que cette Passive était Zoy qui, par un stratagème quelconque, avait reconquis son individualité ; je croyais pouvoir la dominer par la crainte, mais voilà que c'est un être plus grand que moi ! je l'ai menacée et brutalisée, et ainsi, j'ai compromis le sort de mon existence entière ! »

Cette même nuit, Kahi et Kahie se promenaient sur les bords du grand fleuve à la clarté des étoiles.

— « Je me sens fatiguée, dit Kahie ; partout autour de nous il y a comme un présage de quelque nouvelle calamité. Je vais aller me reposer là-bas, sous le cèdre ; vous viendrez m'y prendre quand il vous plaira. »

Et elle s'étendit sous les grandes branches du cèdre du Liban, tandis que Kahi continua sa promenade.

Il allait ainsi, pressentant, lui aussi, quelque malheur, quand, tout à coup, il entendit une voix qui semblait sortir de dessous un rocher gigantesque battu par les flots.

— « Kahi ! Kahi !

— J'entends une voix ; mais je ne vois personne ; qui êtes-vous ?

— Que vous importe ? Partez avec Sheth, Chi et Mahâllal ; qu'ils emmènent avec eux tout ce qui leur est cher ; allez tous ensemble sur le sommet des montagnes du sud où régnent les neiges éternelles. Emportez des vivres pour trois jours et trois nuits. »

— « Avant tout je tiens à savoir pourquoi ce conseil, car je ne vous connais pas. »

— « Vous et vos Formations pressentez un malheur dont vous ignorez la nature : or, votre pressentiment n'est pas imaginaire. Devo est enfin sur la terre comme homme ; il a formé des êtres infiniment petits qui vont empoisonner l'air que vous respirez et des insectes ailés qui dévoreront votre nourriture ; le vent les apporte vers votre empire où tout sera dévasté. Voilà pourquoi je vous conseille de gagner les hauteurs et d'y demeurer jusqu'à ce que je vous rappelle.

— J'ai l'intuition que vous dites vrai ; néanmoins, dites-moi votre nom pour que j'en garde au moins le souvenir reconnaissant.

— A quoi bon se rappeler le passé puisque pour les Immortels tout est un Eternel présent ? Je suis connue sous le nom de *Sheba-el-ma*. »

Kahi rejoignit Kahie.

— « N'avez-vous pas entendu une voix ? lui demanda-t-il.

— J'ai entendu le son d'une voix mais non les paroles. »

Kahi lui raconta tout.

— « Il est certain, dit-elle, que ce qu'on vous a dit est vrai ; de là votre pressentiment. La voix était celle d'une Passive, cependant elle avait le timbre de voix de Tihphérès. »

Et ceci les surprit.

Le lendemain, de très bonne heure, Kahi et Kahie, accompagnés de Sheth, de Chi, de Mahâllah et de tous leurs proches, partirent pour les hauteurs et pendant leur voyage deux nuages les ombragèrent ; le plus petit était au-dessus de Kahi et des siens, le plus grand au-dessus des autres Formations plus éloignées. Ils furent tous emportés sur des nuages poussés par une grande puissance et ainsi ils arrivèrent rapidement aux neiges éternelles.

II

Au lever du soleil Kahi était debout sur un plateau élevé ; Kahie se tenait à sa droite ; Sheth, Chi, Mahâllah à sa gauche et ils étaient entourés du peuple né de ses Emanations et Formations, peuple dont la race était sans mélange. Kahi et Kahie montèrent jusqu'au plus haut sommet...

Ils y séjournèrent trente-neuf jours.

Pendant les trois premiers, Kahi, dans le repos de la contemplation, avait vu les constituantes des rayons solaires telles qu'elles sont dans l'air respirable. Pendant les deux fois sept jours qui suivirent il avait cherché comment séparer, en un lieu déterminé, les constituantes de l'air respirable d'avec les douze constituantes des rayons solaires et les recombiner ensuite. Pendant neuf jours il avait cherché les minéraux de la terre au moyen desquels il était possible de diviser et de concentrer en foyer les constituantes des rayons solaires et celles de l'air respirable. Après qu'il se fut assuré de l'efficacité de l'utilité du cristal qu'il avait fait, il emmena sur le sommet de la montagne Sheth, son premier formé actuellement sur la terre, et lui parla secrètement en ces termes :

— « Vous avez pu vous apercevoir que bien que nous n'eussions de provisions que pour trois jours, rien ne nous a manqué jusqu'à présent. Le quatrième jour, des êtres ailés nous ont apporté de la nourriture au lever et au coucher du soleil et ils ont continué ainsi jusqu'au trentième jour. Depuis ce moment, ils ne nous ont plus rien apporté et cependant aucun de nous ne s'est plaint, personne ne s'est senti affaibli ni fatigué.

— Cela ne provient-il pas de votre découverte sur les constituantes de l'air et du soleil ? demanda Sheth. »

— En effet, je viens d'acquérir la preuve que l'alimentation qui nous est nécessaire se trouve encore dans la lumière solaire et dans l'air respirable, tout comme autrefois, au temps où respirer c'était vivre. Le pouvoir de se nourrir avec l'air respirable n'est pas perdu ; il est seulement beaucoup diminué, et ce qui n'est pas perdu peut être retrouvé ; en aucun monde rien ne se perd. Ce qui est perdu localement ou individuellement peut être retrouvé par celui qui est en affinité avec l'unité cosmique. Tant qu'il subsiste individuellement ou localement quelque chose de ce qui a été plus ou moins perdu, on peut, sous certaines conditions, récupérer ce qui manque au bien-être. Or, la terre, pendant la transformation subie à la suite de son refroidissement et de sa condensation, a absorbé ce que les constituantes de l'air respirable ont perdu, ce dont l'absence empêche l'air d'être encore influencé par certains rayons du foyer pathétique, spirituel et intellectuel. Et cette absorption n'a été ni générale, ni fortuite ; elle s'est faite par certaines constituantes minérales précieuses, qui attirent et absorbent ce qui est perdu pour les hommes. Ces minéraux, extrêmement rares, exposés à la lumière solaire et à l'air, ou éveillés à l'activité par quelque autre moyen, attirent et émettent des vertus spéciales, comme le fer magnétique, et quelques forces d'espèces variées peuvent être concentrées en foyer, conservées, emmagasinées de façon à être utilisées à volonté.

« Dormez du sommeil de l'Avasha, afin que la communication que j'ai à vous faire soit occulte et qu'il ne soit pas besoin de paroles, car dans ces temps dangereux, les êtres ailés eux-mêmes qui nous ont apporté la nourriture peuvent divulguer ce que nous avons à nous dire et nous ignorons quelles puissances peuvent être au milieu de nous. »

Sheth dormit du sommeil de l'Avasha pendant quarante nuits et Kahi l'instruisit sans paroles, d'intelligence à intelligence :

Quand les quarante jours furent écoulés, Kahi dit :

« Ce qui est affecté pour ainsi dire naturellement,

c'est-à-dire sans l'aide de l'homme, peut être affecté beaucoup plus rapidement et plus parfaitement par l'homme. C'est parce que je connais le mode de formation de tout cristal absorbant et émettant que je vous ai amené ici afin que vous, ma première Formation maintenant sur la terre où notre nom subsistera, vous puissiez savoir tout ce que je sais. »

Et Kahi instruisit Sheth de la Formation des douze cristaux et de leur utilisation.

Lorsqu'il l'eut instruit de ces choses et de bien d'autres encore Sheth lui dit :

— « Avec cette connaissance je serai sur la terre comme *Brah-Elohim* ; j'infuserai les forces pathétique, spirituelle et vitale dans tout ce qui est digne de la vie. »

Pendant ce temps, Kahie était avec eux, en transe d'intelligence à intelligence, elle leur dit :

« La force duelle de *Brah-Elohim* est rallumée en vous telle qu'elle était au commencement ; elle l'est également en Sheth et en Mahâllal.

III

Kahi s'adressant à Sheth reprit : »

— « A vous de veiller sur l'empire sphérique des matérialistes ; à nous de passer et de repasser à travers les régions de la non-sentience où se trouvent les Etres-Hostiles afin que nous préparions et que nous tenions ouvert un chemin pour vous et pour les vôtres. »

Alors Sheth comprit que Kahi et Kahie avaient l'intention de s'extérioriser et il en éprouva du chagrin.

« Ne soyez pas triste, dit Kahie, aucun état ne sera perdu. Nous avons le pouvoir de reprendre ce que nous abandonnons de notre plein gré et pour le bien général. »

« Dès que vous nous verrez nous extérioriser dans l'état du corps nerveux et passer dans l'expansion, dit à son tour Kahi, concentrez la puissance du troisième cristal sombre sur l'endroit qui se trouve au-dessus des deux pics de cette montagne et, lorsqu'elle aura fondu la neige et le roc, vous y placerez notre forme en ses degrés quaternaires, puis les neiges la recouvriront ; de cette façon elle sera préservée, car aucun homme ne peut demeurer sans être dûment protégé et pourvu de tout le nécessaire dans cette région glacée où la végétation est impossible.

Faites connaître à notre peuple tout ce que je vous ai dit, parlez-lui en mon nom et n'oubliez rien de ce que je vous ai enseigné. C'est par la lumière de *Brah* qui est en moi que j'ai acquis toute la connaissance de ce qui est connaissable. »

Dès que Kahi et Kahïe eurent disparu comme Barashino l'avait fait, Sheth se conforma aux instructions qu'il avait reçues d'eux.

Il enterra leurs formes dans le rocher et attendit que la neige, en tombant, effaçât toute trace. Mais il fit cette réflexion : « Si ces pics viennent à disparaître, comment retrouvera-t-on la place où reposent les corps ? »

Une voix aux accents plaintifs et mélodieux lui répondit :

« Ne craignez rien, Sheth, je vais y pourvoir. »

Et il aperçut le *Premier Emané*.

En regardant à ses pieds, il vit que, dans l'empreinte de ses pas, avait germé une petite plante qui couvrait la neige de ses fleurs blanches à quatre feuilles. Un cercle de fleurs semblables se forma à l'endroit même où étaient ensevelis les corps de Kahi et de Kahie. Sheth en cueillit quelques-unes et les bénit.

Une voix lui dit alors :

« Vous serez connu sous le nom de *Ala-Ama* qui signifie signe ou indication. »

Mais dans la mentalité de Sheth, le nom eut un sens occulte, car il se souvint de la conversation de Chi avec Barashino lorsqu'il avait apporté la forme physique de Ferhan dans l'île de ce dernier.

« C'est par les noms d'*Ala* et d'*Ama*, avait dit Barashino, que Shorah et Kahie étaient connues autrefois. »

— Je ne comprends pas vos paroles, avait dit Chi.

— Cela n'a pas d'importance, avait repris Barashino, je faisais allusion au passé lointain qui a précédé cette reclassification de la matière.

— Est-ce vous qui m'avez dit : vous serez comme Ala-Ama ? demanda Sheth au Premier Formé.

— Je n'ai rien dit.

— Connaissez-vous ces noms d'Ala et Ama et savez-vous ce qu'ils signifient ?

Mais aucune voix ne répondit et Sheth se trouva seul.

Alors, lentement, il descendit la côte et à mi chemin il rencontra Chi et Mahâllal ; ils lui demandèrent où étaient Kahi et Kahie. Il leur raconta ce qui s'était passé.

« Je désire vous instruire tout de suite, leur dit-il, de ce qui a rapport aux rayons du soleil et à l'air respirable, ainsi qu'à la formation de certains cristaux, de peur que quelque chose n'arrive car les temps sont difficiles. »

Il fit donc dormir Chi et Mahâllal du sommeil de l'Avasha et, de mentalité à mentalité, il leur transmit la confidence de Kahi.

Il les réveilla ensuite et les conduisit à un endroit où jaillissait d'un rocher une source abondante et impétueuse qui échappait à la congélation.

Ils y séjournèrent pendant huit jours, concentrant toutes leurs pensées sur Kahi et Kahie. Le soir du huitième jour, à l'apparition de la première étoile, Shorah qui reposait dit :

« Tout va bien, ils ont fait la traversée. »

Ils se levèrent et descendirent jusqu'au plateau qui se trouvait au pied de la montagne ; on les y attendait anxieusement.

IV

Les Formations accoururent auprès d'eux et s'étonnèrent de ne pas voir Kahi et Kahie. Sheth les mit au courant sans toutefois leur parler des confidences qu'il avait reçues.

— Nous n'avons ni faim ni froid, leur dit Sheth, et nous ne sommes pas fatigués.

— Nous non plus, répondirent-elles, nous n'avons souffert de rien, si ce n'est de l'inquiétude que nous avions à votre sujet.

Au centre du plateau, au milieu des plantes qui poussaient dès que le printemps apparaissait, il y avait un lac vaste et profond. Le peuple s'assembla sur ses bords et reposa pendant huit jours. Le soir du dernier jour, dès que la première étoile parut, Haiche qui était avec Nadell dit, pendant son sommeil : « Tout va bien. Pour la deuxième fois Kahi et Kahie ont fait la traversée. »

Alors tout le monde se leva et revint à l'endroit d'où l'on était parti. Il s'était écoulé cent vingt jours.

Lorsque les Formations de Nadell et de Haiche apprirent que Kahi et Kahie ne reviendraient plus, elles se lamentèrent et prirent le deuil. Elles allèrent vers le nord-ouest, près d'un grand lac traversé par le fleuve au bord duquel Kahi, dans la contemplation, avait entendu la voix le prier de gravir la montagne du nord. Et là elles gémirent et pleurèrent pendant huit jours.

Alors une Passive très belle, de la lignée de Haiche, lui dit dans le sommeil :

« Ne vous lamentez plus, ne restez plus la face contre terre, comme des désespérés, car tout va bien : pour la troisième fois ceux que vous pleurez ont fait la traversée et ils ont laissé de leur passage une trace légère comme celle que la Nud en forme de croissant laisse sur les eaux endormies du lac. »

Au moment où le peuple se levait pour rentrer dans ses foyers, Sheth lui apparut debout sur les eaux du lac.

« Voici les paroles de Kahi », dit-il : « Lorsque nos peuples seront assemblés, vous leur parlerez en mon nom et vous leur direz de garder éternellement mes paroles.

Vous savez, mes peuples bien-aimés, que vous provenez

du *Premier Emané* qui, d'une masse sans cellule, a évolué des êtres si proches de notre similitude que l'un de vous fût accueilli comme nôtre. Vous savez aussi que *Brah-Aoual* et *Brah-Elohim* étaient tous deux des Emanations de l'Attribut qui procède de la *Cause Cosmique*. Vous êtes donc d'une même origine que nos propres Formations et c'est à ce titre que je vous parle de ce que je voudrais que vous gardiez dans votre souvenir pour votre bien particulier et pour le bien collectif. Vous retiendrez mes paroles et vous les répéterez à vos enfants qui les transmettront de génération en génératiou.

1°

La Force pathétique, spirituelle, intellectuelle et vitale vous consacre tous dans une même unité et, dans cette unité, vous êtes un avec votre origine.

2°

Tout ce qui vous divise en pensée, en paroles ou en fait vient de l'Hostile.

3°

Vous êtes le vêtement et la manifestation des forces pathétique, spirituelle, intellectuelle et vitale de votre origine. Par conséquent, la division parmi vous est comme la division de l'être de *Brah*.

4°

La matière, dans toutes ses densités, est pathétisée, spiritualisée, intellectualisée et vitalisée, particulièrement dans chaque molécule de votre être. Par conséquent, vous êtes comme les sanctuaires vivants de votre Divine Origine.

5°

Les Forces quaternaires sont manifestées dans la forme. La perfection de la forme est la mesure de leur manifestation.

6°

Toutes choses se manifestent à vous par l'instrument de

vos sens et ce qui est en dehors d'eux n'existe pas pour vous. Par conséquent, c'est de la perfection de vos sens que dépend l'étendue de vos conceptions, leur réalisation et la manifestation divine.

7°

Rien ne donne à entendre ni ne prouve que des choses n'existent pas en dehors des sens les plus évolués, car le Cosmos est sans limite et ce qui est localisé est nécessairement limité.

8°

L'extension des forces pathétique, spirituelle, intellectuelle et vitale n'est limitée que par le pouvoir de réception inhérent aux densités matérielles.

Le centre du germe duel qui est en vous est composé ; il est le *Nucléolinus* de tous vos états d'être. Ce germe étant, par origine, un avec la *Cause Cosmique* et ayant le Cosmos pour entourage peut évoluer et se perfectionner perpétuellement dans tous les états et-degrés de son être composé.

Dans l'ordre ou équilibre, chaque degré de chaque état d'être est en rapport avec les états corrrespondants de matérialité plus dense et plus raréfiée ; il en est le médium ou intermédiaire. Vous devenez dans cette unité comme une partie de l'unité cosmique et chacun de vous peut ainsi, selon ses capacités et son évolution, parvenir à la connaissance de tout ce qui est connaissable.

Votre origine, et l'universalité de votre entourage étant immortelles, vous êtes vous-mêmes et de droit des êtres immortels dans tous les états et degrés d'être, parce que chaque partie de votre germe composé est susceptible d'individualisation et qu'elle est l'effet d'une cause éternelle.

Etant l'effet de la *Cause Cosmique*, rien ne vous est impossible. Rappelez vous toujours qu'il n'y a pour vous rien de miraculeux ni de surnaturel. Tout ce qui fut est et sera est naturel, sauf la perversion ou la spoliation violente qui est une abomination. Il n'y a pas de limite à la connaissance de tout ce qui est connaissable, parce que les connaissances de votre origine et de votre entourage sont inépuisables.

Quelque vastes que puissent être vos capacités de réception, individuellement ou collectivement, ce qui cherche a être reçu est plus grand que ces capacités.

Ne vous laissez tromper par personne. Vos capacités, vos aspirations et vos conceptions prouvent que vous n'êtes pas formés pour le temps mais pour l'éternité.

Toute évolution dépend de vous ; à mesure que vous évoluez vous pouvez faire évoluer vous-même ce qui vous est subordonné. Ayez soin d'avoir toujours conscience de votre place dans le Cosmos des êtres individuels. Souvenez-vous que vous êtes responsables, jusqu'à la limite de vos capacités, non seulement du développement de ceux qui dépendent de vous mais surtout de votre propre évolution, et que vous avez le droit de choisir le milieu le plus convenable pour leur développement.

Veillez sur vos pensées, car la pensée est la conception dont le fait n'est que la matérialisation.

L'intelligence ne dépend de la forme que pour sa manifestation ; la forme dépend de l'intelligence pour son évolution et sa conservation.

La préservation de l'état physique est aussi nécessaire à à notre bien-être que la préservation de l'écorce est nécessaire aux êtres stationnaires. Le bien-être du germe duel composé dépend du bien-être du corps.

Vous qui êtes dans le corps, vous pouvez seuls développer la matérialité qui correspond à son degré de densité. Dans le corps vous pouvez sentienter des états de raréfaction qu'aucun autre être individuel ne peut percevoir.

La profondeur des racines de l'arbre doit être en proportion de sa circonférence et de sa hauteur ; il en est même pour vous : En vertu de la loi d'équilibre, à mesure que vous pénétrez et que vous vous enracinez dans les densités les plus grandes, vous pouvez pénétrer dans de plus grandes raréfactions ; d'où il résulte que perdre un état ou un degré des plus denses, c'est perdre aussi un état ou un degré des plus raréfiés. C'est donc pour vous une loi essentielle que celle qui vous dit : Ayez soin de votre corps, car la perte du corps est le mal suprême.

Ce n'est pas dans la collectivité, c'est dans l'individualité que se manifestent les forces pathétique, spirituelle, intellectuelle et vitale ; il leur faut l'évolution des formes renouvelées. Néanmoins, non seulement l'aspiration collective aide l'aspiration individuelle mais c'est du degré d'évolution du milieu que dépend le bien-être de l'individu nouvellement évolué. Réciproquement, l'évolution générale ou collective dépend de cet être nouvellement évolué. Le bienêtre du particulier est aussi le bien-être du collectif.

En aucun degré d'être, aucun atome n'en touche un autre ; chaque degré est pénétré et pour ainsi dire dilué par le degré plus raréfié.

Chez toutes les Formations individuelles, quand le degré le plus dense, qui est l'enveloppe naturelle du plus raréfié, est endommagé ou détruit, le plus raréfié est exposé à un dommage proportionné.

C'est de l'évolution continuelle de la matière que dépendent ses capacités de réception pour les forces pathétique, spirituelle, intellectuelle et vitale ; ce sont ces forces qui frayent le chemin à l'*Impénétrable* et *Indivisible*, capable de tout pénétrer et de tout diviser. Vous donc à qui par origine et par nature il appartient spécialement de développer le degré le plus dense de la matière, vous êtes indispensables à la *Cause Cosmique* et à *l'Impensable*.

C'est du dehors et non du dedans que vous pouvez être endommagés ou désintégrés par ceux qui désirent votre affaiblissement et votre désintégration.

Gardez intact votre corps dans son degré quaternaire, c'est-à-dire gardez intacts ses degrés d'être mental, psychique, nerveux, et rien, aucun être, dans le Cosmos, ne pourra vous nuire. »

V

Dès que le peuple eut quitté le grand lac, Sheth revint à l'habitation de Kahi qui devenait sienne ; en approchant, il vit ceux qui l'avaient accompagné sur le plateau rassemblés et l'attendant.

Une des Formations de Mahâllal lui dit :

— Racontez-nous maintenant, nous vous en prions, ce que vous a fait connaître Kahi. Nous sommes ici pour cela.

— Suivez-moi, répondit Sheth, et je vous dirai tout.

Ils suivirent Sheth à travers le bosquet de cèdres majestueux qui couvrait le flanc de la montagne au sommet de laquelle était la demeure de Kahi.

Le visage tourné vers l'Est il leur parla ainsi :

« Il est de tradition qu'à chacune des sept époques de formation de la matière mélangée, dans le septième degré de densité, a procédé de la *Cause Cosmique* l'un de ses sept Attributs ; que, suivant le temps, il a passé en dehors des voiles Ethérés septénaires et s'est manifesté dans des Formes nébuleuses.

« Il est encore de tradition qu'au commencement de la présente époque, l'*Attribut de Justice* a produit une *première Emanation* qui est connue de quelques-uns sous le nom de *Brah-Aoual*, mot qui signifie *Premier* ; que le pouvoir spécial de cette Emanation s'étendit sur les eaux avec lesquelles elle était en affinité ; que plus tard, sous le nom de *Tihphérès*, elle est venue sur la terre où elle est actuellement et qu'elle est la première vie des êtres d'où sont issus ceux qui, tout à l'heure, ont reçu de mes lèvres les confidences de Kahi.

Lorsque le Premier Emané eut classifié la matière la plus radieuse et la plus raréfiée, il entra dans les voiles où il se reposa près de la source de la vitalité pendant des Eons de temps.

« L'Attribut de Justice a produit ensuite une Deuxième

Emanation, *Elohim*, qui a pénétré de ses forces toutes les densités de la matière mélangée.

« Après l'avoir ainsi préparée pour ses Formations au moyen d'IE, sa deuxième Formation, il a formé dans tout les autres états des êtres semblables à lui mais, dans l'état matériel, l'Impersonnel est devenu Personnel. — La grandeur de ce qui est formé n'est-elle pas la mesure de la grandeur du Formateur ?

« IE a passé, selon la volonté d'Elohim, au-delà du Voile septénaire, jusqu'au *Nucléolus* même, où il a laissé son corps pathétique qui, dans la suite, a été perfectionné.

« Il est de tradition qu'après son repos dans les profondeurs de la source vitale le Premier Emané a centralisé et ne s'est arrêté, lui aussi, qu'après qu'il fut arrivé au *Nucléolus*. Là il a vu la forme à sa similitude et comme il essayait de pénétrer de force dans les Voiles du centre, il a rencontré Devo qui l'a rejeté dans l'expansion. Alors celui qui provenait de la forme pathétique d'IE a témoigné qu'il n'était pour rien dans cet acte de violence.

« Ainsi Devo, à cette époque, a passé à travers les Voiles du *Nucléolus* et il est maintenant sur la terre

« Inquiétées par la subtile puissance de Devo, les *Libres Intelligences* ont quitté leur propre état pour pénétrer dans les densités de la matière, mais il y eut division entre elles et c'est ainsi que, premièrement, Ad-Ad et ensuite Orme ont été rejetés par leurs semblables. Ad-Ad et les siens ont été attirés par affinité vers le Premier Emané dans l'aura duquel ils ont reposé ; ils ont rencontré Arg-Alif, la plus puissante des Intelligences Libres, puis Arg-Alif et ses légions ont rejeté le Premier Emané en le prenant pour Devo.

« Il est encore de tradition que Devo, pénétrant rapidement dans les densités matérielles, a pris position dans l'Etat nerveux où il a émané et formé des êtres à sa propre similitude, mais cela dans l'agitation et l'inquiétude qui sont l'effet du déséquilibre, provenant du manque de passivité.

« Alors, de peur que Devo ne pénétrât dans une plus grande densité, *Brah*, l'Attribut de Justice, est devenu un avec *Elohim*, sa deuxième Emanation, de même que, analogiquement, l'Ether est un avec l'Air, et l'Air avec l'Eau.

« *Brah-Elohim* a traversé les armées de Devo, il a préparé la matière dense en la pénétrant de ses forces qui furent reçues, comme toujours, selon la mesure du pouvoir de réception. Il a formé tout ce qui était formable, protégeant ainsi la matière dense contre les tentatives de Devo.

« Cela fait, IE, la deuxième Formation d'*Elohim*, étant revêtu, comme dans les états plus raréfiés, d'une forme à la similitude de son formateur, fut à l'égard de Kahi ce que *Brah* était à l'égard d'*Elohim*; toutefois, dans l'état nerveux il y avait des imperfections à cause de l'influence de Devo et de ses légions.

« Lorsque Kahi fut sorti du repos de l'assimilation, *Brah-Elohim* a confirmé, lui et ses Formations, dans sa suprématie sur les densités matérielles. Elohim est repassé à travers les légions de Devo, pour aller à la région attributale, et *Brah*, *l'Holocauste suprême* des Matérialités, a sacrifié la personnalité qu'il avait assumée en Elohim, afin d'infuser dans la Matière Azerte l'intégralité de ses forces.

« Du milieu même de la région où il a centralisé, *Elohim* a parlé en ces termes à Kahi et à Kahie :

« IE sera à l'égard de Kahi comme *Brah* est à l'égard d'*Elohim* : mais maintenant, par le fait de cet étourdi et de ses machinations, les rapports de l'un avec l'autre sont difficiles et l'unité d'être est compromise. C'est seulement lorsque IE et Kahi, ainsi que leurs Formations, l'un dans l'état psychique, l'autre dans l'état physique, seront en possession de l'état nerveux que l'Ordre Cosmique sera établi.

« De même qu'il a été révélé à quelques-uns que *Brah* devient un avec *Elohim* et que la Cause Cosmique devint temporairement une avec *Brah-Elohim*, de même il leur a été révélé que *Brah-Elohim* dit à Devo :

« Reposez-vous; il en est encore temps; ce n'est

qu'ainsi que vous pourrez reprendre votre premier état ».

« Et que Devo a répondu :

« Qui êtes-vous ? ne suis-je pas avant vous ? »

« Je vous ai rappelé toutes ces choses afin que vous les graviez à jamais dans votre mémoire et que vous les transmettiez à vos descendants jusqu'au temps de a Restitution.

« La puissance et la haine de l'Hostile sont sans doute très grandes ; il a divisé et morcelé l'empire sphérique matériel au point qu'il est répandu dans toute l'immensité cosmique ; la séparation est de plus en plus complète, de sorte que présentement les rapports spirituels et intellectuels sont presque annihilés et que tout est en décroissance.

« Cependant, la force pathétique qui unit les atomes entre eux, malgré leur séparation violente, ne peut être amoindrie et encore moins anéantie. Cette union pathétique est comme un témoignage éternel et immuable de l'unité et cette unité est en elle-même le gage de la Restitution et de la Victoire.

« Tout ce que je viens de vous dire est comme le prélude de la sentence sans cesse redite : La préservation et le développement du corps, dans son intégrité, s'imposent impérieusement à l'homme : 1° parce que c'est seulement par le bien-être du physique et par son perfectionnement que vous pourrez prendre votre poste dans la lutte pour la conquête de l'état occupé par l'Hostile, car cette perte défigure l'Unité Cosmique ; 2° parce que vous êtes le Temple de *Brah*, le sanctuaire des sanctuaires ~~matériels~~ de la *Cause Cosmique*, Celui qui, par faiblesse, par ignorance ou par tout autre motif, prête un appui à l'Hostile dans son œuvre de destruction de ces temples, est l'ennemi de son Formateur. Celui qui, par volonté, ou par désir, par consentement, habitude ou lâcheté, souffre que son corps soit endommagé ou désintégré outrage Celui qui l'a formé à sa propre similitude et viole la Loi de charité. »

Quand Sheth eut cessé de parler; le chef de ceux qui étaient assemblés conféra avec Chi et Mahàllal, puis ils firent la déclaration suivante :

« Il est entendu pour tous qu'il n'y a qu'un seul désordre, la violation de la loi de charité. Nous déclarons que la séparation des états d'être, volontairement consentie, est la violation suprême de cette loi, le pire de tous les désordres. La préservation, le développement et le perfectionnement du corps dans son intégrité, voilà le principal devoir de l'homme. »

— « Ecoutez attentivement, dit Sheth. Si, par malheur, l'un de vous vient à être privé par violence de la quatrième enveloppe du corps, l'enveloppe extérieure, qu'il fasse tout ce qu'il pourra pour garder intacts ses états mental, psychique et nerveux : s'il est privé des états physique et nerveux, qu'il fasse tout ce qu'il pourra pour préserver les états psychique et mental. Quoique le premier degré, l'état mental, soit indestructible, chaque enveloppe, chaque enveloppement, l'aide à réassumer plus tôt l'être individuel sur la terre. C'est seulement à Kahi et à Kahie qu'il est permis de franchir la limite et d'entrer à volonté dans la région de l'Hostile.

— « La mentalité de tout être individuel, demanda quelqu'un, est-elle individuellement indestructible ?

— Non, certes, répondit Sheth. La puissance de conservation est proportionnée aux capacités et au développement. Je parle des Formations de Kahi qui sont ici présentes. »

De nouveau ils conférèrent ensemble avec Chi et Mahâllal.

« S'il arrive, dit Chi, que l'un de nous soit privé de l'enveloppe physique extérieure, ceux qui auront été en affinité avec lui concentreront tout leur désir et toute leur volonté et revêtiront pendant huit jours de leurs auras protectrices les trois degrés d'être qui restent. La violence du choc résultant de la séparation sera ainsi diminuée. »

CHAPITRE XXII

I

La plus grande Emanation de Devo, le Chef, que Zoy
avait dupé comme on sait, se promenait sur le bord du
lac où cette dernière avait disparu. Il aperçut un petit nuage
s'élevant sur les eaux.

« Petit nuage, dit-il, votre couleur est celle d'une nuée
orageuse illuminée par la lumière du soleil couchant ; c'est
dans un nuage semblable que Zoy est venue à moi. S'il y a
quelque chose d'elle en vous ou si vous êtes en rapport
avec elle ou avec son entourage, dites-lui de ma part que
celui qu'elle a trompé et abandonné souhaite ardemment
de la voir, non pour se servir d'elle en vue de ses propres
fins, mais parce qu'il ressent pour elle une sympathie indé-
finissable. »

Le nuage centralisant se dirigea vers le Chef qu'il
entoura et une voix pleine de tendresse en sortit, une voix
d'une ineffable douceur :

« Comme vous avez besoin de moi, j'ai besoin de vous ;
ainsi en doit-il être dans l'affinité véritable.

— « Pourquoi donc, répondit le Chef, avez-vous
refusé de vous matérialiser et m'avez-vous abandonné ? »

— « Moi, répliqua la voix, moi la Passive m'assimiler à

l'Actif et me donner à perpétuité à celui que j'ai en horreur ? N'est-ce pas plutôt à moi de vous libérer de ce qui est grossier et hideux en comparaison de vos conceptions innées et inhérentes ?

— Innées, peut-être ; inhérentes jamais, puisque je suis de Devo.

— Qu'avez-vous fait de votre raison, o Nefdi?

— Vous m'appelez Nefdi, ce qui signifie le Racheté. Comment cela peut-il être, puisque Devo est mon origine ?

— Devo n'a-t-il pas lui aussi une origine? Ne voit-on pas souvent des descendants passer par-dessus un ancêtre pour venir se greffer pour ainsi dire sur un autre ?

— Vous ravivez en moi une lumière qui, si elle venait à s'éteindre, éteindrait tout mon être.

— C'est le moi seulement qui peut éteindre le moi. Passez par-dessus Devo et remontez jusqu'à son origine. Levez-vous dans la gloire de votre moi et vivez !

— Pourquoi donc avez-vous refusé d'être avec moi tel que je suis et pourquoi m'avez-vous fui ?

— Ne reposez-vous pas, vous tous, dans le sommeil de l'assimilation ? Pourquoi ne le ferai-je pas moi aussi ? N'ai-je pas le droit de choisir comme lieu de repos la profondeur des eaux ?

— Puisque vous n'avez pas assumé une nouvelle enveloppe, le sommeil de l'assimilation ne vous est pas nécessaire.

— Vous dont l'origine est de Devo, répliqua Zoy, vous devez savoir, par l'étude de cette force pathétique qui touche au *Nucléolinus*, qu'il y a un développement intérieur comme il y en a un extérieur. J'ai en moi ce qui est plus grand que moi.

— J'ai assez du mystère et de la mystification, car les deux vont de pair. S'il en est comme vous le dites, que cette voix qui a éveillé en moi tout à l'heure de nouvelles capacités confère avec moi ; si ce qui est en vous est plus grand que vous, qu'il vous donne la paix à tout jamais. La vérité est simple et je ne désire que la vérité. »

Pendant qu'il parlait ainsi, il se trouva entouré d'une douce lumière prismatique et la voix lui dit :

« Ce qui vous entoure est passif ; tirez-en ce qui est en affinité avec vous et formez-vous un corps qui convienne aux aspirations surgies du centre de votre être. »

Il se forma ainsi un corps svelte et brun d'une grande vigueur et d'une grande beauté.

« Maintenant, dit-il, je peux vous aider effectivement, car avec mon aide nous formerons pour vous aussi un corps conforme à votre idéal de perfection, puis nous reposerons ensemble dans le sommeil de l'assimilation.

— Jadis, répondit-elle, avant que l'activité et la passivité ne fussent divisées, la passivité était toujours d'un degré plus raréfié que l'activité, de sorte que, dans tous les états et degrés d'être, l'activité était comme un voile pour la passivité qui la pénétrait. Qu'il en soit de même à présent. »

Le chef ne répondit pas, mais il sententa tout d'abord que la voix disait la vérité et qu'il en avait été ainsi dans le passé.

Puis, après un moment, il répondit : « Ce que vous voulez, je le veux aussi. » Et il reposa dans le nimbe de couleur prismatique, du sommeil de l'assimilation.

Quand il s'éveilla il était fort et vigoureux et le nimbe de teinte irisée était mélangé mais non combiné avec le violet de son aura de puissance. Voyant alors que la Grande Passive dans la forme de Zoy reposait en cette aura, il la voila d'invisibilité.

II

Lorsque Sheth eut cessé de parler et que le peuple fut parti. Shorah dit à Sheth :

« Vers l'ouest du continent où se tient Devo, toutes sortes de Formations minuscules qui emplissent l'air s'avancent vers nous comme un brouillard jaune et je sentiente que respirer cette atmosphère souillée serait la mort.

— Dormez, répondit Sheth, pour que je puisse vous protéger ; dans votre sommeil ma puissance pénétrera tout votre être et vous pourrez résister à l'influence pernicieuse de l'air, à cause de votre force vitale qui est grande.

— Faisons plutôt face au danger ; peut être pourrons-nous l'écarter.

— Si je vous sais en sûreté, je pourrai concentrer mon intelligence et trouver quelque moyen pour parer au mal dont Devo nous menace ; mais si je crains pour vous, la peur m'affaiblira et m'énervera. Il est donc préférable que vous dormiez. »

Shorah s'endormit et Sheth lui infusa de sa vitalité autant qu'il le put faire sans s'épuiser.

Il demeurait pensif, songeant au moyen de parer au danger terrible qui le menaçait, quand Devo vint se placer derrière lui dans la forme de Lhamkhial glorifiée et embellie par le *Premier Emané*.

Sheth sentant la présence de quelqu'un se retourna et se trouva face à face avec l'ennemi.

— « Vous savez, lui dit ce dernier, que moi aussi j'ai formé. Qui peut sauver de mes propres Formations la Formation de Brah-Elohim. »

Et comme Sheth gardait le silence, il ajouta :

« L'air qui apporte la mort avance déjà vers les eaux qui séparent ce lieu de celui que j'ai choisi. Cependant il vous reste un moyen d'échapper ; c'est de me dire tout ce que fit et dit Kahi lorsque vous étiez avec lui sur la haute montagne ; je ferai alors emporter par un vent de l'est les brouillards qui portent mes Formations.

— Je ne fais de conditions avec personne, répondit Sheth. Du reste, tout le mal que vous concevez et que vous faites est un pas vers votre propre désintégration.

— Vous ne connaissez pas la peur, ô Sheth ! Mais si j'enlevais celle qui dort ici ?

— Je ne sais quel est votre pouvoir sur moi ; mais sur la passive il est insignifiant parce que vous manquez de passivité dans votre être imparfait. »

Alors Devo, transfiguré par la colère, dirigea le doigt de sa main droite vers la gorge de Shorah qui dormait, et un rayon jaune pénétra l'aura dont Sheth l'avait enveloppée.

« Contre la gorge des hommes qui mangèrent du fruit de la mentalité », s'écria Devo.

Et le muscle de la partie supérieur du thorax se contracta. Mais avant que l'ennemi ait pu accomplir son dessein, Sheth détourna le rayon jaune, abattit Devo et lui mit le pied droit sur la gorge.

Alors, des longs cheveux noirs de l'ennemi, sortit en rampant un être allongé, semblable à un fil noir à tête écarlate, qui mordit le talon droit de Sheth. Ce ne fut qu'une piqûre dont Sheth ne ressentit pas tout d'abord la douleur mais subitement une chaleur brûlante envahit tout son corps. Il lui sembla que la terre et le ciel tournaient autour de lui et il tomba ; la vie quitta le corps très rapidement.

Devo se releva et essaya d'entrer dans l'aura de puissance qui entourait Shorah, mais il ne put y réussir.

III

Consciente de ce qui s'était passé mais incapable de se lever, Shorah appela mentalement à son secours.

— « A moi ! à moi ! »

Nefdi parut aussitôt devant Devo et lui dit : « Je suis maintenant votre adversaire à tout jamais, car vous m'avez trompé.

— Comment cela se peut-il ? je ne vous connais pas.

— Je suis votre Première Emanation d'autrefois ; vous ne me reconnaissez pas parce que j'ai changé pour celui-ci le corps vil dans lequel vous m'aviez emprisonné.

— Je ne vous crains pas ; étant de moi, l'équilibre vous fait défaut.

— Si vous étiez moins agité vous en jugeriez autrement.

— Rêvez-vous, par hasard, de prendre pour vous cette Passive chez qui j'ai fait contracter le muscle de la gorge ? répondit Devo en ricanant.

— Shorah est une avec Sheth, répondit Nefdi, et vous ne pouvez diviser ce qui est uni. La deuxième Formation passive de Kahi et Kahie s'est, par sa propre volonté et sa propre puissance, extériorisée afin de lutter avec Sheth contre vous et vous chasser de l'empire que vous avez usurpé. »

Devo sachant qu'il disait vrai s'écria :

— « J'annihilerai comme formes ces formes sans vie et je jetterai au vent les atomes dont elles sont composées, et mes propres Formations les utiliseront pour elles-mêmes. »

A ce moment un de ceux qui étaient dans les formes des hommes des bois arrive en toute hâte et dit à Devo :

« Revenez vite ; les os de votre peuple pourrissent par terre et les chairs tombent en lambeaux.

— J'ai toujours du malheur, dit Devo à Nefdi, et ceci doit être votre œuvre.

— C'est avec l'aide d'une Passive puissante que cette chose s'est accomplie, répondit Nefdi. »

Devo gagna rapidement son domaine. Nefdi appela à haute voix Chi et Mahâllal et poursuivit l'ennemi.

Chi, Mahâllal, les Formations de Kahi et de Sheth, leurs descendants, le peuple de Nepha et de Haiche, se lamentèrent à cause de Sheth et de Shorah. Chi et Mahâllal emportèrent leurs corps à l'endroit où la fleur à quatre feuilles avait poussé et où reposaient les formes de Kahi et de Kahie ; là ils les ensevelirent, sous les neiges éternelles, en pleurant.

Un grand découragement s'empara des Formations de Kahi et du peuple de l'Evolution tandis qu'ils prenaient le deuil.

Quand les veilles furent terminées, lorsque Chi et Mahâllal, avec les leurs, eurent repris le chemin de leur demeure, la première Emanation de Barashino se montra à eux et leur demanda :

— « Pourquoi êtes-vous tristes et découragés ?

Et Mahâllal répondit :

« Nous avons, en communauté de pensée, concentré tout notre désir sur Sheth et les Passives qui veillaient ne l'ont pas vu traverser les régions de l'Hostile. »

L'Emanation connue sous le nom de Nebi (parce qu'elle savait ce qui devait arriver) leur dit :

— « Sheth a prévalu contre l'ennemi, de sorte qu'il a conservé l'individualité dans les états nerveux, psychique et mental ; c'est pourquoi il n'a pu faire la traversée. »

Alors la tristesse se changea en joie.

« Même dans les succès apparents de l'Hostile, se dirent-ils, il y a un gage de victoire. Sheth est comme parmi nous et il reprendra, à l'époque de la Restitution, le corps que nous avons enseveli sous les neiges. »

— En outre, ajouta Nebi, il recevra et protégera tous ceux qui, par leur développement et leurs capacités, auront mérité de conserver l'individualité, et ils attendront ensemble l'époque où la forme physique, à présent mortelle, hélas ! recouvrera l'immortalité. »

IV

En rentrant Devo s'aperçut que les brouillards qui flottaient au-dessus des eaux étaient remplis de ses Formations dans l'état de corps nerveux et qu'elles essayaient vainement d'entrer dans les eaux.

Sans y prendre garde autrement, il se hâta et trouva une multitude innombrable de corps dont ses Formations s'étaient emparées ; d'autres à sa propre similitude étaient étendus sans vie ; la terre en était couverte. Il constata que le mal dont ils étaient morts avait son origine dans la moelle des os qui pourrissaient. Ce fléau avait été remarqué par quelques-uns ; ils l'avaient vu porté sur un nuage rempli de Formations infiniment petites qui venaient de l'est ; épouvantés, ils s'étaient dirigés en toute hâte vers l'ouest et le nord-ouest, mais le fléau les y avait atteints et ils y avaient succombé ; la région était infectée par les cadavres en décomposition.

Le grand chef de Devo, qui avait avec lui Mavb, l'immortelle, celle qui avait rempli le gouffre de Zoy, était celui qui avait ainsi frappé les Formations de l'ennemi. Il dit à sa compagne :

— « Que ferons-nous maintenant ? Si ces cadavres restent ainsi, le fléau se répandra et détruira tout ce qui a vie.

— « N'ayez aucune inquiétude, répondit-elle ; j'ai prévu la chose. N'ai-je pas de pouvoir sur les eaux ? :»

Puis elle le quitta en ajoutant.

« Regardez à travers les nuages ; la sphère errante brille d'une faible lumière cramoisie ; quand vous la reverrez dans tout son éclat je reviendrai entourée du mien. »

Nefdi était très perplexe.

« Si elle ne revenait pas ? » pensait-il.

Lorsque l'aura de la demeure de Kaoah répandit une vive clarté, Nefdi se tint debout sur une hauteur le regard tourné vers l'ouest. Puis, quant cette clarté fit place à la lumière plus éclatante du soleil levant, il vit une masse d'un bleu verdâtre se mouvoir et se diriger vers lui.

Lorsque les premiers rayons dorèrent l'horizon, la masse arriva sur le rivage de l'océan et une puissante vague inonda la vaste étendue de terre où gisaient les corps des pestiférés ; cette vague envahit presque un quart de tout l'empire que Devo réclamait comme sien.

Devo qui assistait à la scène et qui tout d'abord avait été pris d'une violente colère finit par exulter en disant :

— « Les eaux même répandront le fléau ! »

Mais les eaux furent saturées de sel provenant de la partie nord qui avait été inondée, de sorte que la putréfaction fut en grande partie arrêtée.

Tant que le corps physique des habitants de la terre eut

assez de force, le fléau ne les affecta pas, mais dès que la force manqua ou que quelque maladie les attaqua, le fléau fit de nouveaux ravages.

« Hélas ! dit la Passive, partout sur la terre le bien et le mal sont mélangés. J'avais la pensée de chasser les Formations de Devo du degré physique et voici maintenant que ceux qui ne sont pas de lui souffrent également ! »

V

A cette époque, le *Premier Emané* reposait dans une île qui, depuis un temps relativement récent, s'était détachée du continent dans la mer du sud. Mavb apparut et lui dit :

« Je vous salue, *Aoual !* Souvenez-vous que vous fûtes mon origine dans le passé lointain ; et venez à mon aide, je vous prie. »

— Comment puis-je vous aider ?

Elle lui raconta tout ce qui était arrivé.

— Donnez-moi, ajouta-t-elle, un antidote contre ce fléau qui corrode les os des malades et des faibles.

— Faites retirer les eaux et desséchez la terre, répondit-il, et j'aviserai.

Mavb partit et les eaux se retirèrent peu à peu, laissant à nu une vaste étendue de sable. Puis elle revint.

Or, çà et là, sur cette terre, apparaissaient des oasis où s'élevaient des arbres fruitiers gigantesques mais où malheureusement les serpents pullulaient.

Quelque temps après le *Premier Emané* alla à l'habitation de Kahi, alors occupée par Chi et Mahâllal.

« J'ai visité de grandes étendues de terre, leur dit-il, d'où les eaux se sont retirées. C'est comme un désert ; néanmoins il y a quelques îlots couverts de végétation où se trouvent des sources qui les rendent habitables. Devo y a formé des serpents venimeux qui se cachent dans les herbes et se glissent jusqu'au sommet des arbres ; on ne peut s'y aventurer. Cependant le salut de votre vie physique se trouve dans ces nouvelles formations.

— Comment cela ? demanda Mahâllal.

— J'ai acquis la certitude que ces reptiles sont peureux et de bas instincts, que leurs sens sont peu développés, sauf celui de la vue, qu'ils peuvent ramper, grimper, se dresser tout droit, qu'ils ont un venin caché dans une dent creuse avec laquelle ils mordent et que ce venin s'insinue dans la blessure. Si ce venin était dilué au douzième et introduit dans la circulation du sang, il serait un antidote contre le fléau.

J'ai pris possession de ces îlots de verdure et je les ai peuplés d'êtres non évolués ayant un peu notre ressemblance; ils s'emparent très adroitement des serpents. Je resterai dans un de ses îlots jusqu'à ce que le fléau ait disparu et on pourra y venir prendre l'antidote. Le lieu que j'habite s'appelle *Kefa,* parce que c'est un lieu de guérison. Il est situé à l'est du désert.

— Qui peut y aller et revenir en sûreté? demanda Chi; puisqu'il faut passer par l'empire de Devo. »

Dès son retour à Kefa, le *Premier Emané* envoya à tous les chefs du peuple de jeunes serpents portés par des messagers chargés de leur enseigner la préparation de l'antidote et son usage. Les chefs mirent les serpents dans des cages d'où ils ne pouvaient s'échapper. Le fléau fut ainsi arrêté parmi les vivants; néanmoins aussitôt après la mort les os continuaient à pourrir.

Après avoir reposé du sommeil de l'assimilation Devo chercha quelque autre moyen d'affaiblir l'homme.

« Je n'ai trouvé pendant cette longue période aucun ossement humain, pensait-il. Les savants diront : l'homme est d'origine récente, c'est un être qui a évolué des animaux inférieurs. Je voudrais bien connaître l'endroit où sont ensevelis ceux qui ont échappé à la corruption; ce me serait d'une grande utilité. »

VI

A peu près à la même époque, Haiche vint trouver Chi et lui dit :

« Nepha est à Kefa et il n'a pas voulu m'y emmener à cause des périls de la route. Cette nuit je suis allée dans la forêt à l'heure du crépuscule. Je me reposais au pied d'un arbre, tout près d'une grotte, lorsque une troupe de femmes passa non loin de moi et entra dans cette grotte. Je les suivis et je me cachai dans une niche pour les surveiller, car j'avais le pressentiment qu'il allait se tramer quelque complot ténébreux.

Kater, l'une d'elles, s'adressant à ses compagnes leur dit :

« Avez-vous songé à la proposition que je vous ai faite lors de notre dernière réunion ici ? »

Sur leur réponse affirmative elle ajouta :

« C'est bien, car il n'est pas douteux que Devo ne soit le plus puissant des nombreux Seigneurs et le moyen le plus sûr d'échapper à ses châtiments est de le reconnaître comme notre Seigneur, de l'adorer et de faire ses volontés. Il est vrai que nous ne sommes que treize mais treize Passives valent beaucoup d'Actifs. Si Devo est avec nous, qui pourra nous nuire ? »

Sata, l'une d'elles, s'exprima ainsi :

« Je me nomme Sata à cause de ma radieuse beauté. Celui à qui j'appartiens m'aide toujours dans tout ce que je fais ; ses efforts sont consacrés à persuader aux hommes de reconnaître la souveraineté de Devo et de l'adorer. Déjà l'on invoque son nom comme celui du Seigneur. »

Pendant cette conversation, Nadell revint et Haiche lui rapporta ce qu'on vient d'entendre.

« C'est un danger terrible pour l'homme et pour la terre, dit Nfa. Mais laissez-moi le soin de cette affaire.

— Elle est de droit entre vos mains, répondit Chi, puisque c'est Haiche qui a appris cet événement. »

Nepha et Haiche sortirent ensemble. Nadell entra dans la grotte et, après quelques recherches, il découvrit dans le rocher, sous ses pieds, une fente profonde.

Il rentra chez lui pour y préparer une certaine poudre. A la tombée de la nuit, il revint à la grotte, introduisit la poudre dans la fente du rocher et y versa de l'eau qui, de là, s'écoula vers l'entrée de la Grotte.

La nuit venue, les femmes pénétrèrent de nouveau dans la grotte et bientôt la forêt retentit de cris extravagants. Les hommes des bois accoururent et virent, à l'entrée, les femmes dont les cris et les gestes désordonnés les paralysèrent de stupeur. La vapeur enivrante qui s'exhalait de la fente les avait surexcitées, rendues folles.

Les hommes demeurèrent quelque temps silencieux. Alors Kater, dans un accès de folie furieuse, frappa le plus proche au visage et s'écria dans leur propre langue :

« Adorez Devo comme nous, car lui seul est le Seigneur ! »

Celui qui avait été frappé cria à ses camarades :

« Ces femmes adorent Devo, celui qui faisait pourrir nos corps jusqu'aux os ! »

« Oui, nous adorons Devo, s'écrièrent-elles en chœur, lui seul est le Seigneur. »

Excités jusqu'à la fureur par leurs cris et leurs gestes, les hommes coupèrent des branches d'arbres et en fouettèrent les femmes jusqu'à ce qu'elles ne donnassent plus signe de vie. Puis il y eut un combat entre les hommes des bois et leurs propres fils ; un grand nombre périrent. Les survivants continuèrent à saluer et à honorer le nom de Devo.

Ceux qui comprirent le danger de ce culte se désignérent sous les noms de leurs Formateurs : « Nous sommes de Kahi ou de Sheth ; nous sommes de Barashino ou d'Aoual. »

C'est ainsi que les peuples furent divisés.

En ce temps, Chi tint conseil avec Mahâllal, Aoual et le chef de ceux de Barashino ; ils assemblèrent tous les chefs et Chi leur parla ainsi :

« La Puissance de l'Hostile est connue de vous. Soyez bien assurés que notre force est dans l'unité ; si nous étions divisés nous ne pourrions résister. Nous avons donc décidé ceci : vous n'adorerez aucun seigneur visible mais seulement l'Impénétrable. Lui seul est capable de tout pénétrer ; c'est lui que *Brah-Elohim* nous a révélé !

— « Comment adorerons-nous ce qui est hors de notre pensée conceptive ? objecta-t-on, et où est l'Impénétrable pour que nous puissions le regarder en l'adorant ? »

— « *Brah est de l'Impénétrable et Indivisible* et nous sommes son temple, répondit Chi. Son royaume est en nous : Le Seigneur, notre Dieu, est Un. »

Ils furent pendant quelque temps comme un seul peuple et rien ne put leur nuire. Les adeptes de Devo l'adorèrent en secret.

CHAPITRE XXIII

I

A une certaine époque, lorsqu'une fois de plus les signes de division se manifestèrent, Chi, Aoual, les chefs de la Formation de Barashino, ceux des descendants de Ferhan et d'Aun sortirent ensemble dans la plaine des grands fleuves, à la saison où la végétation était en pleine floraison.

Lorsque les grands de la terre s'y furent rendus secrètement, le Premier Emané dit à Chi et à Mahâllal.

« Maintenant que nous sommes seuls, nous, les êtres individuels les plus parfaitement pathétisés, spiritualisés, intellectualisés et vitalisés de la terre, essayez, si vous le voulez bien, de faire les cristaux suivant les indications de Sheth instruit par Kahi ; nous veillerons sur vous et nous vous procurerons tout ce qui vous sera nécessaire. »

Chi et Mahâllal s'entretinrent à part ; leur visage paraissait anxieux. Aoual s'en apercevant leur demanda doucement : « pourquoi semblez-vous inquiets et que discutez-vous ? »

— « Nous ne pouvons, répondirent-ils, nous mettre

d'accord sur la manière de composer les cristaux ; chacun de nous a des vues opposées. »

Aoual parut contrarié puis il dit :

« Que cela ne vous arrête pas ; mais que chacun de vous essaie de former séparément suivant sa propre inspiration. »

Chi et Mahâllal se séparèrent et travaillèrent chacun de son côté. La connaissance leur fit défaut; Mahâllal fut contrarié et Chi fatigué. Aoual fit reposer ce dernier, et lui dit, dès qu'il eut repris de la force :

« Allez maintenant de hauteur en hauteur comme autrefois ; allez même jusqu'au foyer d'où nous recevons les forces pathétiques, spirituelles et autres et, de foyer en foyer, si vous le pouvez. »

Et ils entourèrent Chi de leurs auras de puissance et de sustentation.

Il monta vers la demeure de Kaoah. Un moment après il s'écria :

« Rappelez-moi, je vous prie, car je suis las et vieilli; je m'aperçois que ma Formation *Enoch*, qui est parmi vous, est plus capable que moi. »

Lorsque Chi, rappelé dans le corps, se fut reposé, le *Premier Emané* appela Enoch qui dormait.

« Qu'y a-t-il ? demanda celui-ci.

« Les sphères sont disséminées à travers l'immensité éthérée, dit Aoual, et nous sommes ici pour reprendre ce qui nous manque. Allez donc de sphère en sphère, selon votre pouvoir, afin que nous puissions rétablir la communication avec ceux de notre race. »

Ainsi fit Enoch.

Quelques-uns s'étonnèrent de cette tentative.

— « Pourquoi vous étonner, dit la Deuxième Formation de Barashino; le temps n'a aucune puissance sur Enoch dont le visage et la forme ne changent pas ?

— « Retirez-vous un peu, intervint Aoual, afin que je concentre ma puissance et ma volonté sur Enoch. Si nous pouvions rétablir la communication seulement avec Kaoah, quelle perspective pour nous dans l'avenir ! »

Dès qu'Enoch se fut extériorisé dans sa blanche et radieuse lumière d'aura, Aoual entendit le rire aigu et clair de Devo, semblable à celui d'un oiseau de proie, et il sentit sur ses joues la chaude haleine du Grand Hostile.

Il regarda autour de lui et ne vit personne.

« Ceux qui vous attendaient, ô Aoual, dit Devo, ont été dispersés par le vent brûlant du désert que j'ai déchaîné contre eux ».

— « Le vent du désert n'est pas arrivé jusqu'ici, répondit Aoual. »

Puis, se hâtant vers l'endroit où l'on s'était réuni, il vit dans la terre d'étroites fissures semblables à des veines d'où sortait une fumée épaisse, étouffante et brûlante qui se répandait dans la plaine.

— « En effet, dit Devo, aucun vent du désert n'a dispersé les Chefs de la terre ; ce sont les exhalaisons de la terre qui les ont mis en fuite. Vous n'escaladerez pas encore le ciel et vous n'en reviendrez pas à volonté. D'ailleurs ce n'est pas moi qui ai provoqué ces exhalaisons qui montent de la terre, c'est Nepha, la Formation de Kahi ; je n'ai fait que perfectionner son œuvre. »

Le *Premier Formé* ne répondit pas ; il était soucieux et il pensait à Enoch.

Devo partit, mais Enoch ne revint pas. Avant son départ l'Hostile avait prononcé ces paroles :

« Ce lieu sera appelé *Babel*, car c'est le lieu de votre confusion. »

« Non pas *Babel*, dit le *Premier Emané*, mais *Bab-Il* parce que, malgré notre trouble, ce lieu nous sera comme la Porte de Dieu, par où vous retrouverez votre union avec *Brah-Elohim* dans sa plénitude, comme autrefois. »

II

A une certaine époque, Haiche et Nepha eurent un fils, *Nimred*, qui grandit et devint un homme puissant par l'intelligence, la vitalité et la stature. Lorsqu'il eut atteint la virilité il dit à Nepha et à Haiche :

« Je sais par ouï dire ce qui est arrivé à notre peuple dans la grande plaine. Demandez pour moi *Nechohaba*, la Formation de Fœrhan et de Aun, et je m'en irai à l'endroit d'où Enoch s'est extériorisé ; là j'établirai notre nom et je fonderai une grande et puissante cité. »

Chi s'informa lui-même et amena Nechohaba à Nimred.

Huit jours après ils partirent avec tous ceux qui voulurent les suivre et ils ne s'arrêtèrent qu'à l'endroit qu'il avait fixé.

Là Nimred fit construire une tour pyramidale très haute, formée de huit tourelles s'élevant les unes au-dessus des autres, en signe des huit états d'être que contient l'état matériel jusqu'au voile septénaire, savoir : L'état de corps physique, celui de corps nerveux, celui de l'Ame, celui de la Mentalité, celui de l'Essence, celui de la Lumière ou Intelligence, celui de l'Esprit et celui d'Intelligence libre (cette dernière, quoique toujours en forme, ne pouvant y être retenue). Chacune de ces huit tourelles, depuis la plus basse jusqu'à la plus haute, avait à l'extérieur un escalier en spirale afin de montrer que quels que soient la hauteur et le degré de raréfaction on n'y parvient que dans et par l'état matériel du corps.

Nimred bâtit, à l'est de la tour, une vaste et puissante cité qu'habitèrent les hommes les plus savants et du plus grand renom. Parmi eux se trouvaient des astronomes éminents qui étudiaient les sphères et les sphéroïdes, leur influence sur la terre et leur connexion avec l'homme, les rayons du soleil et leurs constituantes.

Ce fut une coutume parmi les habitants instruits par les savants, de sortir à l'aube et d'aller, soit sur les tourelles, soit sur le chemin qui y conduisait, suivant leur rang, pour saluer le lever du soleil comme la source de la force pathétique, spirituelle, intellectuelle et vitale.

« Devo, dit Nimred, a nommé cet endroit Babel, la confusion, et Aoual l'a nommé Bab-Il, la Porte de Dieu ; moi, je le nommerai *Bab-Bel* ou Porte du Soleil, parce qu'ici nous venons tous ensemble le saluer. »

Il bâtit ensuite trois autres cités et il les dédia aux sphères célestes. Ses Formations fondèrent également d'autres grandes Cités.

A cette époque personne ne troublait Nimred et son peuple, car ils étaient très puissants ; de vrais géants qui terrassaient tous leurs ennemis.

Une des Emanations de Devo, déguisée sous les traits d'une Emanation de Barashino, apparut à Nimred pendant son sommeil et lui dit :

« C'est contre la charité de poursuivre ainsi vos semblables ; cessez donc toutes ces démonstrations de force »,

— « La Force c'est la paix, répondit Nimred. »

Il n'y eut jamais de plus grand que lui dans la guerre. Il était tellement fort que la paix régna partout sur la terre,— sauf les échauffourées habituelles chez les Formations de Devo.

III

Dans le même temps, Chi invita tous ceux qui l'avaient suivi dans la plaine, et qui avaient survécu, à l'accompagner jusqu'à la demeure de Kahi.

Après les avoir fait manger et reposer, il leur dit :

« Déjà Mahâllal n'est plus sur la terre en corps physique et je sens que ma vitalité diminue de jour en jour. Je vous ai fait venir pour que, pendant ce temps de paix, nous établissions nettement nos droits sur la terre qui est toujours menacée par l'Hostile. »

Après s'être consultés ils divisèrent donc la terre en quatre grands Empires. A Chi fut assigné l'endroit où Kahi avait été formé par *Brah-Elohim*, ainsi que tout le pays de l'Est depuis la mer Etroite qui le séparait de l'empire réclamé par Devo, jusqu'à l'océan de l'Est, et depuis l'océan du Nord jusqu'à l'océan du Sud.

A Nimred, le descendant de Chi, échut l'empire réclamé

par Devo, empire qui s'étendait depuis la Mer Etroite du côté Est jusqu'à la mer de l'Ouest, et depuis la triple chaîne de montagnes du côté du Nord jusqu'à la mer du Sud.

A *Aun*, la Deuxième Formation de Barashino, choisi par Ferhan, fut assigné le pays du nord-ouest, s'étendant de l'empire de Chi, du côté est, jusqu'à l'océan de l'ouest et depuis les montagnes qui le séparaient de l'empire de Nimred au sud jusqu'à l'océan du nord.

A *Brah-Aoual* échurent toutes les Iles de la mer.

Alors Nimred dit à *Brah-Aoual* :

« Maintenez aussi, je vous prie, votre empire sur les îles vertes du désert ; il est important que Devo sache que vous en êtes le maître. »

Tous, d'un commun accord, dirent à *Brah-Aoual* :

« Ayez, en notre nom, l'empire sur les océans et les mers. »

— « Puisque vous avez le pouvoir sur les eaux, dit Nimred, donnez-moi le pouvoir de retirer les eaux de la mer Etroite qui sépare mon empire de celui de Chi et de les refouler jusqu'à la mer du sud d'où elles viennent, de sorte qu'en tout temps, nous puissions passer à pied sec ; car je connais la puissance et la malignité de Devo et la colère qu'il éprouvera quand il saura que l'empire qu'il réclame comme sien a été donné à un autre. »

— Que ce pouvoir soit le vôtre, répondit *Aoual*.

— « Il y a, dit Aun, un descendant de Mahallal qui n'est pas sur la terre. Est-ce une raison, parce qu'il n'est qu'un enfant, pour qu'il soit privé de sa part d'héritage ? »

Après s'être consultés, ils assignèrent à cet enfant, appelé *Abiad* (à cause de son teint blond) toutes les montagnes dont les sommets étaient couverts de neige jusqu'aux forêts.

« Ce n'est qu'un faible enfant, dirent-ils ; cependant il a l'intelligence et la sagesse ; d'ailleurs, il y a partout des montagnes neigeuses, même sur les îles. Qu'il soit donc le Seigneur invisible des montagnes, qu'il habite la demeure de Kahi et que les gouverneurs désignent une personne pour gouverner au nom d'Abiad dans leurs empires respectifs.

Le Chef de Devo, celui qui avait été avec la Grande Passive, de l'Emanation du Premier Formé, parut au milieu d'eux et leur dit :

« Je suis avec vous de tout mon être, mais ce n'est pas pour moi que je suis venu ; c'est pour celle qui est avec moi et qui est dans un degré moindre de densité.

— Cette affaire vous regarde, dit Chi au *Premier Emané*.

— Que les eaux douces, dit ce dernier au chef, que ous les lacs, les fleuves, les rivières et les ruisseaux constituent votre empire.

— Il reste encore ce grand pays de l'ouest lointain, dit Chi.

— Que Nepha et Haiche, qui sont maintenant dans la partie est de l'empire de Chi, en prennent possession, dirent-ils après avoir délibéré, car l'union des races est aussi avec eux.

— Qu'il en soit ainsi, reprit Chi. Cependant, comme c'est une contrée et que la race de Haiche n'a pas fini d'évoluer, que *Brah-Aoual* possède le pays étroit qui unit les parties nord et sud que séparent les grands océans de l'est et de l'ouest. »

La terre fut donc divisée ainsi :

Chi eut l'Asie.

Nimred, l'Afrique.

Aun, l'Europe.

Brah-Aoual, les Iles, le Mexique et les mers.

Abiad, les pics neigeux.

Nepha, l'Amérique.

Mavb, les eaux douces et les sources.

Avant de se séparer ils amenèrent le jeune Abiad au milieu d'eux ; les sept chefs formèrent le cercle autour de lui en se tenant par la main.

« Le Seigneur notre Dieu est Un et Indivisible, dirent-ils ; il est l'IMPÉNÉTRABLE capable de tout pénétrer. Et nous, nous sommes un dans l'Unité de Brah, nous n'adorerons aucun autre être, quel qu'il soit. C'est une loi à jamais gravée dans notre mentalité. »

Chi resta à l'endroit où Kahi avait été formé ; Abiad alla avec les Emanations et les Formations de Mahâllal et leur peuple dans le pays des neiges éternelles, où reposaient les corps de Kahi, de Kahie, de Sheth et de Shorah. Nimred se dirigea avec les siens vers la mer Etroite dont il écarta les eaux, de sorte qu'il la traversa à pied sec. Aun et Ferhan partirent avec leur peuple pour leur empire du nord-ouest. Nepha et Haiche traversèrent le grand océan jusqu'à l'ouest lointain ; le *Premier Emané* prit possession, avec Izère, du pays étroit situé entre les deux mers qui divisaient l'empire de Nepha et de Haiche. Mavb étendit sa puissance sur les sources et les eaux douces de la terre et Nefdi, la grande Emanation de Devo, veilla sur elle et sur son empire.

IV

Devo songea à ravager la terre en faisant jaillir des feux souterrains dans tous les empires. Çà et là la terre fut soulevée ; des gerbes de feu, de la lave et des pierres calcinées furent projetées en l'air mais ne causèrent que des dommages insignifiants.

Nimred descendit dans la région des feux souterrains, combattit Devo et le contraignit à demeurer dans la cavité où il avait dormi du sommeil de l'assimilation et commencé à former des êtres nuisibles et malfaisants. Pendant la lutte, un objet venimeux s'attacha au talon de Nimred qui en fut blessé.

« Ce poison, dit Devo en ricanant, pénètre dans le sang et il est très subtil ; il affecte, non l'état physique, mais le système nerveux. Nimred, dira-t-on, Nimred le géant, le puissant, Nimred qui a vaincu Devo, qui l'a forcé à demeurer dans les cavités souterraines, Nimred n'est plus comme auparavant ! »

Nimred revint dans sa cité. Nechohaba vint à sa rencontre. Il lui raconta sa lutte avec Devo et ce que celui-ci lui avait dit au sujet du venin.

« Il y a longtemps, répondit-elle, que je me suis aperçu que du mal naît le bien ; ayons du courage ! »

Elle lui apporta du vin, du pain, des gâteaux, du miel et des fruits, et il fut réconforté. En examinant la blessure, elle vit une toute petite marque violette au milieu de laquelle il y avait deux incisions.

— « Je ne connais pas la créature qui vous a ainsi blessé, dit-elle.

— « Peut-être Devo m'a-t-il menti, répondit Nimred ; mais, en vérité, si ce qui est entré dans ma partie physique a le pouvoir d'affecter un degré de mon corps nerveux, je ne vois pas comment cela peut tourner au bien. Je ne vois là qu'un grand mal et une victoire de l'ennemi ; jusqu'à présent il n'avait atteint que le corps et voici qu'il a prise sur un degré plus raréfié. Le mal est double, car si le poison peut ne pas endommager le corps, il est certain que tout mal vient du dehors et non du dedans. Si donc mon système nerveux est lésé, mon bien-être physique qui en est l'enveloppe doit être altéré.

— « Nous savons tous que la puissance de Devo s'exerce principalement sur le corps nerveux, et que sa forteresse est dans l'état de corps nerveux. Je désire vivement que les paroles de l'ennemi ne soient qu'une vaine menace mais s'il n'en était pas ainsi, s'il cherche à attaquer votre système nerveux pendant que vous êtes dans le corps physique, il continuera sans doute, selon son habitude, à agir sur ce même corps nerveux lorsqu'il sera séparé de son enveloppe physique et l'expérience vous apprendra avec certitude ce que nous ne faisons que soupçonner maintenant. Ainsi Nimred, l'homme sans peur, pourra combattre l'ennemi dans sa forteresse. Tandis que d'autres fidèles, qui ont fait leurs preuves, peuvent, dans une certaine mesure, remplir dans le combat physique et visible l'office du Chef, Nimred combattra dans le degré invisible comme nul autre n'a combattu. Malgré la victoire temporaire remportée sur Devo qui semble toujours vaincu, l'ennemi épuise la terre et réduit l'homme de plus en plus ; il est inutile de nous le dissimuler.

— « Vos paroles, répondit Nimred, répandent la plus vive clarté dans mon intelligence. Tout pressentiment sinistre disparaît pour moi, au son de votre voix ; j'ai toujours cherché joyeusement et ardemment la lutte physique avec l'ennemi ; j'attends de même cette lutte nouvelle plus sérieuse encore. »

V

Nechohaba veillait.

Bientôt, dans la nuit profonde, elle entendit la voix de Nimred qui semblait se quereller ; elle le toucha doucement sur l'épaule, lui demandant :

« Avec qui mon bien-aimé se querelle-t-il ?

— Avec quatre des Emanations de Devo qui cherchent à m'entourer.

— Les paroles de Devo n'étaient pas vaines. La lutte commence et il prend toutes ses mesures.

Nechohaba alluma un grand nombre de lampes à huile odorante ; la chambre fut éclairée comme en plein jour. La Passive chanta alors un doux refrain d'une voix basse et mélodieuse, puis, prenant à la main une lampe à la flamme d'un bleu de saphir, elle sortit et les quatre Emanations la suivirent.

Nimred délivré se leva et la suivit jusqu'au jardin du palais, afin de la délivrer si cela était nécessaire. Il la trouva souriante, étendue par terre sans aucun mal.

— « Où sont les quatre Emanations ? demanda-t-il.

— « Je les ai conduites sous le cèdre sacré : j'ai allumé une lampe d'une brillante clarté et elles sont parties.

— « C'est là une action courageuse. Mais, êtes-vous certaine de n'avoir aucun mal ?

— « Il n'y a pas de vide dans mon être, puisque vous me suffisez ; qui pourrait donc pénétrer en moi ? »

Nimred appela à lui quatre des siens, les plus sages, les plus forts et les plus éprouvés.

Il leur apprit ce qui s'était passé et leur dit qu'il devait être libre de tout souci pour quelque temps afin de s'occuper exclusivement des préparatifs du combat qu'il allait livrer.

« Ne pensez pas, ajouta-t-il, que j'estime aucun état supérieur ou égal à l'état physique ; mais, en cette occurrence, je n'ai pas le choix. S'il m'arrive malheur et qu'on ne me revoie plus, ce que je ne crois pas, retenez bien mes paroles. »

— Nous les retiendrons, répondirent-ils.

Alors Nimred confia à Ouenephès le commandement des déserts ; à Apappes celui des parties sud de son empire qui faisaient face à l'île où Barashino avait été après l'effondrement ; à Thethmoses le commandement de la plaine où était sa capitale et de tout le pays environnant jusqu'à la mer Étroite ; à Xoite, celui de toute la partie centrale de son empire, depuis l'océan de l'Ouest jusqu'à celui de l'Est.

— « Désignez parmi vous, leur dit-il, douze chefs dignes de confiance, sages, prudents et forts afin qu'ils soient les intermédiaires entre vous et votre peuple et comme des remparts contre l'Hostile, vous serez responsables vis-à-vis d'eux comme je suis responsable vis-à-vis de vous ; ils seront les intermédiaires entre vous et ceux dont vous êtes responsables en ce qui concerne le progrès et le bien-être, comme vous êtes les intermédiaires entre moi et les miens. »

Quand les quatre furent partis, Nimred dit à Nechohaba :

— « Ecoutez-moi, Nechohaba ; s'il arrive malheur à ces quatre, à ces quatre fois douze ou à leur peuple, faites-le moi savoir coûte que coûte, car le bien-être du peuple doit passer avant celui du Chef.

— Je me conformerai à votre désir. Néanmoins votre propre bien est tout pour moi et votre victoire est celle des vôtres. Puisque tous ont confiance en moi et qu'ils m'aiment, donnez-moi de votre puissance afin que, s'il arrive quelque chose, j'aie assez d'autorité pour intervenir. Je vous appelrai seulement au cas d'insuccès. »

Ainsi fut fait.

Les Quatre qu'il avait nommés, et les *Quatre fois douze* nommés par ceux-ci, furent responsables envers Nechohaba comme envers lui-même.

« Ne sommes-nous pas comme un seul, dit-elle, et n'est-il pas naturel que l'un donne à l'autre ce qui lui manque dans la dualité d'être?

— C'est tout à fait naturel, répondirent les sages. Qui peut avoir à cœur le bien-être du pays et du peuple autant que celle qui aime le Chef et dont l'héritier est l'être de son être? »

Nimred entretint en particulier les *Quatre* en qui il avait le plus de confiance :

« Faites en toute chose, leur dit-il, la volonté de Nechohaba comme si c'était moi-même. Si quelque malheur m'arrive, laissez-lui le pouvoir jusqu'à l'époque où notre fils *Aubis* sera assez fort pour montrer ses capacités. En tout cas laissez-le à la place d'honneur parce qu'il est de mon être. Vous savez que dans la tour qui, s'élève au bord du fleuve il y a des degrés secrets et intérieurs qui conduisent au sommet. Il faut qu'Aubis gravisse chaque degré et qu'à chacun d'eux il subisse une épreuve. S'il est capable de parvenir au sommet, de s'y tenir debout, et de saluer le lever du soleil, tout ira bien : qu'il règne à ma place. Sinon, qu'il soit simple citoyen parmi vous, ou qu'il aille où il voudra ; un autre le remplacera. Ce n'est pas la naissance, ce sont la capacité et le mérite qui rendent propres à être chefs de peuples. »

Il appela ensuite le grand mage *Kelaouchi*, un descendant de Nepha et de Haiche, un des plus forts dans la connaissance de tout ce qui a trait à la constitution physique et quaternaire de l'homme.

Après que Nimred lui eut fait part de ses dispositions, Kelaouchi demanda :

— « Pourquoi ne m'avez-vous pas parlé de votre blessure à votre retour?

— « Si vous vous étiez trouvé près de moi, répondit Nimred, je vous en aurais parlé certainement, mais la lutte avec Devo fut tellement âpre que je fus obligé de prendre du repos avant de revenir ici. Maintenant je vous ai fait appeler pour que vous veilliez sur mon état physique et que vous m'aidiez par tous les moyens en votre pouvoir dans la lutte que je vais soutenir. En outre, ce sera pour vous une expérience qui vous servira dans vos études physiologiques. Etudiez donc tous les phénomènes à votre aise, et, quoi qu'il arrive, ne vous laissez pas détourner de vos recherches scientifiques, soit par sollicitude pour moi, soit pour tout autre motif. De cette façon, je m'assurerai que malgré les machinations de Devo, qui ont pu m'empêcher de conduire mes guerriers à la victoire et d'être un bouclier pour les miens, je peux leur procurer une autre victoire et les préserver contre d'autres atteintes. Du reste, veillez sur Nechohaba. Elle a une lourde responsabilité, car elle aussi doit veiller sur les siens.

CHAPITRE XXIV

CHRONIQUE DE DELAOUCHI, MAGE DE NIMRED

Ceux-là sont des sages qui vouent leur intelligence à l'étude de la nature physique de l'homme. Le plus grand, à cause de sa plus grande utilité, est celui qui peut garder le corps intact.

Il y eut autrefois un homme qui confia à la garde des siens une pierre précieuse de grand prix. Elle avait un lustre tellement rare, une eau tellement pure qu'on était saisi d'admiration en la regardant. Quand le propriétaire fut parti, ceux qui en avaient la garde s'enquirent du meilleur moyen de la préserver. Après maintes consultations un voyageur qui venait de l'Orient arriva parmi eux. « Si vous désirez conserver cette gemme, dit-il, entourez-la d'enveloppes de moins en moins transparentes et finalement d'une enveloppe résistante capable d'indiquer immédiatement le plus petit mal qui pourrait l'atteindre. Ceci fait, gardez l'enveloppe extérieure intacte et la gemme ne subira aucune altération. Il en est de même à l'égard des gemmes de notre *moi* qui est le sanctuaire et la manifestation de *Brah* ou Braahd, attribut de la *Cause Cosmique (l'Esprit pur)*. Ce n'est pas pour vêtir IE des états d'Esprit, de Lumière (ou Intelligence en forme permanente), d'Essence, de Mentalité ou des Etats psychique et nerveux que *Brah, l'Impersonnel,* a assumé la personnalité. Ce n'est dans aucune de ces raréfactions que l'*Holocauste suprême* a assumé la personnalité et s'est offert, afin de perfectionner la matière par l'infusion des forces divines.

Non ; si la personnalité a été assumée par *l'Impersonnel*, c'était afin que IE fût fait *Homme* et eût la domination éternelle sur la matérialité la plus dense. Si Brah a sacrifié la personnalité qu'il avait assumée dans la personne d'Elohim, c'est afin d'entrer dans le Voile de la matière azerte.

Il est de tradition que lorsque IE se reposait dans l'Etat d'Essence, il recevait tous ceux qui pouvaient entrer dans la lumière dorée dont il était entouré et qu'il leur était permis de lui poser chacun une question, mais une seule. Quelqu'un venu d'un foyer éloigné lui demanda :

« Qu'est-ce que l'IMPENSABLE ? »

Et IE répondit :

— C'est ce qui est enveloppé ou capable d'être enveloppé de toute la matérialité, depuis la plus raréfiée jusqu'à la plus dense.

Par conséquent, garder l'homme intact ce peut être garder l'IMPENSABLE. C'est pour cette raison que je consacre tout ce que j'ai de force pathétique, spirituelle, intellectuelle et vitale à l'étude de l'état physique de l'Homme.

A l'époque où Devo songeait à ravager la terre par le feu, Nimred s'extériorisa et lutta contre lui dans la région des feux souterrains. Il prévalut et le força à quitter cette région. Néanmoins, lorsque Nimred reprit l'enveloppe extérieure, une créature venimeuse le blessa au talon droit. Le poison qui pénétra dans le sang affecta le système nerveux ; pendant trois ans le grand Chef fut sous mes soins immédiats et ce ne fut qu'à la fin de la douzième année que le système nerveux retrouva son équilibre. J'ai consigné dans ces notes la connaissance que j'ai acquise en le soignant. Dans de l'argile, que j'avais moulée moi-même, j'ai fondu un métal composé, non oxydable, avec lequel j'ai fait cinq tablettes. Sur chacune d'elles, j'ai fixé des caractères en relief et je les ai recouverts de cire fondue pour les garantir de tout choc. De ces tablettes, j'en ai envoyé quatre aux Chefs des divers pays : à Chi, à Aun, à Nfa, à Aoual ; et la cinquième a été réservée à Nimred.

J'ai accompagné chaque tablette d'un rouleau sur lequel

est écrit de ma propre main le fac-simile de ce que contiennent les tablettes.

Moi, Kelaouchi, médecin en chef de Nimred, je constate ce qui suit comme le résumé d'études et d'expériences poursuivies à la lumière de ma propre intelligence :

L'Etat physique de l'homme possède quatre degrés qui sont : Le *physique*, le *nerveux*, l'*âme*, la *mentalité*.

L'Etat physique des individus que *Brah-Elohim* a formés à sa propre similitude, par sa force pathétique, spirituelle, intellectuelle et vitale, est, à l'époque actuelle, semblable, sous tous les rapports, à l'état physique de ceux que *Bra Aoual* a formés en infusant ses forces quaternaires dans la masse dont la structure protoplasmique n'était pas même cellulaire.

En effet, Kahi, ainsi que ses Emanations et ses Formations, ont été dépouillés par Devo de l'enveloppe légère, résistante, élastique et lumineuse, peu après que celui-ci eut séparé la passivité de l'activité. Ceux qui ont été formés dans l'état physique par *Brah-Aoual* ont, par ses soins, évolué jusqu'à sa propre similitude actuelle, mais ils n'ont pas encore acquis ce corps. Par suite, les descendants de Kahi et les Formations de Tihphérès ont la même structure. Seulement, ces dernières sont moins sensitives que les premières, parce que les descendants de Kahi sentientent la séparation et la perte de ce que les autres n'ont pas possédé.

L'étude de la nature de l'homme m'a amené aux conclusions suivantes :

1° Tout ce qui est nuisible à l'état physique vient du dehors.

2° La cause de l'évolution est la préservation de soi-même.

3° Aucun degré de l'état physique ne peut être endommagé ou perdu avant que son enveloppe immédiate ne soit elle-même endommagée ou perdue. En d'autres termes : aucun état raréfié ne peut être atteint avant que l'état plus dense ne soit détérioré ou désintégré.

4° La faculté de se soutenir dont jouit l'état physique, dépend de deux conditions : de son alimentation et de son développement protecteur.

Nous savons que la partie la plus dense des quatre degrés de l'état physique est maintenant imparfaite, parce que la privation de son vêtement le plus extérieur l'expose à la perte, à la souffrance, à la désintégration, mettant en danger l'état physique tout entier. En outre, ces quatre degrés ne sont pas nettement distincts ; chacun glisse, pour ainsi dire, dans le suivant, ils passent de l'un à l'autre par des nuances imperceptibles, comme les couleurs de l'arc-en-ciel.

Ce qui n'est pas assez généralement compris, à présent, est la perte que l'homme a subie depuis l'époque où Devo, après avoir séparé l'actif et le passif, l'a dépouillé de cet enveloppement léger, élastique, lumineux et résistant, dont l'absence a laissé à nu l'état sensitif physico-nerveux. Bien qu'elle soit méconnue ou oubliée par la plupart des hommes, cette perte n'en est pas moins la cause immédiate de la détérioration et de la ruine du degré nervo-physique ou de l'état physique dans les degrés quaternaires ; voici pourquoi :

Le *psycho-mental* enveloppe et protège le degré *mental* ;

Le psychique enveloppe et protège le psycho-mental ;

Le psycho-nerveux enveloppe et protège le *psychique* ;

Le nerveux enveloppe et protège le psycho-nerveux ;

Le nervo-physique enveloppe et protège le *nerveux*.

Mais le nervo-physique n'a plus actuellement ni enveloppe ni protection.

Si donc le nervo-physique dépend, pour son bien-être, du bien-être du degré physique extérieur, si les autres états dépendent successivement les uns des autres, la préservation de l'enveloppement physique est la préservation de l'être intégral lui-même. Or, la construction et le mécanisme de l'état nervo-physique tendent à prouver qu'il est formé pour être à perpétuité un générateur de force ; s'il est, cependant, d'une si courte durée, c'est que l'homme a perdu ou n'a pas encore un autre degré d'être qui doit envelopper les six autres degrés. C'est là le septième et dernier degré nécessaire à la perfection de l'état physique.

Pour ceux qui, par croyance, par coutume ou par réminiscence acceptent ce qui a été reçu dans les anciens temps, la restitution de ce septième degré peut être attendue comme l'œuvre de la septième époque. Que cette œuvre soit une restitution ou une évolution, il est certain que l'Homme actuel ne peut regarder comme sa demeure permanente la terre dont il est cependant l'héritier et la Formation la plus parfaite. Il est de tradition que ce qui est actuellement mortel, c'est-à-dire l'état physique, se revêtira ou s'enveloppera d'un vêtement immortel.

Considérons les degrés physico-nerveux et nerveux. Nous voyons que le deuxième pénètre le premier et est partout enveloppé de ce physico-nerveux.

Le cerveau, ganglion principal, est le lieu de jonction des nerfs sensoriels et des nerfs moteurs ; il est l'origine de tout mouvement volontaire. Il ne faut pas oublier que l'homme, quand il fut façonné à la similitude divine, était le « Seigneur du corps !» c'est-à-dire que le corps obéissait à sa volonté. La quantité de mouvements involontaires qui, maintenant, va toujours croissant, donne la nature de la rétrogradation et de la déformation du corps humain.

Le cerveau physico-nerveux, enveloppement des cerveaux nerveux, psychique et mental, étend ses ramifications jusqu'aux organes des sens, et, par une suite de divisions et de subdivisions semblables à celles des branches d'un arbre, jusqu'aux doublures, jusqu'à toutes les couvertures exté rieures ; de sorte qu'une partie de celles-ci ne peut-être touchée sans qu'une sensation ne soit produite.

Dans la pratique, la sentientation intégrale est donc en proportion de l'évolution du degré d'être le plus dense, parce qu'il est l'intermédiaire qui met les degrés d'être plus raréfiés en rapport avec leur entourage actuel. C'est ainsi que nous voyons, par exemple, un sourd ou un

aveugle sensitif, qui a évolué en personnalité indépendante
son degré d'être nerveux, devenir capable, en l'extériorisant, d'entendre toute espèce de son, de voir tout ce qui
est visible, de sentienter tout ce qui est sentientable.

Il y a deux ordres de maladies pour les organes des
sens nervo-physiques : ou celles qui proviennent de quelque
défectuosité de ces organes mêmes, comme une pellicule
sur les yeux, une déformation, une blessure des oreilles,
des narines ; ou celles qui sont dues à des défauts du nerveux : dans le cas de ce dernier genre de maladie, le sensitif, pour jouir d'une sentientation normale et complète,
aura besoin d'une double extériorisation : c'est-à-dire
qu'il devra extérioriser jusqu'au degré d'être psychique.

Dans l'ancien temps, avant la division des sphères, respirer
c'était vivre ; tout ce qui était absorbé par les poumons
était propre à l'alimentation et lui suffisait ; puisqu'il n'y
avait pas de déchets, l'estomac, les intestins, le foie, etc...
étaient superflus ; par conséquent, le ganglion qui avait
pouvoir sur l'action du cœur était le seul nécessaire. Ceux
qui savent cela comprendront que ce ganglion était comme
un deuxième cerveau, sous la puissance immédiate de la
volonté. Il était en outre relié directement aux ganglions
nervo-psychique et mental : c'est pour cette raison que la
joie, la douleur, l'amour, la haine et autres passions étaient
attribuées au cœur, tandis que maintenant elles sont attribuées à la mentalité.

L'air ayant été privé de ses constituantes nutritives, les
organes de digestion et d'évacuation durent nécessairement
recevoir un développement graduel. Actuellement, ce qui
est absorbé comme aliment est tellement peu nutritif que
les parois délicates de la membrane muqueuse des intestins
sont continuellement recouvertes des déchets impurs et
puants, et gonflées de gaz nuisibles. Par la suite, cette
impureté affecte les sangs qui l'entraînent à travers les
parois des artères et des veines et ces parois deviennent la
demeure spéciale des infiniment petits malfaisants.

Or, « les sangs sont la vie », c'est-à-dire qu'ils contiennent

tout ce qui est nécessaire à la sustentation des degrés physico-
nerveux, nervo psychique et mental de l'état le plus dense.
La force intellectuelle et vitale est la cause de la sustentation et le pathétisme est lui-même la cause de cette force.
La vibration de la force pathétique revêtue dans les degrés
de densité où elle peut affecter le nervo-physique produit des
courants duels semblables à des tubes si fins qu'ils échap-
pent à la vue ; ces tubes dépendent, pour leur vêtement,
du frottement du sang sur la membrane muqueuse si
délicate des vaisseaux qui le transportent en bonds rapides.
Les êtres infiniment petits et malfaisants naissent là, s'y
multiplient et meurent dans ces canaux, souillés par les
exhalaisons des déchets organiques ; ils recouvrent ces mêmes
canaux d'une matière glaireuse qui, émoussant graduellement le frottement nécessaire aux sangs en épuise les
vies, c'est-à-dire les forces intellectuelles et vitales . Il en
résulte une diminution progressive des forces et finalement
la perte des degrés d'être individuels. En outre, dès que
la forme nervo-physique est dissoute, les microbes malfaisants qu'elle contenait infectent l'atmosphère et sont res-
pirés, de sorte que respirer c'est recevoir dans le système
nervo-physique les germes de dissolution.

Voilà donc une première explication de cette énigme
souvent embarrassante : pourquoi la durée de la vie humaine va-t-elle en diminuant ? Une autre cause de cette
abréviation de la vie est la suivante : les extrémités délicates des nerfs aboutissent à un épiderme poreux qui était
autrefois protégé à volonté par l'enveloppe extérieure dont
Kahi a été dépouillé. Lorsque l'homme sentientait tout
ce qui convenait à son bien-être, il pouvait, à volonté,
protéger ce degré nerveux contre toute excitation nuisible
ou déprimante. Il ne peut plus agir ainsi ; par suite, le
système physico-nerveux qui voile le degré nerveux est
exposé à toutes sortes d'influences extérieures : la douleur, l'excitation, l'irritabilité continuelle qui s'accroît avec
la sensibilité de l'individu, sont communiquées non seulement au degré nerveux, mais, à travers ce degré, à tout ce

qui enveloppe les degrés plus raréfiés et plus sensitifs.
Ainsi l'excitation inopportune et le déséquilibre qui en
résulte s'étendent jusqu'à la mentalité. Par suite, la force
qui, dans l'ordre ou équilibre, serait utilisée pour la sustentation de l'individu dans son intégralité est réquisi-
tionnée pour suppléer le mieux possible à ce qui a été gas-
pillé par le fait de la surexcitation et pour soutenir la
défaillance qui en est nécessairement le contre-coup.

Il y a encore une autre cause qui abrège de plus en plus
la vie humaine et cette cause est d'une extrême gravité :
pendant que je veillais sur Nimred j'ai pu constater que
les êtres hostiles cherchent continuellement à impressionner l'homme en lui inspirant le sentiment de sa propre infériorité en comparaison avec les êtres appartenant aux
états plus raréfiés. Il en fut ainsi pour Nimred : fatigué
par la lutte, il fut, malgré sa puissance, suggestionné par
Devo ; celui-ci imprima dans son cerveau cette idée qu'il
avait introduit dans sa blessure une substance qui devait
endommager les degrés nervo-physique, nerveux, psychique
et mental. Or, je m'aperçus, et cela d'une façon certaine,
que la blessure n'était pas dangereuse. Ce qui était nuisible (et je crus longtemps même que ce serait fatal),
c'était l'impression éprouvée par le chef pendant son excitation et son extrême fatigue, que la morsure d'une bête
hideuse et formidable en apparence devait être la réalisation de la menace de Devo. Il reçut dans sa mentalité la
conception qu'un mal très grave avait été causé à ses degrés d'êtres quaternaires et cette conception, en union inconsciente avec Devo, fut matérialisée au point que le mal
éventuel devint un fait. Ainsi, par la légère blessure faite
à l'épiderme, la conception de la puissance de Devo sur
l'état physico-nerveux pénétra jusque dans la mentalité de
Nimred.

De la même façon, tout ce qui endommage le degré nerveux, l'endommage au moyen de l'état physique. Les né-
vroses, qui sont des effets, peuvent être classées comme
suit : l'irritabilité ou le découragement, la maladie, la perte

de la force vitale ou anémie, les illusions ou insanité. Mais il faut observer que les symptômes de la névrose sont toujours précédés et accompagnés d'insomnie, de perte d'appétit, d'indigestion, de céphalalgie ou d'affection de la moelle épinière. Tant que le cerveau nervo-physique, et son prolongement, l'épine dorsale, ainsi que les nerfs, ne sont pas endommagés il n'y a pas insomnie ou illusion ; tant que les ganglions du grand sympathique ne sont pas endommagés, il n'y a pas inappétence ni indigestion, par conséquent pas de perte de force.

Le cerveau, qui, étant organisé supérieurement, a besoin d'une alimentation spéciale s'affaiblit-il à son tour, alors les cerveaux, ou enveloppes cérébrales moins matérielles, sont affectés. Ce sont : le nerveux, le nervo-psychique, le psychique, le psycho-mental et le mental qui sont tous enveloppés par le cerveau nervo-physique.

L'état morbide de l'enveloppe et des degrés du cerveau affecte naturellement la moelle épinière, les gros ganglions sympathiques, et les nerfs. Il en résulte la névralgie locale ou générale, l'indigestion, le ganglion qui règle l'action de l'estomac étant dérangé ; la dyspepsie et les maladies du foie, le ganglion qui préside au foie fonctionnant mal ; une circulation défectueuse parce que, pour la même cause, le cœur ne fonctionne pas normalement, etc...

Cet état du système nervo-physique affectant les degrés plus raréfiés atteint ensuite l'état de l'âme et produit l'irritabilité, la névrose, la misanthropie, la lypémanie, les pressentiments funestes. Après ces symptômes et cet état morbide, le mal pénétrant jusqu'à la mentalité, les illusions surviennent et après les illusions, l'insanité.

Une fois que le degré nerveux est touché, l'excitation générale et continuelle engendre un état inflammatoire dans le corps entier ou tout au moins dans ses parties les plus sensitives et il en résulte une sensibilité extrême, et souvent une telle acuité des sens, surtout de ceux du toucher, de la vue et de l'ouïe, que le moindre contact, le moindre bruit, la lumière même ou l'obscurité les impressionnent d'une façon anormale. Cette acuité des sens est comme la lueur vive d'une lampe épuisée qui va s'éteindre. La mentalité, elle aussi, partage cet état anormal ; toutefois, le pouvoir intellectuel étant sujet à de grandes variations, la raison devient la proie d'idées absolument contraires au sens commun. Or, cette altération partielle ou générale de l'être est due le plus fréquemment aux êtres étrangers qui se sont introduits dans les degrés variés de densité de l'être. La présence ou l'influence insidieuse de l'Hostile est comme un grain de poussière dans l'œil, une épine dans la chair.

Puisque tout être individuel est parfait en lui-même dans chacun de ses degrés, un être hostile ne peut trouver une place, temporaire ou permanente, dans l'individu, tant qu'une partie n'en est ni dégarnie ni délogée, temporairement ou définitivement. Or, de par la plus impérieuse de toutes les lois naturelles, qui est la préservation de soi-même, l'expulsion d'une partie d'être ne se fait pas sans violence, d'où les contorsions, les convulsions, les efforts de ceux qui sont ainsi assaillis, les crises pendant lesquelles la résistance aux agressions est souvent si forte et si persistante que la force physique fait défaut quoique la lutte soit plutôt instinctive que raisonnée.

C'est ici que l'aide d'un médecin connaissant la nature de l'être humain est éminemment utile. C'est pour cette raison que je consigne mon expérience au sujet de Nimred, d'après le désir qu'il en a manifesté et pour le profit de la collectivité.

Depuis le temps où notre chef n'a plus eu besoin de mes soins, j'ai passé dix ans dans l'étude exclusive des maladies engendrées par les attaques de l'Etre Hostile et de ses Formations. Cette étude prolongée a corroboré les expériences que j'avais faites pendant trois ans, expériences douloureuses et pénibles, mais intéressantes et précieuses.

La première nuit de ma veillée, vers minuit, Nimred se mit à gémir comme un agonisant.

« Où souffrez-vous ? demandai-je.

« De la blessure que j'ai au talon ; le venin de cette épouvantable créature coule dans mes veines comme du feu ; mon cœur bat avec violence, mon cerveau est brûlant et ma gorge desséchée. Je ne crains aucun ennemi extérieur mais je redoute ce poison subtil contre lequel je suis impuissant. »

— « Vous m'avez choisi pour que je combatte avec vous le mal que Devo a voulu vous infliger et je vous prie de m'aider comme vous avez aidé tous ceux qui luttent contre l'ennemi. Je vous préparerai un antidote qui calmera la douleur ; de votre côté, réprimez toute crainte et toute excitation. »

Je pris alors de l'eau pure, non de l'eau de source, ni de l'eau de pluie, mais de celle qui provenait de l'orage et avait été engendrée par la foudre. J'en versai dans une tasse de cristal et j'y infusai toute la force psychique et mentale que cette eau peut recevoir plus que tout autre liquide. Peu après que Nimred en eut bu, il tomba dans un sommeil paisible. Il s'éveilla à l'aube, calme et reposé. Je fis ainsi plusieurs fois et j'obtins toujours les mêmes résultats. Cela prouve que, le degré physique est si précieux pour les degrés psychique et mental, que, si quelque mal lui arrive, les deux degrés concentrent naturellement sur lui leur pensée, leur désir et leur volonté.

Il y a bien quelques malades qui peuvent agir autrement, et ne pas paraître affectés, mais leur détachement ou leur indifférence est contrainte et quel que soit leur soin de cacher leurs pensées, dans le calme les états mental et psychique s'occupent sans cesse du mal physique. Et quoiqu'il soit possible, même pendant la surexcitation, de détourner l'attention du mal pour quelque temps, cette manière de faire est un danger pour l'être dans son intégrité.

De plus, toute appréhension se rapporte au degré physico-nerveux : si un individu a conscience que le degré nervo-physique de son être court le danger d'être endommagé, ce qu'il craint c'est le malaise et la souffrance physique, c'est l'incapacité de prendre sa place parmi ses semblables, de se reposer, de se réjouir ou de travailler pour un but sur la terre.

Si les degrés psychique ou nervo-psychique sont attaqués, l'individu a l'appréhension de la séparation et s'il était sûr que ce degré d'être restât dans le corps à perpétuité, ses craintes s'évanouiraient comme les brouillards devant le soleil.

S'il est endommagé mentalement, son appréhension se porte encore sur l'état extérieur visible. Quoique ses conceptions ou ses désirs puissent êtres anormaux, ils ne lui causent ni regret ni crainte ; ce qu'il craint, c'est leur manifestation extérieure soit par la parole, soit par le fait, soit même par l'expression du visage. Et pourquoi ? Parce qu'il sait qu'une telle manifestation affecterait sa situation parmi les hommes ses semblables et qu'elle pourrait mettre sa liberté en péril. Chez tout individu l'extérieur, le visible est pratiquement le prééminent, l'essentiel, parce que la raison lui dit que, quels que soient les sophismes qu'on a l'habitude de rééditer sur l'invisible, c'est le physique qui le met en rapport avec l'entourage physique où il vit. La résignation de l'être qui, avec une mentalité saine, se soumet à la perte d'un degré d'être est semblable à celle d'un homme qui se noie ; après avoir lutté et inutilement appelé au secours, asphyxié, épuisé, il n'a plus qu'à se résoudre au plongeon final, à s'enfoncer dans les profondeurs d'où il ne pourra plus remonter dans sa forme parfaite ; c'est par force qu'il se résigne à l'*inévitable* et il ne l'accepte qu'après avoir perdu toute connaissance. Présentez à celui qui se noie le plus petit espoir de sauvetage, il s'y cramponnera de toutes ses forces.

Déjà les descendants de ceux qui, dans le passé lointain, ont adoré Devo, enseignent à se résigner à jamais à la perte de l'état nervo-physique, affirmant que telle est maintenant la volonté de *Brah-Elohim.* Comment ! *Brah* aurait pris, dans la personne d'Elohim, la forme à la similitude de laquelle il a fait l'homme afin d'en revêtir IE, dans l'état physique, et maintenant, sa volonté serait que l'homme soit dépouillé de cette forme comme il a été dépouillé déjà par Devo. Combien est égarée la mentalité de ceux qui font de pareilles assertions !

Lorsque Kahi et Kahie, divisés par Devo, las et épuisés, furent dépouillés de l'enveloppe extérieure de l'état physique, ils sentientèrent cette perte jusqu'au centre même de leur être. Ils se sentirent nus. Instinctivement et intuitivement ils cherchèrent l'ombre de la vitalité, essayant de se cacher à eux-mêmes, s'il était possible, la perte immense qu'ils venaient de faire ; perte de la gloire, de la force et de la beauté héréditaires.

Actuellement, hélas ! ils sont bien trop nombreux, ceux à la similitude de Kahi, qui, soit par habitude, soit par crainte des dieux personnels dominateurs, soit par semi-empoisonnement de leur mentalité par les émanations et l'influence de l'ennemi, se résignent à la perte de ce degré nervo-physique de qui les degrés nerveux, psychique et mental dépendent, à de rares exceptions près. Il y en a même qui offrent leur corps en sacrifice vivant à Devo ! Est-il un mal pire que celui-là ?

CHAPITRE XXV

I

Après trois mois pendant lesquels Nimred et moi nous
luttâmes contre le mal, j'observai chez lui une certaine
lassitude et une prostration qui m'inquiétèrent. Je sentais
mes forces diminuer, et je savais que la diminution de
mes propres forces devait entraîner celle des forces de
résistance chez mon chef. Je le lui dis simplement et fran-
chement. Il me répondit : « Quoique votre expérience vous
ait conduit à apprécier la valeur du degré actuellement
extérieur de l'état physique, vos degrés psycho-nerveux,
psychique, psycho-mental et mental sont forts en proportion de leur raréfaction. S'il faut que la lutte soit continuée
dans un de ces états ou dans tous, il n'y a pas lieu de se
décourager, attendu que dans chaque degré il deviendra
plus difficile d'épuiser votre force. Quant à moi, je ferai
tout ce que la raison me conseillera de faire. »

Mais mon désir était de combattre dans l'état physique
extérieur : je cherchai donc quatre et douze hommes de
bonne volonté et de grande force vitale attachés à Nimred.

Quand je les eus réunis, je leur dis :

« Emettez, pendant la nuit, de votre force vitale afin
que je l'attire et que je l'unisse à la mienne. C'est ainsi

que nous pourrons fortifier celui que nous honorons et que nous aimons. » Ils y consentirent tous.

Les douze émirent de la force vitale ; les quatre l'attirèrent à eux et de chacun des quatre j'attirai cette force ; les voyants qui veillaient l'aperçurent comme douze rayons divisés en quatre parties ; chaque partie contenait trois rayons qui se concentraient sur l'un des quatre et, de ces quatre, se rassemblaient sur moi. Unissant le tout à ce qui me restait de force, je le projetai sur Nimred tant au moyen de passes directes que de passes faites au-dessus de l'eau déjà vitalisée. Nous pûmes ainsi donner au chef une force suffisante pour soutenir le combat dans le degré physico-nerveux pendant plus de trois mois.

Au bout de ce temps, je constatai chez moi des symptômes qui m'avertirent que si je continuais cette émission de force vitale, non seulement mon système physico-nerveux, mais encore ceux des degrés plus raréfiés seraient affectés, de telle sorte que je serais incapable de remplir les devoirs de ma charge. Comme toujours, j'en informai Nimred qui me répondit :

« J'ai conscience depuis longtemps que je n'ai eu de ma propre force que juste assez pour répondre à celle que vous m'infusiez. Vous avez fait pour moi tout ce qu'il était possible ; je vous en garderai une éternelle reconnaissance. Il faut nécessairement que nous combattions maintenant Devo dans le degré nerveux de l'être. »

Je remerciai et félicitai les Quatre et les Douze qui m'avaient si bien secondé et ils s'en retournèrent épuisés.

A l'approche de la nuit, la force vitale de Nimred diminua visiblement et un peu avant minuit il gisait étendu sur sa couchette, pâle et immobile comme une statue ; mais je n'en conçus aucune inquiétude. J'oignis d'une huile rare, piquante, aromatique, l'enveloppe extérieure, tout entière, du cerveau, de l'épine dorsale, des ganglions sympathiques, et d'une autre huile aromatique moins rare, le corps tout entier. Je bouchai tous les orifices avec une une substance légère et odoriférante, de sorte que l'air ne put pénétrer nulle part ; puis j'enveloppai le corps dans un vêtement blanc, chaud, léger et poreux. J'élevai la température à vingt degrés, ce qui est inférieur à la chaleur du corps, et je désignai quatre personnes de bonne volonté pour me servir. J'injectai ensuite, dans la veine du bras gauche, un liquide ayant la propriété de suspendre toutes les fonctions physiologiques dans la limite compatible avec la conservation du corps. Trois jours après j'aperçus une forme ovale de sept pieds sur trois qui se tenait immobile près de la tête de Nimred. Cette forme avait l'apparence d'un brouillard carmin, lumineux en soi, qui allait en s'effaçant peu à peu dans l'atmosphère ambiante, de sorte qu'elle n'avait pas de ligne de démarcation brusque.

Il y avait à l'intérieur une pulsation légère et continue. La forme de Nimred se dessina graduellement dans l'ovale.

Je sus ainsi que le degré nerveux de son état physique était extériorisé. Il n'était cependant pas séparé du corps physique avec lequel, au contraire, il était en connexion au moyen de lignes extrêmement fines, d'une teinte cramoisie, et tellement nombreuses qu'elles semblaient exsuder de tous les pores de l'épiderme ; toutefois, je ne suis pas absolument certain de cela car j'étais dans un état d'activité trop grande pour voir et préciser avec netteté.

Mon premier soin fut de renforcer les lignes de connexion et de les entourer de l'aura de puissance. J'appelai ensuite à mon aide Shoofoo qui avait étudié avec moi et possédait de solides connaissances dans cette matière : « Veillez, lui dis-je ; gardez les lignes de connexion et, s'il est nécessaire, renforcez l'aura de protection. »

Après qu'il eut ainsi fait, il me dit : « Je ne doute pas que ce corps nerveux extériorisé ne soit de même nature et soumis aux mêmes conditions que les degrés nerveux de ceux qui quittent le corps après la cessation de la respiration et de la circulation du sang. Je ne doute pas non plus que la pensée concentrée pendant huit jours sur l'état nouvellement séparé n'ait eu une action efficace ; elle a pu produire un adoucissement dans la séparation du degré nerveux et du degré physico-nerveux, et aussi agir comme une aura protectrice. » Puis, après un moment de silence, il ajouta : « Appelez, je vous prie, Benederdin pour qu'il voie tout ce qui se passe. »

Benederdin était le principal voyant qui ne s'éveilla pas durant tout le temps qu'il reposa sous la protection de Mahâllal. Extérieurement il était comme les autres mais les sens de ses degrés d'être nerveux, psychique et mental étaient très développés. Il était extrêmement réservé et peu communicatif, de sorte qu'il était difficile de savoir ce qu'il sentientait, mais sa fidélité et son affection pour Nimred étaient à toute épreuve ; il répondit donc de bon cœur à notre appel.

Dès qu'il fut entré il s'écria : « Entourez le corps de Nimred de toute votre puissance, car il est assailli par les Emanations de Devo qui cherchent à pénétrer dans ce qui est extériorisé. » Nous fîmes aussitôt ce qui nous était prescrit. Puis il continua : « Ces êtres sont comme des insectes autour d'une lampe allumée ; lorsqu'ils touchent à l'aura de puissance, ils se retirent momentanément, puis ils reviennent. Toutefois, je m'aperçois que lorsqu'ils approchent l'aura de puissance s'affaiblit. »

— Connaissez-vous ceux des mages qui ont les plus grandes auras de puissance protectrice ? demanda Shoofoo.

— « Choudah et Salech sont les plus grands », répondit-il.

Nous les fîmes appeler. Ils entourèrent le corps alternativement de leur puissance, de façon à se fatiguer le moins possible.

« Je vous ai prié de venir à mon aide, dis-je à Shoofoo, parce que mon intention est d'essayer de communiquer avec Sheth qui se trouve en son intégralité dans le degré nerveux, car le conservateur de ce degré empêche la séparation de tous les degrés et états plus raréfiés. J'agis ainsi afin que, si l'Hostile venait à prévaloir contre moi et à couper les lignes de connexion, Sheth puisse recevoir et protéger Nimred. »

Au même instant Benederdin s'écria : « En garde ! En garde ! » Choudah et Salech entourèrent aussitôt de leur puissance la forme blanche de Nimred.

« Les êtres qui voltigent autour de Nimred, dit le Voyant, se sont retirés à une petite distance ; ils forment comme une avenue par où arrive un être qui ressemble à notre chef. »

« C'est, observa Shoofoo, une grande Emanation hostile qui est dans le degré nerveux psychique et qui a assumé une forme semblable à celle de Nimred ; sa forme extériorisée leur est visible puisque, malheureusement, aucun de nous ne possède la faculté de rendre invisible ce que nous désirerions qui le fût. »

— « Que l'un de vous, dis-je aux deux Mages, repose comme avant, car l'être que Benederdin a décrit est dans le degré nervo-psychique ; son dessein est de posséder le degré nerveux et non le degré physico-nerveux de Nimred. Il est vraisemblable que s'il prend possession de ce degré, c'est dans le but de nous prendre au dépourvu en excitant notre étonnement et notre intérêt, de couper les lignes qui relient le degré nerveux au degré physico-nerveux et d'assumer le degré nerveux de Nimred, degré qui est l'enveloppement naturel du nervo-psychique dans lequel il vient ici. »

Je communiquai avec le degré nerveux de Nimred et lui parlai ainsi : « Une des principales Formations de Devo est venue dans le degré psycho-nerveux, et a assumé votre forme avec l'intention, croyons-nous, de rompre votre connexion avec l'état physique, de profiter du trouble que vous causera la séparation, d'expulser votre degré nervo-psychique, et d'y substituer le sien. Nous sommes capables de vous protéger puisque ici nous pouvons préserver les états physique et nervo-physique. Je vais vous mettre en communication avec Sheth, qui est dans le degré nerveux, afin que vous ne subissiez pas brusquement la perte physique et pour que vous ne ressentiez aucun choc. Vous plaît-il de laisser en apparence cette Formation de Devo accomplir son dessein afin que nous acquérions ainsi la connaissance certaine des conditions où se trouvent ceux qui subissent la transition ? »

— « Vous avez exprimé mon désir. » Nous fût-il répondu.

Alors j'envoyai chercher Othoris, pour qu'il aidât Shoofoo, puis Beleno et Meditoum, pour qu'ils aidassent Chondah et Salech. — « Désirez-vous quelqu'un de votre choix pour vous suppléer en cas de fatigue ? demandai-je à Benederdin.

— « Ceux qui travaillent dans un but utile, me répondit-il, ne se fatiguent guère. Ce qui fatigue, c'est l'agitation perpétuelle, inefficace et sans but des degrés d'être, depuis le physico-nerveux jusqu'au mental. Je repose seul et quand je ne peux plus remplir mon office je cède ma place à un autre. »

La Formation s'approchant, Benederdin nous dit : « Cet Etre est voilé d'invisibilité ; je m'aperçois que des lignes de puissance violettes le suivent et l'entourent ; cette puissance et cette invisibilité viennent de Devo. »

— « Dans l'état d'activité et d'anxiété où je suis, répondis-je, je ne puis voir ce qui pourrait m'être visible dans le repos ; dites-nous donc exactement ce qui se passe. »

— Après un moment de silence, Benederdin s'écria : « Où donc est l'homme qui se connaît lui-même ? Je pensais pouvoir accomplir ma tâche seul et voici que dès le commencement j'ai besoin d'un aide ! »

— Comment cela ? demandai-je.

— Je ne puis pénétrer l'invisibilité dont cette Formation est enveloppée ; avant de rien entreprendre, il faut que quelqu'un me donne ce pouvoir de pénétration.

— Autant que nous le sachions, repris-je, il n'en est qu'un qui en soit capable, et c'est Tihpherès.

— Tihpherès est toujours en rapport avec la Passive. Demandez à Nechohaba d'intercéder pour nous.

— Non pas, répondis-je, jamais je ne m'engagerai à

mettre une Passive, qui est une avec un Actif, en rapport
avec un autre Etre actif et surtout avec un Actif plus
grand, de peur de causer quelque confusion dans ses états
d'être. Mais nous avons le jeune néophyte Jachmim qui possède de grandes facultés. Nous nous mettrons par son intermédiaire en rapport avec Tihpherès ; la communication
sera facile, car, pour la plupart, nous ne sommes séparés
de sa demeure que par les eaux. »

Ce Jachmim était de la race de Ferhan et de la deuxième
Formation de Barashino. Il était doux, paisible, et de
bonne mine ; il portait un vêtement d'une blancheur immaculée ce qui amena parmi nous l'habitude de dire de
tel ou tel : « il est aussi pur que Jachmim, » ou : « il est
semblable à Jachmim. »

Le néophyte dormit, sa main gauche dans la mienne et
sa main droite dans celle de Benederdin. Je fus ainsi mis
en rapport avec Tihpherès de qui je reçus la faculté de
pénétration que, par Jachmim, je passai à Benederdin.

Alors celui-ci s'écria joyeusement : « Maintenant l'invisibilité n'existe plus pour moi ! Priez Tihpherès de me
donner cette faculté à perpétuité. »

Je fis part de cette demande à Tihpherès qui répondit
par Jachmim : « Ce qui est donné est donné. Il appartient
à Nimred de conférer ce pouvoir aux siens pour toujours.
Quant à Benederdin, personne ne saurait utiliser mieux
que lui une semblable faculté. »

Benederdin éprouva une vive satisfaction et moi aussi
parce que je savais la valeur et l'importance qu'a le con-
tentement chez les sensitifs, surtout chez Benederdin qui
n'avait plus Mahâllal. Shoofoo fit reposer Jachmim qui
rentra chez lui calme et tranquille comme d'habitude. En
nous quittant nous vîmes sur son vêtement comme un léger reflet d'arc-en-ciel. « C'est l'aura du Premier Emané »,
dit Shoofoo.

II

Je m'adressai ensuite à Nimred.

« Vous savez, lui dis-je, quel immense service pourrait rendre à l'homme la connaissance de ce qui arrive, après que le degré nerveux de l'état nerveux a quitté le degré nervo-physique. Or, le degré nerveux de votre être est temporairement extériorisé du degré nervo-physique, non par la volonté d'un autre, ainsi que cela se passe dans les extériorisations ordinaires pendant la trance ou dans l'état hypnotique, mais par suite de l'épuisement de votre degré nervo-physique ; de sorte que les conditions où vous vous trouvez ressemblent à celles d'une personne qui a subi la séparation permanente.

Tout est préparé ici pour une expérience pouvant amener des résultats d'une grande importance ; ncus n'attendons que votre désir et votre aide. Si vous le voulez bien, souffrez que celui qui vous approche dans le degré nerveux psychique extériorise votre propre degré nerveux psychique pour en prendre la place, puis laissez-le agir à sa guise dans certaines limites. Nous acquérerons ainsi la connaissance que nous désirons et qui jusqu'à présent nous a fait défaut. Bien des voyants décrivent ce qui se passe après la transition mais leurs récits diffèrent si essentiellement que nous avons des raisons de croire que, malgré leur bonne foi, ils sont trompés ; cela n'a rien d'étonnant pour qui connaît l'habileté et la ruse de Devo, de ses Emanations ou de ses Formations.

Le degré nerveux de Nimred inclina la tête en signe d'assentiment.

— « Je constate, dit Shoofoo, qu'au moment où la tête du degré nerveux s'est inclinée, il y eut un mouvement presque imperceptible de la forme nervo-physique. N'y a-t-il pas là une explication du changement d'expression ou de posture que l'on remarque chez ceux dont on croit les états d'être séparés ? S'il en est ainsi, un tel changement ne prouve-t-il pas que la connexion entre les degrés nerveux et nervo-physique n'a pas complétement cessé et que la préservation du degré nervo-physique est nécessaire aux degrés plus raréfiés ? Cela ne prouve-t-il pas que l'incinération immédiate, l'inhumation rapide, la destruction du corps par des liquides corrosifs, sont autant de violations de la loi de charité ? En effet, pour de nombreuses raisons, il peut y avoir, en apparence, cessation des fonctions physiques, par suite de causes anormales ; on peut avoir ainsi toutes les apparences de la séparation permanente alors que les plus expérimentés ne sauraient être affirmatifs sur ce point.

— « L'Etre voilé d'invisibilité, dit Benederdin, examine minutieusement l'aura de puissance qui enveloppe le degré nerveux de Nimred ; d'autres êtres forment autour de lui trois sphéroïdes. Ceux qui l'environnent ne sont pas d'un rang égal ; ceux du cercle extérieur, contrairement à l'usage, sont les plus puissants.

— « S'il en est ainsi, dit Shoofoo, c'est peut-être à cause de la présence de Sheth qui est plus grand que nous.

— « Il y a, continua Benederdin, fixées à ces êtres, des lignes de puissance semblables à celle qui est attachée au chef que j'appellerai Chatter (malin). Je pense qu'ils pourraient être rappelés, ou même désintégrés, au moyen de ces lignes. Avec ces mêmes lignes, mêlées à leur propre puissance, ils tissent autour des sphéroïdes une trame semblable à une toile d'araignée ; quand elle sera achevée, Nimred et Chatter seront enfermés dans les trois sphéroïdes dont ces êtres forment, pour ainsi dire, les centres ganglionnaires d'où se ramifient les lignes de puissance.

Les sphéroïdes sont achevés et Chatter attire à lui le degré nervo-psychique de Nimred sans beaucoup de difficulté. Néanmoins, je constate que Nimred, s'il n'était gardé, ne pourrait nullement résister à Chatter qui n'est pas peut-être plus puissant que lui, mais qui est soutenu par la puissance de Devo contre lequel, jusqu'à présent, personne sur la terre n'a pu prévaloir efficacement.

En outre, Chatter est bien protégé et la séparation temporaire offre les conditions les plus favorables, par suite de l'enveloppement de puissance protectrice. En supposant que celui qui a subi la transition et l'être qui vient pour le posséder soient égaux en puissance, le désavantage est pour le premier, s'il n'est ni surveillé, ni gardé, parce qu'il est troublé par la perte d'un état, à laquelle il n'a pas été préparé, perte contre nature et souvent provoquée avec violence par l'Hostile ; de plus, son état nervo-physique extérieur est sans protection aucune ou insuffisamment protégé.

Le degré nervo-psychique de Nimred est retiré.

Voici maintenant quelque chose dont je n'avais jusqu'ici aucune conception : non seulement le degré nervo-psychique de Nimred est remplacé par celui de Chatter, mais le degré psychique de Chatter s'est approché, comme l'a fait le nervo-psychique et il a pris possession du degré nervo-psychique extériorisé de Nimred. »

Shoofoo consigna tous ces faits.

« Maintenant, le degré nervo-psychique de Chatter possède le degré nerveux de Nimred ; son degré psychique possède le degré nervo-psychique de Nimred extériorisé ; que devient le degré nervo-physique qui est visible pour tous, blanc comme du marbre et sans veines ? »

— « Il est entouré de Formes ressemblant aux diverses parties d'être de Nimred, répondit le voyant ; ce sont un bras, une oreille, un œil, un nez ou une bouche ; mais ces formes changent.

— « Ceci, me dit Shoofoo, est un effet dû à la présence d'une Emanation (non d'une Formation) de Devo. Cette Emanation se revêt comme elle peut, en attendant la sortie de la vie ; dès qu'il ne reste plus de sang nerveux, le sang nervo-physique se refroidit et se coagule.

— « Pourquoi, demanda Kanda, cette Emanation attend-elle la sortie de la vie physique du sang.

— « Parce que, répondit Shoofoo, la partie la plus raréfiée du degré composé physico-nerveux est encore avec elle. Il est possible que celui qui a assez de puissance et de connaissance puisse s'en servir pour son propre enveloppement, il est donc possible que, l'ayant ainsi adoptée, l'Emanation dans l'intégrité de son être, c'est-à-dire depuis le degré de raréfaction touchant à son Emanateur, jusqu'à celui du degré physico-nerveux, parvienne à posséder la forme physique plus dense dont la plus raréfiée est sortie avec la vie nerveuse du sang. »

— « De temps en temps, dit Chandah, les corps de ceux qui ont subi récemment la séparation disparaissent mystérieusement. On pourrait expliquer ainsi cette disparition.

— « S'il en était ainsi, demanda Sabech, ne reconnaîtrait-on pas ceux qui auraient été possédés ?

— « Si l'on considère, répondit Shoofoo, que l'homme est graduellement transformé par son entourage, ses propres impressions, ses sensations et par les circonstances, je ne vois aucune raison pour qu'un être aussi puissant qu'une Emanation ne puisse immédiatement transformer le degré physique assumé par lui de telle façon qu'il devienne méconnaissable. D'ailleurs il arrive fréquemment de croire reconnaître une personne décédée dans un individu que l'on rencontre et que l'on n'a jamais vu.

— « Mon désir, dis-je à Benederdin est de savoir si le degré nervo-physique de Nimred est suffisamment protégé.

— « Tellement bien, répondit le Voyant, que, quoique les fonctions physiques soient en apparence inactives, le sang n'a perdu ni sa chaleur ni sa vitalité. »

J'appelai alors douze hommes en affinité avec Nimred et bien doués comme force ; car à cette époque il y avait sur la terre des Nephelim qui ne ressemblaient pas aux autres et qui naissaient sept mois après la conception. J'appelai donc un de ces Nephelim pour fournir au degré nervo-physique de Nimred toute la vitalité nécessaire avant de me décider à retirer la puissance protectrice et avant de permettre à Chatter de rompre les rayons de connexion qui unissaient le degré nerveux au degré nervo-physique.

Les Nephelim opérèrent quatre par quatre, afin d'éviter la fatigue. Puis je laissai faire Chatter.

— « Vous savez, dis-je à Benederdin, qu'il est nécessaire que les deux degrés de Nimred possédés par Chatter soient surveillés sans relâche pendant la durée de notre expérience. Vous savez aussi qu'il est impossible à un voyant de sentienter continuellement deux degrés de densité à la fois ; choisissez donc le degré que vous surveillerez et indiquez-moi quelqu'un pour surveiller l'autre.

— « Hélas ! soupira le voyant. Ce qui a été n'est plus. Je veillerai sur l'état le plus dense ; Elrohragel fera ce que malheureusement je ne puis faire. »

Benederdin veilla donc sur le degré nerveux de Nimred possédé par le degré nervo-psychique de Chatter et Elrohragel sur le degré nervo-psychique de Nimred possédé par le degré psychique de Chatter. Je désignai pour prendre des notes Albas et Ashreph qui avaient la rare faculté de noter ce qui se passait avec exactitude sans y rien mêler de leur propre imagination. Albas transcrivit les paroles de Benederdin et Ashreph celles de Elrohragel.

« — Examinez Nimred, dis-je à Elrohragel et comparez-le dans votre mentalité avec les corps de ceux qui ont subi la séparation permanente. »

— Après quelque temps le voyant répondit : « Pour que je rende clairement la différence qui existe entre l'état de Nimred et celui d'une personne qui a subi la séparation permanente, laissez-moi vous dire d'abord que je remarque que l'état nervo-physique lui-même possède quatre degrés ou densités. Or c'est le plus raréfié de ces quatre degrés qui quitte le corps à la sortie de la vie du sang qui le nourrit. Lorsque le sang se refroidit et se coagule, les deux degrés plus denses restent avec celui de la partie la plus dense, c'est-à-dire l'enveloppement extérieur ou corps visible, et cela aussi longtemps qu'une partie quelconque de ses constituantes retient la forme, s'accommodant des restes de l'enveloppement antérieur. Ce n'est que quand cet enveloppement est endommagé ou divisé de manière à exclure toute possibilité de maintenir l'union avec lui, qu'ils le quittent. »

— Alors, dit Chandah, la conservation de la forme individuelle dépend, là comme dans les autres états, de son perfectionnement, car l'état nervo-physique a ses degrés d'être : physique, nerveux, psychique et mental et chacun de ces degrés a quatre densités. De l'intelligence dépend donc la préservation. Si la préservation de tout ce qui a forme humaine était observée comme une loi sacrée, ainsi qu'autrefois, l'état nervo-physique serait préservé et gardé intact dans tous ses degrés.

Il est possible que, dans certaines circonstances, ceux qui ont la puissance et la connaissance soient capables de fournir un sauf-conduit au degré plus raréfié de l'état nervo-physique, de sorte que d'autres états et degrés d'être puissent être mis en rapport avec ce qui reste dans le corps et dont le siège principal est dans l'intérieur poreux des os, intérieur conservé lui-même par l'enveloppement extérieur lisse et comparativement non poreux.

— « C'est pour cette raison sans doute, dit Shoofoo, que le fléau déchaîné par Devo fit pourrir l'intérieur des os. Du reste le récit de Benederdin me semble plausible et l'hypothèse est logique.

— « La sincérité du Voyant n'est pas douteuse, dis-je.

— « La sincérité n'est pas tout, répliqua Shoofoo, la connaissance est avant tout essentielle chez le Voyant si l'on veut que la description de ce qu'il voit soit claire. Par exemple, si nous étions complétement ignorants en ce qui concerne la nature des sphères et des sphéroïdes et qu'un voyant nous dise : je vois une pâle clarté formant une voûte dans laquelle brillent de petites lampes rondes, que comprendrions-nous ? » Sentant la vérité de ces observations, je méditai longuement.

— « Krishnama, dis-je enfin, a profondément étudié, avec nous, la structure physique ; je vais le prier de venir et de se mettre en rapport avec Benederdin pour qu'il étudie cette matière. » Krishnama y consentit de bon cœur. Après de longs jours d'étude il nous envoya le rapport suivant :

Il y a lieu d'examiner scientifiquement cette assertion de Benederdin, le Voyant, qu'il y a quatre degrés dans le degré nervo-physique de l'état physique ; qu'après la séparation du degré plus raréfié (qui quitte le corps avec la vie du sang par laquelle il est soutenu) les deux degrés intermédiaires entre celui-ci et l'enveloppement extérieur restent avec ce dernier ; qu'enfin leur habitat commun est dans la partie poreuse interne de la charpente osseuse. A cette fin nous prenons en considération les faits suivants :

L'évolution de la charpente osseuse est proportionnée à celle de l'intelligence. En effet, depuis l'archibiosis jusqu'à la neuvième évolution, il n'y a pas de vertèbres ; depuis la neuvième évolution, jusqu'à la vingt-deuxième inclusivement où nous trouvons des êtres à la similitude de l'homme, le perfectionnement de la charpente osseuse et celui des forces pathétique, spirituelle, intellectuelle et vitale vont de pair. Dans l'être individuel, le perfectionnement des os va de pair avec celui de l'intelligence. La charpente osseuse des enfants de l'homme étant composée presque entièrement de cartilages (ainsi que chez les premiers poissons) l'ossature prend graduellement la place du tissu cartilagineux de sorte que c'est seulement après des années que le squelette cartilagineux est converti en os par le dépôt progressif de matière ossifiante dans le cartilage ; et cette matière se renouvelle d'elle-même tant que le sang circule.

L'os consiste en centres individuels d'une teinte sombre de chacun desquels des tubes rayonnent dans toutes les directions. Par ces tubes le sang transporte à chaque centre sa nourriture. Le développement cellulaire dans le cartilage est inférieur à celui de l'os véritable, parce qu'il possède plus de méats intercellulaires et plus de canaux sanguins. Les ossements prétendus secs de l'homme, c'est-à-dire ceux qui ont été partiellement privés de leur partie constituante liquide, sont composés, à peu près, d'un tiers

de matière organique et de deux tiers de matière terreuse ;
tandis que les ossements prétendus vivants sont composés
d'un peu plus de trente et une parties de matière organique et d'un peu moins de soixante-neuf parties de matière terreuse ; il y a donc, proportionnellement, dans les
os soi-disant secs, une augmentation de matière organique
consistant en graisse, gélatine, etc. Cette structure terreuse
minérale et organique est recouverte d'un bel émail préservatif qui, à moins d'être soumis à une oxydation prolongée demeure permanent.

Néanmoins, je constate que la formation osseuse se détériore aussi bien que tout ce qui appartient au degré
nervo-physique de notre être ; nos os ne sont plus ce
qu'ont été les os du Kahi, et les os de nos descendants ne
seront plus comme sont actuellement les nôtres. Sans
doute leur forme est la même, bien que sa grandeur dé-
croisse ; mais les forces osseuses vont toujours diminuant,
comme celles du sang. Nous devrons donc nécessairement
répondre de moins en moins par l'affirmative à cette im-
portante question ; les os peuvent-ils vivre ?

Les questions qui se posent à la suite de ces considéra-
tions sont les suivantes : Dans quel but la charpente osseuse est-elle ainsi construite, alors que tout le reste est
transformé, sauf les cheveux, qui ont une vie individuelle
distincte ? Non, seulement cette charpente retient la forme,
mais avec la graisse elle retient l'oxygène, l'hydrogène et
le carbone ; avec la gélatine elle retient la constituante essentielle des tendons, des membranes et des ligaments et
avec toutes les deux unies les constituantes essentielles d u
corps entier.

Pour quel objet, la soi-disant matière terreuse, consistant en phosphate de chaux, fluorure de calcium, carbo-
nate de chaux et phosphate de magnésie, est-elle préservée
en forme individuelle permanente ? Pourquoi, avec ces
constituantes organiques et terreuses des ossements,
trouve-t-on mélangé tout ce qui est essentiel à la reconsti-
tution de l'état physique de l'homme ?

Partout il y a vie cellulaire et élémentaire, mais la forme individuelle construite d'innombrables cellules vivantes indique la vie individuelle. Puisque la charpente osseuse, avec ses constituantes organiques, terreuses et minérales, retient la forme individuelle, quelle hypothèse plus simple que celle qui consiste à admettre qu'elle est la demeure des états d'êtres intermédiaires entre elle-même et ce degré plus raréfié qui la quitte quand la vie s'échappe ?

Puisqu'il est démontré que la charpente osseuse est retenue en forme individuelle, toute autre hypothèse sur la cause de cette conservation de la forme est-elle plus rationnelle ?

En accordant pour un moment que la charpente osseuse soit l'habitat des deux degrés intermédiaires de moindre densité, la réponse à la question si souvent posée par l'occultiste : « les ossements peuvent-ils vivre ? » peut-être résolue par l'affirmative. En effet, si l'on possède la connaissance et le pouvoir nécessaires pour soutenir et protéger le degré d'être plus raréfié qui s'échappe quand le sang cesse de circuler et qui revêt l'état nerveux quand les degrés sont protégés, alors on pourra, au moyen de cet état, relier ce que le squelette a retenu et nourri avec l'état nerveux. Or celui-ci, s'il est conservé intact, contient tous les autres états plus raréfiés qu'a pu posséder l'individu avant la séparation d'êtres.

Cet état intermédiaire plus raréfié, évoqué par l'occultiste, dûment protégé et soutenu, jusqu'à sa réassimilation avec l'être, dans son habitation normale, représente la mentalité ou l'intelligence des degrés nervo-physiques ; l'occultiste ne peut-il pas alors, au moyen de cette intelligence, réveiller à la lumière d'*Elohim*, la vie latente des cellules rassemblées et composées, ainsi que celle de la matière mélangée ? Ce qui était apparemment inerte ne peut-il pas se réveiller comme le feuillage des arbres se réveille au printemps, sous les premiers baisers du soleil ?

La charpente osseuse ne peut-elle se recouvrir de fibres et de muscles, être traversée de nouveau par son réseau

merveilleux et complexe des nerfs, d'artères et de veines,
et se reconstruire ainsi convenablement pour recevoir les
états et degrés d'être plus raréfiés dont le corps sera désormais l'éternelle habitation matérielle ; pathétisée, spiritualisée, intellectualisée et vitalisée par le pathétisme, la
spiritualité, l'intellectualité et la vitalité universels.

Ayant appris ou réappris la valeur de cet état corporel
et ayant ainsi perfectionné leur être, ces états et degrés
plus raréfiés pathétiseront, spiritualiseront, intellectualise-
ront et vitaliseront à leur tour le corps qui, ainsi, se perfectionnera éternellement, demeurant, selon la conception
première de *Brah-Elohim*, à l'abri de la douleur et de la
perte, glorieux enfin et immortel.

Il s'agit d'entourer d'une aura de puissance les plus
grands et le plus nobles qui reposent dans le tombeau, ainsi
que le fut autrefois la sphère de formation ; il s'agit de tirer
de la terre entière, de l'eau et de l'air, tout ce qui manque
à la matérialité conservée par la forme osseuse afin de
perfectionner ainsi l'être individuel dans son intégrité :
c'est là le chef-d'œuvre de l'occultisme !

Un pas de plus dans la connaissance et la puissance et
la science sera capable de séparer de nouveau l'homme des
autres animaux, en lui donnant le pouvoir de transformer
ses conceptions en émanations dans le monde de la matière
mélangée dont il est environné, de revêtir ces émanations
et de matérialiser ses conceptions dans des formes dignes
d'elles.

Eveiller le mortel à la conscience de son droit à l'Immortalité, c'est faire un pas vers la restitution de l'homme,
vers l'approche du temps où il n'y aura plus pour l'Homme
Divin et Humain ni mort, ni douleur, ni tristesse. Et ce
n'est nullement un vain rêve ni une extravagance : Autour,
au-dessus et au-dessous de nous, l'air, l'eau et la terre
abondent en matérialité propre à la formation individuelle. La croissance, la sustentation de l'être individuel,
stationnaire ou non, et tout ce que la Soi-disant Nature
fait actuellement avec lenteur et imperfection de la maté-

rialité propre à la formation, l'intelligence de l'homme évolué peut le faire rapidement et avec une certaine perfection. L'hydrogène et l'oxygène font-ils défaut ? Le nitrogène et le carbone sont-ils rares ? Le formateur et le transformateur n'ont-ils aucune puissance sur la matière mélangée ?

L'intelligence évoluée et les douze sens développés rendraient à l'homme le pouvoir d'émaner et de former des êtres à sa propre similitude et, une fois de plus, ainsi que dans l'ancien temps, il revêtirait sa conception pathétique, spirituelle et intellectuelle en tirant de sa sphère de formation, dont il l'entourerait, le phosphore, l'oxygène et la chaux comme constituantes principales de l'ossature ; le phosphate de magnésie et le fluorure de calcium propres à l'émail préservatif ; les combinaisons azotées propres aux muscles, aux membranes, au cerveau, aux nerfs ; l'hydrogène, l'oxygène et le carbone pour la graisse ; l'ammoniaque, l'oxygène libre, le fer, le manganèse et le sel, nécessaires pour le sang, et ainsi de suite.

C'est ainsi qu'armé du sceptre de l'intelligence il perfectionnerait de sa dextre de puissance la chaîne de l'être, parce qu'il choisirait les matériaux, édifierait un temple à la divinité qui est en lui, répondant effectivement à la volonté exprimée par *Brah-Elohim* quand il disait à Kahi :

« Formez des êtres à votre similitude, repeuplez la terre, et excercez la domination sur toutes choses. »

III

Le matin, à la première heure, tandis que nous livrions les états nerveux et nervo-physique à l'émanation de Devo, un enfant apporta une lettre qu'il ne voulait remettre à aucun autre qu'à moi-même. Cet enfant, nommé Hedem, que Nechohaba avait pris avec elle pendant son séjour dans le royaume de Nimred, était tellement affectueux, fidèle et intelligent que Nimred et Nechohaba l'avaient pris en amitié. Ne jugeant pas prudent de l'exposer dans un âge aussi tendre aux influences qui nous environnaient dans la chambre où était Nimred, j'allai à la porte prendre la lettre et je recommandai à l'enfant de m'attendre quelque temps dehors. Voici le texte de cette lettre :

« Au mage Kelaouchi, le fidèle, le loyal et le sage.

« Cette nuit, pendant que je reposais, notre jeune Aubis à mes côtés, je m'aperçus que la chambre était remplie d'une étrange lumière ; levant les yeux je vis que cette lumière précédait l'aura d'un être dans la forme de Nimred. J'en fus troublée et saisie de tremblement ; mais je me remis bientôt et demeurai tranquille, le bras passé autour de notre fils.

« La Forme se rapprocha et dit d'une voix basse qui n'était pas naturelle : « Nechohaba, ma bien-aimée, Devo a prévalu et a séparé deux fois mon être de sorte que mon corps reste étendu sans vie dans la chambre. Mon degré nervo-psychique est également séparé ; mon malaise et ma détresse sont grands ; je suis venu vers toi, sachant que tu sentienterais ma présence, pour me refugier dans ton aura et dans celle de notre enfant où je pourrai trouver le repos. »

— « Vous êtes, il est vrai, revêtu de la forme de Nimred, répondis-je ; cependant tout mon être proteste et se révolte contre vous ; je sens que vous êtes un trompeur, une Emanation de Devo venue ici dans un but que je ne connais pas. Allez-vous en ; votre imposture est démasquée. »

La Forme se retira un peu et continua ainsi : — « Je ne suis pas un imposteur mais bien véritablement et réellement Nimred. Je puis te le prouver en te parlant d'événements connus de toi et de lui seuls. » Et il me raconta en effet plusieurs faits de sa vie passée.

« Maintenant, ma bien-aimée, ajouta-t-il, tu es convaincue que c'est bien moi et non pas un autre. »

— « Que vous soyez vous-même, répondis-je, personne ne le nie ; mais que vous soyez Nimred, jamais je ne le croirai. Votre connaissance d'événements particuliers n'est pas extraordinaire, étant donné que dans l'état où est maintenant Nimred vous pouvez lire dans sa mentalité comme dans un livre ouvert. Soyez assuré d'une chose, c'est que les Passives qui sont unes avec les actifs auxquels elles appartiennent ne peuvent être trompées lorsqu'il n'y a aucune division entre eux. »

« Alors le séducteur invoqua tous les noms que nous tenions en la plus grande vénération, jura qu'il était bien Nimred en se lamentant et en faisant étalage du plus grand chagrin. Mais, ne parvenant pas à m'émouvoir il partit enfin.

« Je vous ai fait part de tous ces faits afin que vous mettiez en garde ceux qui vous entourent. J'ajoute que cet être était revêtu de la véritable forme de Nimred et c'est ce qui me troubla un peu. Faites moi savoir où en sont les choses et si tout va bien. »

NECHOHABA.

Au reçu de la lettre, je priai Shoofoo d'aller rassurer Nechohaba ; puis, je fis savoir aux chefs de toutes les parties du monde ce qui s'était passé en les mettant en garde contre les ruses de Chatter. Je reçus d'eux des récits que je relate plus loin.

Il ne faut pas hésiter à mettre en doute les apparitions de ceux qui ont subi la transition ; leurs avertissements, leurs prophéties ou leurs conseils doivent être tenus pour suspects. Quoique la ressemblance soit parfaite, malgré des preuves d'identité surprenantes, quelques sages, judicieux et prudents que puissent être leur conseils, tout ce qui se fait et se dit a pour but l'accomplissement du dessein des Etres hostiles à l'homme. Ces Etres, malgré tout, ne font que leurrer ceux qui se mettent en rapport avec eux et leur tendre des pièges. La lumière dont ils s'entourent n'est qu'un feu follet qui trompe les naïfs ; ceux-ci s'enfoncent peu à peu dans la fondrière et n'occupent plus leur rang parmi les hommes, ou, ce qui est pire, ils accueillent ceux qui les bernent, si bien qu'ils sont possédés pour leur vie,

Chercheurs indépendants, nous avons noté que les deux surveillants de Chatter nous ont fait la même description de ce qui s'était passé loin d'eux. Cela est intéressant comme prouvant d'abord que Benederdin et Elrohragel sentaient ce qui se passait au loin comme s'ils avaient été présents dans le corps, et, en outre, qu'ils n'étaient influencés ni par leur entourage extérieur ni par leur propre imagination, ce qui est d'une grande importance. Beaucoup de voyants et de sensitifs voient ou sentent réellement, mais sans le savoir, ils se laissent influencer par ceux qui désirent communiquer ou veulent impressionner autrui par leur intermédiaire, ou bien ils sont influencés par leurs propres conceptions et par leur imagination qu'ils n'ont pas appris à dominer, de sorte qu'ils n'ont ni volonté, ni raison libre.

CHAPITRE XXVI

I

Voici les rapports qui m'ont été adressés :

Chi à Kélaouchi, Mage principal de Nimred. Minuit, 15e
jour de la 6e lune.

« Zien, de notre propre race, enregistrait nos souvenirs du
passé lointain et nous étions tout à ce travail lorsque tout à
coup, quoique les portes fussent fermées, nous sentîmes la
présence de quelqu'un ; en levant les yeux nous vîmes Nimred.

J'éprouvai d'abord une impression de joie ; j'allais lui
souhaiter la bienvenue et le féliciter d'avoir recouvré la
santé et la force lorsqu'un sentiment indescriptible de soudaine méfiance me fit garder le silence. Me rappelant alors
que les portes étaient fermées, je ne doutai pas que nous
ne fussions en présence d'un être anormal.

Je remarquai que le jeune Zien était pâle et que ses
mains tremblaient. Comme son regard rencontrait le
mien, il dit : « J'aime Nimred, c'est lui qui m'a appris à
courir, à nager, à plonger ; c'est lui qui m'a fait comprendre les signes célestes, la voix des vents et des eaux,
le langage des oiseaux ; hé bien, cette présence me remplit
de trouble et je me sens glacé jusqu'à la moelle. »

Je posai ma main sur sa tête et lui dis : « Dormez dans
la paix et le bonheur. » Il s'endormit et son visage calme,
sa respiration régulière démontrèrent qu'il ne ressentait
aucune influence malfaisante.

Alors Chatter, avec les intonations de voix de Nimred, parla ainsi : « Qu'a donc ce garçon qu'il tremble et qu'il pâlit en me voyant ? Ne sommes-nous pas toujours amis et camarades ? »

— « Votre venue était inattendue, répondis-je ; nous vous supposions souffrant des suites de votre lutte avec Devo et vous apparaissez au milieu de nous les portes fermées ! Zien a peut-être eu peur que quelque malheur ne fût arrivé à celui qu'il aime si tendrement, et, en vérité, maintenant que je vous regarde je m'aperçois que vous n'êtes pas ici en chair et en os mais dans le degré nerveux. Est-ce par puissance occulte, ou par votre volonté, et temporairement, que vous êtes ainsi extériorisé ou bien auriez-vous, malheureusement, quitté votre enveloppe extérieure pour n'y plus rentrer ? »

— Vous l'avez deviné, dit l'Etre. Je suis venu dans le degré nerveux de l'état physique afin de trouver chez vous un abri, car la séparation a été brusque et je me sens faible. J'ai pensé à vous, sachant que vous m'accorderiez votre protection contre l'hostile jusqu'à ce que les effets de la secousse et du trouble aient cessé, car si je demeurais sans protection, d'autres degrés d'être plus raréfiés seraient certainement séparés aussi.

— Vous avez bien fait, répondis-je ; ceux de bonne volonté n'ont rien à craindre ici ni de l'homme ni d'autres êtres hostiles.

J'émis alors de la puissance avec rapidité et énergie ; mais avant que cette puissance ait pu l'entourer, la Forme avait disparu. Elle n'avait pas disparu par sa propre volonté ; elle avait été enlevée subitement par une puissance extérieure que je reconnus être celle de Devo. J'aperçus des lignes violettes extrêmement ténues qui se dirigeaient vers l'ouest.

Le lendemain, en me promenant sur le bord du fleuve, à l'ombre des arbres, j'eus l'intuition que quelqu'un me suivait, mais étant en contemplation, et ne voulant pas m'arracher à ma pensée, je n'y pris pas garde. J'arrivai ainsi près d'un cèdre majestueux dont l'ombre épaisse est mon lieu de repos préféré ; je m'étendis sur l'herbe et je me reposai.

J'entendis alors une voix m'appeler par mon nom : « Chi, Chi ! » j'allais répondre, mais je me rappelai l'apparition de la forme de Nimred ; je me rappelai aussi qu'un Etre hostile avait appelé ainsi Mahállal qui, en répondant, s'était mis en rapport avec lui ce qui avait amené la perte de son enveloppe physique. Suivant donc l'exemple de Kahi, lorsque Devo l'avait appelé dans le jardin de l'Orient, je gardai le silence.

La voix parla ainsi : « Vous le voyez, je suis la Forme nervo-physique de Nimred et je suis venu pour vous apprendre bien des choses. Écoutez-moi donc. »

Mais je gardai toujours le silence, m'absorbant dans ma pensée. Alors la Forme s'approcha de moi et je m'aperçus que mon aura habituelle était trop dense pour pouvoir l'affecter comme elle avait affecté la forme nerveuse qui m'était apparue ainsi qu'à Zien. Je pénétrai donc, en repos, mon aura des auras psycho-nerveuse et psychique afin qu'elles pussent ainsi affecter l'Etre qui s'approchait et réussir à l'éloigner. Lorsqu'il sentienta ce changement en moi il s'émut :

— « Comment, dit-il, vous qui m'avez envoyé combattre Devo et les siens, vous semblez vouloir m'éloigner parce que j'ai perdu dans la lutte le degré physico-nerveux de l'être qui étaient si précieux pour moi ! »

Et comme je persistais dans mon mutisme :

« Malgré tout, à cause de vous et de ceux qui sont sous votre dépendance, je vous ferai connaître ce que je sais, puis je m'en irai pour ne plus revenir puisque je suis si mal accueilli. Mais dites-moi d'abord un mot, faites un geste, pour que je sache si vous m'entendez ».

J'observai toujours le même silence, même en pensée.

« Où est votre pathétisme, ô Chi ? poursuivit-il, je parlerai tout de même ; quoique vous sembliez ne me prêter aucune attention, je devine que votre sentience est vive ;

autrement vous n'auriez pas changé la nature de votre aura.

« Dans mon état raréfié actuel, continua l'être, j'ai appris beaucoup de choses que vous ne savez pas. Devo a prévalu ; il est véritablement l'arbitre de l'empire sphérique matériel et avant longtemps sa volonté doit être faite sur la terre comme elle est faite dans l'état nerveux. Il a déjà publié pour le gouvernement de l'homme certaines lois que j'ai entendues et que je suis venu vous enseigner à vous, le Seigneur supposé de la terre, afin que vous ne soyez pas pris à l'improviste. Par conséquent gravez dans votre mémoire ces lois de Devo et faites-les connaître aux générations.

« 1° Tous les hommes doivent mourir, c'est-à-dire être dépouillés de leur état nervo-physique comme ils furent dépouillés dans le jardin de l'Orient de leur véritable état physique.

« 2° C'est *Brah-Elohim*, et nul autre, qui a défendu à l'homme, à cause de sa présomption, de manger du fruit de sustentation de la mentalité. C'est *Brah-Elohim* qui, à cause de la désobéissance de l'Homme, l'a rejeté maintes fois et a divisé et subdivisé les sphères.

« 3° Actuellement, *Brah-Elohim* dépouille l'homme, à cause de son iniquité, de l'état nervo-physique dont les constituantes sont restituées à la masse : le solide au solide, le liquide au liquide, le gaz au gaz. L'état nerveux, revêtu du degré de l'état nervo-physique, est jugé et condamné par *Brah-Elohim* à une souffrance plus ou moins aigüe et prolongée : chez la généralité des condamnés cette souffrance n'a pas de fin. Si celui qui est jugé s'est montré humble et obéissant, s'il a fui toute connaissance, s'il a éloigné toute pensée d'immortalité nervo-physique, il n'en est pas moins coupable et digne de châtiment parce qu'il est de la race de Kahi ou de celle d'Aoual qui se sont efforcés d'obtenir la connaissance de tout ce qui est connaissable, qui ont réclamé l'immortalité sur la terre pour l'état nervo-physique, qui ont caressé l'espoir de reconquérir le septième état dont Kahi est dépouillé. Tous les hommes ont donc ainsi péché par désobéissance envers leur Emanateur et Formateur.

« 4° *Brah-Elohim* a préparé pour tous les descendants de Kahi et d'Aoual un lieu spécial de supplices où, selon sa justice, ils souffriront à jamais parce qu'ils sont de cette descendance.

« C'est seulement par un acte de charité, par un pardon spécial, que quelques-uns peuvent échapper aux tourments perpétuels ! Si quelqu'un à la similitude de l'homme peut prouver qu'il n'est pas de cette race ou de cette descendance, il n'en est pas moins exposé au châtiment éternel parce que les lois sont tellement nombreuses et rigoureuses qu'il est impossible de ne pas les transgresser et lorsqu'on les a transgressées, aucune humilité, aucun acte de générosité, de pureté, de magnanimité, d'abstinence, de douceur, de diligence ou de servilité ne peuvent apaiser la colère de *Brah-Elohim*.

« Selon la nouvelle loi, pour l'apaiser il faut qu'un Saint ou un Immortel souffre pour les coupables mortels ; ce n'est que par l'agonie, par le sang versé, par la mort de l'innocent, que la rémission des péchés du coupable est compatible avec la justice de *Brah-Elohim*. »

La pensée qui me vint en entendant ces mots, fut celle-ci : Devo a-t-il perdu toute intelligence pour oser charger un de ses émissaires de proférer devant moi un blasphème aussi stupide ? J'entendis alors des voix familières qui prononçaient mon nom et je vis un groupe des descendants les moins évolués de Haiche. Je me levai et allai à leur rencontre.

« Pourquoi êtes-vous venus me chercher ? demandai-je.

— Beaucoup d'entre nous, me répondit l'un deux, ont vu des Formes étrangères voltiger parmi eux ; elles les suivent en disant : La colère d'ENOH est déchaînée sur vous ; il nous a envoyés vers vous pour vous dire ceci :

« Mon Esprit, l'esprit d'ENOH ne sera pas toujours

abaissé à cause de l'homme qui est, comme les autres
animaux, de chair et d'os. La limite de la vie humaine sera
de cent-vingt ans. »

« En entendant ces paroles nous sommes venus vous les
répéter car nous avons grand peur et nous avons également
entendu ce que vient de vous dire Nimred. »

— Ne craignez rien, leur répondis-je. Ces êtres ne sont
pas envoyés par *Elohim*. Il est vrai que quelques-uns appellent
Impensable, ce qui fut, est, et sera ; mais Devo
dans son orgueil et son arrogance usurpe ce titre parce
qu'il a été dans la Forme avant les Formateurs de l'homme
qui est actuellement sur la terre. Devo existe et il affirme
qu'il existera toujours. Mais ne craignez rien, ne soyez pas
troublés : L'éternel dont le nom est au-dessus de toutes
choses est la *Cause sans cause, sans forme,* au-dessus
les sens de l'homme. La lumière de la vérité, qui est en
nous, est éternelle comme son origine. Raisonnez donc :
Brah, Lui L'Impersonnel, l'*Holocauste suprême,* qui,
pour revêtir IE d'un corps terrestre, devint personnel, menacerait-il
l'homme de la mort, après l'avoir ainsi
vêtu ? »

Ils furent rassurés sur ce point, mais quelques-uns
étaient encore hésitants à l'égard des paroles qu'ils avaient
entendues. « Celui qui a parlé ainsi, leur dis-je, n'est pas
Nimred ; c'est un être hostile. » Ils ne répondirent pas
mais se dirent entre eux : « Cela n'est pas, car nous avons
vu le visage de Nimred ; nous avons entendu sa voix et
nous savons que c'est lui et nul autre. » De là naquirent
la confusion, la peur et un grand trouble.

A la lecture de ces pages, tout mon être frissonna. Je
les montrai à Shoofoo qui est un autre moi-même et il me
dit : « En vérité, en permettant cette intrusion dans l'être
de Nimred afin d'acquérir la connaissance, nous avons
méconnu les paroles de Kabl : vous ne souffrirez aucun
mélange d'être, de crainte de confusion ; rappelez-vous que
tout ce qui est contre nature est contre la charité. »

— « Certes, répondis-je, dans notre soif de connaissance nous avons manqué de sagesse ; il ne nous reste plus maintenant qu'à tâcher de réparer l'erreur commise. »

— Lisons d'abord les récits des chefs sur cette affaire, me dit Shoofoo. Ne vous laissez pas abattre car nous avons besoin de tout notre courage, de toute notre énergie et de toute notre prudence. »

II

Voici le rapport d'Aun :

« Nous savons qu'il y a parmi nous beaucoup de Formations de Devo dans les degrés psycho-nerveux et nerveux ; qu'elles assument ou possèdent les formes d'individus que nous avons connus sur la terre mais qui ne sont pas actuellement parmi nous. Cela ne nous inquiète pas cependant au sujet de notre Empire et de ses habitants quoique nous sentions naturellement que cela peut nuire à autrui, ce que nous déplorons. La raison pour laquelle ces êtres ne nous causent pas d'inquiétude est que toujours, depuis que nous avons été choisis pour diriger et protéger notre peuple, nous avons fait tout notre possible pour le conserver dans l'état matériel en réalisant pour lui toutes les conditions désirables de bonheur, de liberté et de progrès et en favorisant son évolution dans cette vie, comme si tous étaient formés pour l'immortalité sur la terre.

Nous avons considéré que notre premier devoir était de garder intacte l'unité dans tous les états et degrés d'être et nous avons agi ainsi non pas parce que nous ne reconnaissons pas pleinement l'utilité de passer d'état en état ou de degré en degré, mais parce que l'époque actuelle est si pleine de périls nerveux et psychiques que nous avons cru bien faire en réservant les expériences psychiques et de séparations d'êtres à quelques rares sensitifs que nous pouvons surveiller et protéger efficacement. Par conséquent, ceux qui font partie de notre Empire étant habitués à voir et à penser dans leur degré nervo-physique seulement, ces êtres hostiles qui ne touchent pas à cet état sont pour les nôtres comme s'ils n'existaient pas.

En outre, toutes les précautions possibles sont prises pour empêcher ces êtres de toucher l'état nervo-physique ; tous ceux qui subissent la transition sont emportés et mis dans les lieux spéciaux où leur degré nervo-physique qui reste après le départ de la mentalité est étroitement gardé par ceux qui en ont la puissance ; ceux qui deviennent sensitifs pour une cause quelconque, telle que la maladie ou le chagrin, sont également surveillés et soignés par des personnes habiles et dévouées ; de cette façon nous espérons écarter tout danger. »

Après cette lecture Shoofoo me dit :

« Aun, la formation de Baraskino est vraiment un sage et c'est à juste titre que la Passive de la race de Kahi est nommée Ferhan, c'est-à-dire, heureuse : Si elle n'avait pas donné l'exemple en vivant sur la terre et pour la terre, les sensitives du royaume d'Aun n'auraient pas été ainsi fortes et pratiques. »

III

Voici les nouvelles de Nefa :

« Au mage principal de Nimred, de la part de Nefa, salut.

Nous sommes au bout de notre science. Partout des êtres envahissent notre empire et nous harcèlent ; ils sont visibles pour beaucoup de personnes. Ils ne sont pas seulement à la similitude de l'homme mais aussi à celle des animaux les moins évolués ; ils inspirent l'inquiétude et la terreur et nos animaux mêmes sont encore plus affectés par eux que les hommes. Il y a surtout un fait à noter, c'est que ces êtres qui, extérieurement ont deux degrés de matérialité, le nerveux et le nervo-physique, ressemblent tous plus ou moins à Nimred. En outre, les clairaudiants, qui ont entendu parler Nimred, déclarent que tous ces êtres ont les intonations de sa voix.

Après la narration que m'a faite Haïche, je pense que l'être qui a pris possession des formes nerveuse et nervo-psychique de Nimred doit être extrêmement puissant et qu'il est en rapport avec Devo lui-même. Je pense aussi que ceux qui se sont joints à cet être et qui se sont matérialisés dans les degrés nerveux et nervo-psychique de l'état physique de l'homme ne sont pas aussi nombreux qu'ils le paraissent mais plutôt qu'on a l'illusion du nombre à cause de leur facilité de franchir rapidement les distances et de se montrer çà et là, de sorte que les gens ont l'impression de voir, entendre et sentir ce qui, en réalité, n'existe pas. Cela ne diminue pas l'état de malaise, de crainte et de trouble, car il est impossible de persuader à ceux qui sont ainsi affligés qu'ils ne voient pas ou n'entendent véritablement ces êtres.

Nous avons appelé Aoval et il nous a dit de prendre courage : mais cela est difficile dans ce temps d'épreuve. Nous percevons cependant un rayon de lumière dans notre douleur et je m'empresse de vous en informer sachant que les bons portent toujours de bonnes nouvelles et les méchants de mauvaises.

Haïche, dont je suis le voile, est sans inquiétude ; elle me dit toujours ; je sais que nous sommes infestés par des êtres de ténèbres et de mal, néanmoins, par prévoyance, je sentiente toujours la présence d'êtres de bonne volonté, de beauté sereine et de splendeur divine... »

CHAPITRE XXVII

D'ABIAD, DE MAVB, L'IMMORTELLE, ET DE LA VICTOIRE
D'AOUAL. — D'AUBIS, FILS DE NIMRED ET DE SON INI-
TIATION ; DE SA COMMUNICATION AVEC SHETH DANS L'ETAT
DE MENTALITÉ.

I

Nous n'avions reçu aucune nouvelle d'Abiad, bien que
des années se fussent écoulées depuis qu'ayant reçu l'empire sur les sommets neigeux, il avait été emporté, tout
jeune encore, sur les hauteurs où reposent Kahi, Kahie,
Sheth et Shorah dans les trois degrés physiques. Il était
cependant toujours dans notre souvenir, et souvent, lorsque
les premiers rayons du soleil doraient les cimes neigeuses,
ou quand la splendeur du jour brillait sur les pics glacés,
quand le soleil couchant s'attardait sur les sommets en les
teintant de cramoisi ; alors que les vallées étaient plongées
dans l'ombre ; souvent, ceux qui l'aimaient et qui gardaient pieusement son souvenir, se disaient les uns aux
autres : « Voici que le soleil donne le premier baiser du
matin à Abiad ; ou : son empire est resplendissant de lumière ; qui saurait dire toutes les nuances de ses teintes ?
ou bien encore : la gloire du soleil couchant s'attarde
affectueusement dans les cheveux dorés d'Abiad. »

J'envoyai un message à Aoual pour le prier de communiquer à Abiad ce qui s'était passé au sujet de Nimred.
J'agissais ainsi parce que je savais qu'Aoual était toujours
en rapport avec Mavb, dont le voile était Nefdi, cette grande
Emanation de Devo, qui malgré les obstacles, était parve-
nue, par sa seule puissance, à équilibrer son être et à éga-

ler les plus grands. Comme les sources de l'eau douce abondent dans les profondeurs des mers sur lesquelles Aoual a la domination aussi bien que dans les glaciers des hautes montagnes soumis à Abiad, Mavb, l'Immortelle, gouvernait à la fois les profondeurs et les hauteurs, et partout où elle régnait, régnait aussi Nefdi.

Il s'écoula trois grands mois, dont les minutes nous semblèrent des heures, et nous ne pouvions rien faire, sauf protéger tous les états et degrés d'être de Nimred, ce qui réclamait toute notre habileté et toutes nos forces. Mais enfin nous reçûmes des mains de Nefdi, les nouvelles suivantes de Mavb.

« Les messagers qui sont venus prendre conseil et aide d'Aoual l'ont trouvé dans l'étroite langue de terre qui s'étend entre les deux parties de l'empire de Nefa et de Haiche. Il était debout sur les bords du grand fleuve ; là aussi, Tzère, la Reine des Iles, reposait sur les feuilles rondes et résistantes du lis blanc gigantesque des eaux douces. Après avoir écouté les messagers il leur a dit simplement : « ayez bon courage », et ils sont repartis en toute hâte après s'être restaurés. Ensuite *Aoual*, m'a appelée et, de la région des sources profondes où s'alimente le grand fleuve sur lequel s'épanouit le lotus blanc, j'ai répondu : « Mélodieuse est la voix d'*Aoual* qui résume toutes les harmonies. »

— « Par la volonté d'Aba, les sources des glaciers et des souterrains vous sont échues ; l'empire des eaux douces est à vous. »

— « Que toute la vie des eaux existant dans les empires sphériques, ai-je répondu, coule vers Aba, le Fort dans le droit et la justice, comme les eaux douces des fleuves, des rivières et des ruisseaux coulent vers la mer.

— Venez, reprit Aoual, Immortelle des Immortelles, formons ensemble des êtres du même degré que ceux qui infestent l'empire de Nefa, car Haiche est le chef-d'œuvre de mes Formations, Haiche, la Passive forte et sans peur, dont la bouche ne s'ouvre que pour annoncer des bonnes nouvelles et dont les yeux brillent d'espoir. Faisons les êtres les plus beaux pour qu'ils remplacent ceux que Devo a formés et envoyés en avant. »

— Il est toujours bon et agréable, répondis-je, de travailler avec celui dont l'être est équilibré. Travaillons et formons ensemble.

— Je vais émettre des Emanations, comme dans l'ancien temps, et nous les revêtirons ensemble des degrés nerveux et nervo-psychique. A quelle ressemblance les formerons-nous?

— A la vôtre, dis-je, car vous êtes pour tous le plus beau, celui dont la forme ne peut être assumée à volonté par personne.

Alors il reposa et passa de sommeil en sommeil jusqu'à ce que la splendeur prismatique de sa lumière d'aura indiquât qu'il avait atteint le sommeil de l'Alifa. Dans cet état il émit une Emanation. Lorsque je vis la gloire, la puissance et la beauté de celle-ci je m'écriai : « Eveillez-vous et revêtons-la ensemble. » Il s'éveilla et nous procédâmes à l'enveloppement de cette Emanation.

Nous recueillîmes l'éclat des rayons du soleil, le coloris des stalactites de glace, la pureté des eaux et de l'air, la vie des gemmes, de l'or blanc et jaune, le pathétisme du ciel, de la terre et de la mer et nous enveloppâmes ainsi l'Emanation à la similitude d'Aoual.

Lorsqu'elle eut reposé dans son aura et qu'elle fut perfectionnée dans le degré nerveux, Aoual lui dit : « Eveillez-vous ! » et elle s'éveilla.

— « Emanez, continua Aoual, et revêtez nos Emanations à notre similitude, dominez les Hostiles et enlevez-leur la puissance. »

— « Nous sommes un par la volonté et par l'être, répondit l'Emanation. » Et elle émit des Emanations qu'elle revêtit des degrés nerveux et nervo-psychique à sa similitude. Les peuples du Nord et du Sud de l'empire de Nefa et de Haiche les virent et furent émerveillés de leur beauté qui, pour eux, était sans égale. L'Etre puissant entoura ses

Emanations de splendeur prismatique, qui, à son tour, fut entourée d'une lumière argentée et changeante. Haiche était ravie. Elle parla ainsi à son peuple :

« Voici ce que dit le Puissant dont la voix est comme la réunion et l'accord de toutes les harmonies, comme le murmure des vents dans la forêt, comme le chant des eaux qui tombent : ceux qui veulent échapper aux êtres sombres et malins qui circulent parmi vous, n'ont qu'à entrer de leur plein gré dans la lumière argentée et à y reposer quelque temps pour en sortir ensuite. » Nefa répandit ces paroles dans tout son empire ; elles furent répétées partout, du nord au sud. Alors, on accourut de tous côtés et tous, sans exception, entrèrent dans la lumière argentée où ils reposèrent. Ils repartirent ensuite et chacun d'eux avait avec lui un être à la similitude plus ou moins radieuse d'Aoual.

Les êtres envoyés par Devo s'enfuirent comme la nuit devant l'aurore qui annonce le soleil. C'est ainsi qu'Aoual auquel, à mon sens, personne ne saurait être comparé en gloire, en puissance et en beauté, a délivré l'empire de Nefa. Il a délivré ainsi son peuple à cause de Haiche, sa Formation.

Il est bon, en vérité, de travailler avec un être qui possède l'équilibre !

Voici le chant d'Haiche, lorsqu'elle vit l'Hostile s'enfuir devant les êtres de bonne volonté, les êtres de la lumière :

« La lumière commence à paraître ! me suis-je écriée dans les ténèbres de la nuit, et mon cri d'espérance est arrivé aux oreilles des immortels. Ils m'ont entendu, ils ont émané et enveloppé !

« L'enveloppement des Emanations différait de densité ; mais toutes resplendissaient de la gloire et de la beauté de leur Emanateur. Autour d'elle rayonnait la splendeur de la lumière prismatique qui était elle-même voilée de la clarté transparente de la lune.

« Que tous ceux de bonne volonté, me suis-je écriée,

s'assemblent dans la lumière semblable à un halo qui étend au loin sa puissance de rayonnement ! » Et tous ont répondu à mon appel. Ils se sont réfugiés dans les régions de lumière où ils ont pris leur repos.

« Lorsqu'ils furent reposés, ils se sont levés et sont sortis. Et voilà que dans l'aura de chacun d'eux était une forme lumineuse qu'aucun Etre hostile n'osait approcher car la volonté de tous était unie à celle des êtres de lumière.

« Les Hostiles, les êtres ténébreux ne pouvaient entrer dans aucune aura et sans l'aura de l'homme ils ne peuvent rien. Inquiets, ils ont cherché partout un abri, mais n'en ont point trouvé et ils se sont enfuis comme des nuages chassés par le vent.

« Réjouissez-vous ! réjouissez-vous ! Le ciel est sans nuage, l'air est pur, l'eau est sans tâche, la mer apporte une brise rafraîchissante, la terre est fertile !

« C'est la chanson de l'oiseau qui fait son nid, c'est le chant d'allégresse de nos cœurs, c'est l'hymne de la délivrance !

« Grands sont les Immortels Uns avec nous par la volonté !

« Gloire, honneur et louange aux Immortels !

« Souvenez-vous, hommes, que nous aussi nous sommes de droit des Immortels ! »

II

Quand nous apprîmes qu'Aoual avait ainsi mis l'ennemi en fuite, nous fûmes un peu consolés ; mais notre œuvre ne nous en inquiétait pas moins. Benederdin et Elrohragel surveillaient toujours Chatter quoique difficilement ; mais nous étions impuissants à rappeler les degrés d'être de Nimred. L'enveloppe physique que nous gardions ne paraissait cependant pas souffrir de la séparation prolongée ; nous nous efforcions, en effet, de fournir à ce degré tout ce qui était nécessaire à sa sustentation, sachant que nous avions tout à espérer, tant que ce degré était intact.

Lorsque la dixième année arriva, les plus grands de l'empire, les chefs guerriers de Nimred et des mages se présentèrent à Nechohaba. — Le principal mage lui dit : « Que l'Immortalité soit à la fleur de lotus blanc et au bourgeon royal prêt à s'épanouir à la lumière et à remplir l'air de doux parfums. »

— Que désirez-vous ? demanda Nechohaba.

— Votre fils Aubis, répondit le mage, a neuf et trois années ; quand il en aura neuf et quatre il sera appelé à prendre sa place légitime parmi nous.

Nechohaba pâlit :

— Et Nimred, s'écria-t-elle, mon Seigneur et votre chef ?

Le Chef des chefs s'avança : « Qu'on ne croie pas que personne usurpe la place du puissant guerrier qui est notre gloire et notre orgueil. Ce que nous désirons, c'est qu'Aubis, qui est l'être de son être, soit notre chef visible pendant que Nimred lutte contre l'Hostile dans les royaumes invisibles, et qu'il gagne pour son père de nouveaux lauriers et une nouvelle gloire. »

Le mage principal confirma ces paroles et la douleur de Nechohaba fut aussitôt changée en joie.

— « La volonté de Nimred, qui est la nôtre, dit-elle, est qu'Aubis ne soit pas élu chef de l'empire parce qu'il est le fils de Nimred mais qu'il le soit seulement à cause de son propre mérite.

— C'est pour cette raison que nous sommes venus le chercher, répondit le mage ; nous examinerons ses capacités. Nous sommes venus sans qu'il le sache à cause des dangers que peut courir un néophyte tel qu'Aubis pendant son temps d'épreuve. Nous qui connaissons vos douleurs, ô notre Reine, nous ne voudrions pas les augmenter. Nous nous sommes adressés à vous tout d'abord afin de connaître vos volontés à ce sujet.

— Ecoutez, ô Mages et Chefs de Nimred, dit Nechohaba en se levant ; puis-je dérober le fils de Nimred, l'être de mon être, à cet honneur ? Puis-je retenir notre fils, moi à qui Nimred a confié son empire ?

— Pleines de courage et de sagesse, dit le Mage, sont les paroles de Nechohaba. Mais, si quelque malheur arrivait au Royal Néophyte?

— Mon cœur me dit qu'aucun malheur n'est à craindre pour lui, répondit la Reine ; je sais que le fils de Nimred prévaudra contre tout hostile. » A ces mots, elle alla chercher Aubis et l'amena en le tenant par la main. Sa taille dépassait de toute la tête le plus grand des assistants ; il était fort et vigoureux ; sa figure était belle ; à la perfection des traits s'ajoutait une expression de bonté et de fermeté. A sa vue tous s'écrièrent : « Que l'immortalité soit au fils de Nimred, à Aubis notre prince ! Salut à notre Royal Néophyte ! Qu'il soit victorieux sur tous ses ennemis ! »

Le Chef des Chefs lui donna l'accolade et les mages se groupèrent autour de lui.

Aubis se détacha de leur groupe et se jeta au cou de sa mère qu'il entoura de ses bras comme s'il était encore un petit enfant.

— « N'ayez aucun souci à mon égard, ô ma mère, dit-il ; ne songez qu'à vous-même. Combien votre fils vous manquera dans votre solitude inquiète !

— Allez, mon enfant, murmura-t-elle en l'embrassant, allez au combat et soyez vainqueur. Qui sait si mon fils ne me rendra pas son père ? »

Aubis revint auprès des mages les yeux mouillés ; mais sa mère n'eut pas de larmes.

J'ai enregistré ici ce qui a trait à Aubis parce qu'il s'est présenté une circonstance qui est pour nous du plus haut intérêt. A la fin du troisième mois après le départ d'Aubis, en me penchant sur le corps de Nimred je remarquai un mouvement des lèvres. Je renvoyai alors dans une chambre voisine tous ceux qui m'entouraient, à l'exception de Shoofoo et je prescrivis à ceux qui en avaient la charge de continuer à émettre de la force vitale. Après un moment nous entendîmes une voix qui m'appelait ; nous fûmes surpris car ce n'était pas la voix de Nimred mais celle d'Aubis que nous reconnûmes tous les deux.

J'envoyai aussitôt un messager diligent et sûr auprès des mages pour avoir des renseignements sur l'état d'Aubis. Il me rapporta ces quelques mots :

« Celui dont vous me parlez s'est extériorisé subitement comme par sa propre volonté et nous gardons son enveloppe extérieure comme vous gardez celle de Nimred. »

— Aubis, dit Shoofoo, s'est sans doute extériorisé et s'il parle par la bouche de Nimred c'est pour vous faire une communication qu'il ne peut faire à ceux de son entourage. »

Je pris affectueusement et avec respect la main droite de Nimred dans la mienne et je lui dis : « Soyez le bienvenu, Aubis, car je sens que c'est bien vous à cause de l'affinité qui m'attire ; parlez donc ! »

La main que je tenais serra légèrement la mienne et Aubis me dit :

— « Dans le repos, pendant le premier mois, j'ai appris beaucoup de choses concernant la science sociale ; je les ai communiquées à ceux des mages qui s'occupent de cette science. Le deuxième mois j'ai été instruit de l'éthique ; le troisième, de la métaphysique ; j'ai communiqué le tout à ceux des miens qui avaient de l'affinité pour ces branches de la connaissance. Or, le premier jour du quatrième mois, je commençais certaines études sur l'ontologie lorsque je me rappelai que personne, sauf Kélaouchi, qui était avec mon père, n'avait d'inclination pour cette science. Ne pouvant communiquer avec lui, je me décidai à m'extérioriser et à me servir des organes de mon père pour pouvoir m'entretenir avec vous, car dans le repos initiatique l'aide d'une personne à l'état normal avec laquelle on est en affinité est essentielle.

— Je comprends cela, répondis-je ; dans le repos, le cerveau qui est de plus grande densité est plus ou moins passif. Il vous faut la dualité d'un cerveau en pleine activité qui soit en affinité avec sa mentalité ; maintenant que nous voilà réunis, nous avancerons ensemble dans la connaissance de tout ce qui est connaissable en biologie.

— A présent, je vois clairement, reprit Aubis, que, dans l'être organique individuel comme dans les mondes individuels, la densité va en diminuant graduellement depuis l'enveloppement le plus dense jusqu'à l'état central, de même qu'elle diminue progressivement depuis l'air respirable, qui enveloppe la sphère comme d'un manteau, jusqu'à la plus grande raréfaction qui sépare les sphères entre elles. Plus la distance est grande entre les sphères, plus le degré de raréfaction augmente. Ainsi, le degré de raréfaction entre la terre et le satellite, que nous appelons Shenar, à cause de sa croissance et de sa décroissance alternantes, est moindre que la raréfaction qui existe entre la terre et la planète la plus proche ; elle est moindre encore entre la terre et le soleil. A son tour, cette raréfaction entre la terre et le soleil est moindre que celle qui existe entre le soleil et le foyer le plus proche. Partout dans le système, ou groupe, dont la terre fait partie, la raréfaction entre foyers est moindre qu'entre les autres systèmes ou groupes. L'empire sphérique visible et les degrés variés de raréfaction intermédiaires forment le Cosmos. Dans chaque degré de raréfaction et de densité, tout vit ; depuis l'IMPENSABLE DES IMPENSABLES jusqu'à la molécule la plus dense. En outre, il n'y a rien, sauf l'IMPENSABLE DES IMPENSABLES qui ne soit divisible ; tout ce qui est divisible est matériel et tout ce qui est matériel est susceptible d'individualisation.

Non seulement tout individu, quelle que soit sa densité, est son propre Cosmos ; non seulement toute cellule individuelle vivante d'Azerte est son propre cosmos ; non seulement toute molécule cellulaire, tout atome de molécule, est son propre cosmos ; mais toute division d'atome même, possède ses degrés d'être correspondant à ceux de son habitation.

Le feu, l'air, l'eau et la terre vivent. Toutes les plus grandes densités sont pénétrées par les moindres. De même que la chaleur et l'eau fournissent ce qui est nécessaire pour la vie de la terre, de même que l'air respirable fournit le feu et l'eau de tout ce qui est nécessaire pour la vie intérieure, de même l'éther fournit l'air de ce qui est nécessaire pour sa sustentation. De la même façon, l'éther est alimenté par ce qui est plus raréfié que lui-même et cet ordre de sustentation n'a pas de fin puisque je sens la présence de l'Impensable dans cet enveloppement extérieur, le vrai corps physique résistant, élastique et lumineux en soi dont Devo a privé les sphères et leurs habitants pour les assujettir temporairement à la transformation.

La cause dont la vie est l'effet dans tous les ét s et degrés d'être est le frottement. La cause de ce frottement est la pénétration d'une densité plus grande par une densité moindre. La raison d'être de cette pénétration, depuis l'Impensable jusqu'à l'organisme vivant, est le désir que la densité moindre a de se manifester dans la plus grande ; c'est dans ce but qu'elle cherche continuellement à revêtir la forme individuelle.

Le plus raréfié, c'est-à-dire l'Impensable, ne se rencontre que dans le plus dense parce que, par nécessité, ce n'est qu'ainsi qu'il peut être la perfection et l'impénétrabilité. Ainsi, un corps qui est suffisamment imperméable pour retenir l'acide carbonique, ne l'est pas suffisamment pour retenir l'oxygène ; celui qui peut retenir l'oxygène ne peut retenir l'hydrogène et ainsi de suite.

Lorsque Devo dépouilla l'homme et l'immensité sphérique de leur enveloppement physique le plus imperméable, il les rendit impropres à contenir en forme individuelle un certain degré de raréfaction. Et, puisque plus la raréfaction est grande plus le désir de manifestation en forme individuelle est ardent, l'achèvement et le perfectionnement du cercle de l'Etre dépendent de la restauration de l'enveloppe relativement imperméable. Ce septième état vraiment physique est essentiel à la plus parfaite manifestation de *Bra-ahd*.

Inversement, la perfection de la forme individuelle est en proportion du nombre de ses degrés d'être. Du nombre et de la force de pénétrabilité du plus dense par les états plus raréfiés dépend la plénitude de la vie ; d'où vient l'antique salutation : « Que la plénitude de la vie soit en vous ! »

La pénétrabilité de la densité individuelle et personnelle la plus imperméable par l'*Impersonnel* IMPENSABLE est le summum de la plénitude de la vie, de l'immortalité intégrale et de la manifestation universelle.

En dépouillant Kahi du quatrième degré de l'état physique, Devo a mis un obstacle à la parfaite manifestation de *Bra-ahd* l'intermédiaire entre Kahi et l'Impénétrable. En influençant ou en possédant l'Homme, en cherchant à impressionner sa mentalité, en lui suggérant que son état nervo-physique, dans son degré actuellement le plus matériel, n'a aucune valeur, non seulement les Etres hostiles le dépouillent de nouveau, comme Devo a dépouillé Kahi, mais enlevant à *Bra-ahd* ses enveloppements les plus denses et par conséquent les plus précieux, ils entravent la manifestation de l'*Impénétrable*, — CAUSE SANS CAUSE.

La science pratique, en ce qui concerne l'homme, consiste entièrement dans la préservation du corps nervo-physique. Pour cette fin, il doit par tous les moyens possibles, maintenir sa mentalité en rapport avec l'*État de mentalité*, qui est lui-même en rapport avec l'*État de Lumière*, lequel est en rapport avec l'*Intelligence Libre*, qui est en rapport avec l'*État Ethéré* de l'*Intelligence active et passive* au dedans du *Voile*, qui est en rapport avec cette *Intelligence* actuellement *Impensable* et non sentientable à l'Homme.

On doit donc imprimer cette vérité dans le cerveau de tout être venant au monde, dès qu'il s'éveille à l'intelligence, qu'il soit de la race de Haiche ou qu'il soit émané et revêtu à la similitude d'Elohim : « Ayez soin de votre corps ; c'est en cela que consiste le vrai culte de l'*Impensable*. Gardez donc intact le degré mental, degré le plus raréfié de l'état physique, c'est-à-dire votre mentalité ; qu'aucun ennemi extérieur ne l'affecte ni ne l'altère ; rappelez-vous toujours que de la santé et de la vigueur, de la plénitude de la vie mentale dépend l'acquisition de la connaissance nécessaire pour la préservation de l'état nervophysique dans son intégrité, c'est-à-dire dans ses degrés mental, nervo-psychique et nervo-physique ainsi que la restauration du degré physique, le corps glorieux.

« Des capacités et du développement mental, qui n'est compatible qu'avec la santé et la vigueur, dépend le pouvoir réceptif de l'*Intelligence universelle* et par lui le rapport consécutif avec les états et degrés plus raréfiés de l'Intelligence. Or l'Intelligence a horreur de la destruction de la forme individuelle dans laquelle elle a été localisée en partie et par laquelle elle se manifeste quoique imparfaitement. Mais l'Intelligence la plus élevée est impuissante à avertir l'individu de cette destruction si elle n'est pas en rapport avec la mentalité individuelle.

« La lumière glorieuse de l'Intelligence libre brille éternellement, mais il en est d'elle comme de ces rayons du du soleil qui ne manifestent leur lumière que lorsqu'ils viennent en contact avec ce qui est capable de les recevoir et de les refléter. »

En ce moment Aubis entrait.

— Que nous ayons de l'affinité l'un pour l'autre, dis-je, cela est prouvé puisque vous êtes venu à moi. Pensez-vous que je puisse par cette affinité m'identifier avec vous au point de sentienter par votre sentience ce qui a rapport à la biologie universelle ?

— Cette sentientation est possible, répondit Aubis ; mais en ce moment vos pensées sont trop divisées par le trouble et l'anxiété. D'ailleurs, dans nos rapports, vous représentez l'élément positif ou actif, et moi le négatif ou passif ; si nous pouvions réaliser l'état de sentientation dont vous parlez, c'est probablement la mienne qui se substituerait à la vôtre et non la vôtre à la mienne.

— J'aperçois, ajouta-t-il après un moment de silence, une vapeur bleue qui flotte au-dessus de moi.

— Quelle est sa forme et sa nuance ? demandai-je.

— La forme est ovale et la nuance est celle du bleu des eaux profondes. C'est peut-être l'aura de quelqu'un ayant habité la terre comme homme qui vient ici dans le degré de mentalité. Demandez je vous prie qui il est, et pourquoi il vient ici; mais si vous n'avez pas d'affinité pour cette Forme, n'y faites pas attention et nous la forcerons à déguerpir s'il est possible.

— Je vois maintenant dans la lumière d'aura la forme d'un homme que je n'ai jamais vue mais pour laquelle je ressens la plus vive sympathie.

— Décrivez-moi cette forme, demandai-je, je suis depuis longtemps sur la terre et vous vous y êtes depuis peu; peut-être la reconnaîtrai-je.

A la description qui me fut faite, je reconnus Sheth qui s'était mis en rapport avec la mentalité d'Aubis. Alors tout mon être se réjouit et prenant la main du Néophyte je lui parlai mentalement de sorte que pendant le repos il communiqua avec Sheth comme je l'aurais fait moi-même.

— Soyez le bienvenu, ô Sheth, Etre de l'Etre de Kahi, vous que j'aime et vénère à l'égal des plus grands! Que désirez-vous?

— Dans mon état actuel, répondit-il, par le sens d'Aubis qui dort comme un enfant, tout être nervo-physique m'est visible sur la terre, sauf dans les cavités voilées par la puissance de Devo. Aimant toujours la terre et l'homme de plus en plus, je voudrais prendre part à la lutte pour la Restitution.

— Parlez, dis-je, car vos paroles sont plus précieuses que des rubis et votre présence est comme l'Etoile de l'Espérance.

— L'*Intelligence Libre*, continua Sheth, est semblable à l'eau, elle tombe sans cesse sur la terre, puis, après avoir été reçue par elle et par tous ses habitants, selon leur capacité réceptive, elle se retire en emportant ce qui n'a pas été reçu. C'est ainsi que s'opère la transformation par l'Intelligence.

« Je ne parlerai pas ici de la destruction violente de la forme nervo-physique par Devo et les siens, de crainte que par hasard le fils de Nimred n'en ressente de l'horreur et aussi parce que la mentalité au moyen de laquelle nous communiquons ne pourrait supporter, sans en être épuisée, une tension aussi forte que celle qui nécessiterait une double communication.

« Par le fils de Nechohaba, par Aubis, — que la plénitude de la vie soit en lui ! — Je parlerai de ce qui conduit au salut et à la restitution de l'homme. »

CHAPITRE XXVIII

DE LA PRÉSERVATION DE L'ÉTAT DE MENTALITÉ ET DES AUTRES DEGRÉS DE L'ÉTAT NERVO-PHYSIQUE. — DU TRIOMPHE D'AUBIS SUR LES HOSTILES ET DE LA DÉLIVRANCE DE NIMRED

I

Sur la préservation et le bien-être du degré de mentalité.

De Sheth aux Chefs du peuple pour lesquels chefs il est responsable, en proportion de leur sincérité et de leur obéissance.

La préservation et le bien-être de tous les états et degrés d'être dépendent :

1º De leur sustentation ;

2º De leur abri contre le mal extérieur.

La sustentation, essentielle au bien-être et à la croissance du degré de mentalité provient :

1º Du phosphore à l'état libre ;

2º Du carbone vital semblable au diamant radieux.

Le système nervo-physique n'est pas seulement une machine composée, complexe, admirable qui, avec l'Intelligence pour mécanicien, peut fonctionner à perpétuité, il est aussi un laboratoire merveilleux et complet où l'alchimiste prééminent, l'Intelligence, peut former et transformer.

Cette machine, ce laboratoire nervo-physique diffère des autres en ce qu'il est vivant et qu'il peut, par conséquent, être en rapport pathétique, spirituel, intellectuel et vital, avec le mécanicien ou l'alchimiste capable de les utiliser.

Au point de vue du mécanisme, c'est par la respiration que

le degré nervo-physique de l'état nervo-physique doit renouveler la force de ses sangs. Dans la marée des sangs, la vie quintessenciée nourrit non seulement le degré nervo-physique mais encore le nerveux, le psychique et le mental ; autrement dit cette marée vitalise les degrés d'être mental, psychique, nerveux et nervo-physique.

Dans le laboratoire organique vivant les sangs fournissent la sustentation d'abord au degré mental, ensuite, et, suivant leur rang, aux degrés psychique, nerveux et nervo-physique. Dans les constituantes de sustentation dont les sangs sont les véhicules par excellence, il y a certaines parties abondantes et même surabondantes ; il y en a d'autres qui, dans l'état actuel de la nourriture et de l'air respirable, sont insuffisantes ; bien que la terre, l'eau et l'air, dans leur intégrité ne manquent de rien, n'ayant rien perdu, leurs constituantes sont déséquilibrées, de sorte que l'Intelligence est obligée de chercher à suppléer à ce qui était fourni autrefois par la respiration normale et volontaire.

Pour ceux qui considèrent toutes les choses actuelles à un point de vue général, rien ne ravive plus l'espoir et le bonheur que la certitude qui se dégage de ce principe, que rien n'est perdu. Par elle, on est assuré qu'aucun être nuisible ne peut demeurer dans aucun état ou degré où il ne trouve pas de sustentation ; et que, par conséquent, tout déséquilibre est temporaire puisque la matière la plus évoluée a été classifiée, pathétisée, spiritualisée et vitalisée par l'*Attribut de la Justice* et formée par *Elohim*. L'homme peut donc être encore tout ce qu'il a été puisque aucun sens, aucune capacité de son être ne sont perdus, il y a seulement entre eux déséquilibre.

Ainsi l'homme est l'être organique intellectuel le plus parfait et le sentientateur prééminent puisque lui seul peut toucher toutes les raréfactions et toutes les densités des formations, il est donc capable de se mettre en rapport avec tous les degrés de densité. De droit et d'origine, par sa mentalité, en rapport avec tous les états plus raréfiés de l'intelligence, il rétablira l'équilibre, non seulement sur la terre qui est l'héritage et la demeure particulière de Kahi, mais encore dans la totalité de l'Empire sphérique matériel qui est l'héritage et la demeure de l'humanité collective.

Quant aux constituantes de sustentation dont les sangs sont les véhicules, celles qui sont en abondance sont distribuées dans leur ordre de raréfaction et, pour ainsi dire, d'une façon tout à fait automatique. Les constituantes les plus rares et, par conséquent, les plus précieuses, sont distribuées sous la direction de la mentalité, si petite, mais si puissante, et le premier soin de ce chef d'état c'est-à-dire la mentalité, est d'assurer la conservation et le bien-être des degrés extérieurs qui sont essentiels à l'intégralité de l'être.

Prenons, par exemple, le phosphore à l'état libre et le carbone vital ; le premier soin du Chef est de distribuer au cerveau ces deux rares constituantes sustentatrices. Cette distribution se fait méthodiquement : il alimente d'abord cette partie du cerveau qui est en rapport immédiat avec les centres nerveux dont dépend le fonctionnement des organes non gouvernés par la volonté ; ces organes ayant reçu la nourriture généralement nécessaire, la préparent pour la jeter dans le torrent de la circulation après en avoir éliminé ce qui est impropre à la nutrition, rejettent la matière inutile ou inutilisable, renouvellent les sangs par la respiration et donnent l'impulsion à ses circulations jusque dans les moindres parties du degré physique.

La mentalité fournit ensuite les constituantes plus rares à la moëlle épinière et aux nerfs moteurs, réservant ce qui est nécessaire aux organes des sens connus et à sa demeure particulière, le cerveau intellectuel. Dans ce cerveau est placé le siège visible de la mentalité, c'est une petite forme de substance grise qui enveloppe les états psychique et nerveux ; de là, elle s'efforce d'exercer son autorité légitime et bienfaisante pour le bien-être de l'ensemble.

De ce pouvoir de la mentalité dépendent la préservation et le bien-être de l'individu dans son intégrité. La mentalité se range du côté de l'ordre ou de l'équilibre ; elle comprend ainsi et apprécie la valeur du quatrième degré de densité de l'état nervo-physique. Elle sait donc l'importance exceptionnelle qu'il y a à fournir les deux constituantes relativement rares, le phosphore à l'état libre et le carbone vital, pour pouvoir satisfaire aux besoins de ses sujets délicats et sensitifs depuis le plus petit jusqu'au plus grand, sans souffrir elle-même de la disette. Dans l'état actuel de ses ressources sustentatrices, sa tâche est très difficile.

Du degré psychique de l'état nervo-physique.

Par suite du déséquilibre causé par Devo, ses émanations et ses formations, ce degré est comme un royaume divisé contre lui-même ; la partie la plus raréfiée est avec la mentalité, et la partie la plus dense avec le degré nerveux. Ce déséquilibre psychique a souvent pour effet d'interrompre le rapport normal du degré d'être mental avec celui du nervo-physique. Cette division n'est pourtant pas un mal absolu parce qu'elle augmente la sympathie et l'union entre le mental et le nervo-physique. Lorsque la mentalité comprend la souffrance, l'excès de travail et la fatigue causés au corps par la tyrannie et l'excitation de cette partie du degré psychique qui est en affinité avec ce qui est déséquilibré dans le degré nerveux, elle centralise ; elle se concentre sur le bien-être et la conservation du degré nervo-physique et ne perd aucune occasion d'essayer d'en modifier le malheureux sort. Le degré nervo-physique de l'état physique cherche de son côté à se guider suivant la raison, à éviter de se laisser conduire par la simple émotion, à échapper à tout ce qui ajoute à sa souffrance et à son travail épuisant.

Du degré nerveux.

La cause du déséquilibre partiel est l'influence directe de l'Hostile sur le degré nerveux. Cette influence pernicieuse et généralement fatale peut affecter le degré nerveux de l'état physique ; parce que l'état physique extérieur a été dépouillé de son enveloppe protectrice, normale et naturelle. Il en résulte que les extrémités nerveuses, délicates, qui recouvrent le degré nerveux très sensitif, au lieu d'être enveloppées et protégées, subissent le contact immédiat de ce qui peut leur nuire plus ou moins. Non seulement le degré nervo-physique de l'état physique est sujet à des accidents variés, mais il peut être endommagé même par toutes sortes de microbes nuisibles et par leurs exhalaisons impures ; le moindre accident peut être fatal.

Dans l'état de nervosité actuel, un rayon de soleil, l'eau, le froid, sans compter les choses nuisibles par elles-mêmes, peuvent causer la désintégration du corps nervo-physique et mettre à nu le corps nerveux, de sorte que l'homme n'est plus capable de se mouvoir à volonté dans son empire légitime. Veut-il séjourner dans les régions de glace ? Il périt de froid. Veut-il descendre au-dessous de la croûte terrestre ? Il périt de chaud. Veut-il s'élever au-dessus de l'air respirable ? Il meurt. Veut-il descendre et séjourner dans les profondeurs de l'océan ? La désintégration l'attend.

C'est ainsi que les descendants de Kahi sont liés et garottés ; mais la mentalité, en rapport avec les états d'intelligence plus raréfiés, peut les délivrer de cet état borné et néfaste. C'est pourquoi je viens ici vous dire, par les lèvres d'Aubis, cherchez le moyen de suppléer à ce qui manque aux sangs quaternaires, et faire de l'état nervo-physique l'objet de votre culte particulier. »

— Dès que je serai libre, répondis-je, j'approfondirai cette question.

Peu de temps après, Aubis me dit :

« Le nuage bleu n'est plus visible. »

Sheth était parti ! Je répétai à Shoofoo tout ce que je venais d'entendre.

— « L'influence de l'Hostile, sur le degré nerveux, dit-il, et, au moyen de ce degré, sur le psychique ou le nervo-physique se comprend facilement car le degré nerveux se ramifiant à la surface de l'épiderme tout entier est continuellement impressionné ou endolori, de sorte que sa

surexcitation est chronique. C'est analogiquement l'état
fiévreux ou inflammatoire dans lequel se trouve parfois le
degré nervo-physique, état qui le rend morbidement sen-
sible aux influences ou aux impressions extérieures. C'est
de cet état morbide et anormal que les Hostiles profitent
pour influencer le degré nerveux et l'affaiblir. »

— Dès que nous serons libres et reposés, répondis-je,
sachant de Sheth où est le mal, nous chercherons un
remède. Il est évident que c'est là le sujet auquel doit se
consacrer particulièrement l'étudiant en biologie ; il doit
rechercher le moyen de donner provisoirement au corps
cette protection extérieure qui a été perdue. Jusqu'à ce que
cet abri soit reconstitué, le degré nerveux sera toujours
exposé aux accidents et aux influences antipathiques du
milieu ainsi qu'aux attaques des Hostiles.

— Puisque les sangs, dit Shoofoo, procurent la nourriture convenable aux quatre degrés de l'état physico-nerveux, et puisque l'observation nous démontre que ce qui
affecte certains nerfs affecte également la circulation des
sangs, en dilatant ou contractant anormalement les vaisseaux, il est évident que tout ce qui irrite le système nerveux peut-être nuisible et même fatal non-seulement à la
vie psychique, mais aussi à celle mentale.

— Figurez-vous pour un moment, répliquai-je, qu'aucun malaise, aucune souffrance, aucune faiblesse ne puisse
jamais affecter le corps terrestre, que ce corps jouisse à
perpétuité de la plénitude de la santé avec des capacités
illimitées de perfectionnement dans tous ses degrés, pourriez-vous avoir aucune crainte, aucune anxiété sur l'intégrité de votre être ?

—Comme la brume de la nuit disparaît devant le soleil
levant, répondit Shoofoo, ainsi s'évanouirait toute crainte
pour ne plus reparaître. »

II

Nous restâmes pensifs pendant quelque temps, la main
dans la main, en songeant à ce qu'avait été l'homme et à

ce qu'il pouvait être encore. Nous nous embrassâmes, puis Shoofoo passa dans la chambre attenante pour soigner un des veilleurs qui se trouvait fatigué. Je me penchai sur Aubis pour l'éveiller, mais en prenant la main de Nimred je constatai que la chaleur avait disparu et qu'Aubis était parti.

Cette même nuit, pendant que je me tenais debout devant la forme immobile de Nimred, je me sentis épuisé, envahi par la torpeur, et je dis à Shoofoo : « A minuit, douze lunes se seront levées et couchées dix fois depuis que nous avons permis à Chatter de prendre possession de deux degrés d'être de Nimred et nous ne savons pas quelle sera la fin ! »

A ce moment un des veilleurs entra. « Un messager du Principal Mage vous attend, dit-il, il est porteur d'une lettre cachetée qu'il ne veut remettre qu'à vous-même.

— Je pressens de bonnes nouvelles, me dit Shoofoo.

J'allai en hâte prendre la lettre puis je refermai la porte.

— Vous êtes pour moi comme un soleil, dis-je à Shoofoo ; si ce sont de bonnes nouvelles, nous les goûterons ensemble. » Je brisai le cachet et nous lûmes ensemble la missive.

De Menès à Kélaouchi.

« A vous la plénitude de la vie !

« Nous vous informons que lorsque Aubis voulut rentrer dans le corps qu'il avait quitté, il rencontra de l'opposition. Yakmana, le Voyant, vit deux êtres à la forme de Nimred et ces deux êtres, selon nous, sont de Chatter. Sur le désir d'Aubis, nous l'avons entouré de toute la puissance protectrice dont nous disposions ; il s'est mis en rapport avec Chatter et ils luttent l'un contre l'autre. Nous vous prévenons afin que vous vous teniez sur vos gardes. »

— « Ne serait-il pas prudent, me dit Shoofoo, que j'aille sur le théâtre de la lutte ! Je sais que pour rien au monde vous ne quitterez votre poste et que nous sommes en communauté de pensée. Si Aubis réussit à expulser Chatter, notre affinité mutuelle peut former un sauf-conduit entre vous et moi pour les degrés d'être que nous désirons restituer à Nimred. »

— « D'accord, répondis-je, je ne vois pas de meilleur moyen. »

Il partit, et Eskelpas le remplaça. Il se tint dans la chambre contigue, prêt à répondre à son appel.

Une demi-heure s'écoula. Je dis à Benederdin : « Regardez vers la demeure du principal mage où doit être arrivé Shoofoo et dites-moi ce que vous voyez. »

— « Je suis une route où vont et viennent des lignes pathétiques, spirituelles et mentales très matérielles ; elles sont formées par l'affinité qui existe entre vous et Shoofoo.

— « Bien ; surveillez le chemin, dis-je, et si vous voyez quelque chose le traverser, prévenez-moi. »

Mais le jour baissa, les ombres du soir envahirent la terre et nul être ne se montra ; aucun changement ne fut signalé. A l'approche de la nuit, les lampes furent allumées ; aucun changement encore ! — Alors un sentiment de lassitude et de découragement se manifesta en moi à ce point que j'appelai Eskelpas auquel je fis connaître mon état. Eskelpas joignait à sa connaissance une grande sagesse, mais il manquait de pathétisme ou plutôt il n'avait pas le pouvoir de le manifester, car il y a des individus qui, en possédant peu, manifestent tout ce qu'ils ont et paraissent ainsi en avoir beaucoup, tandis que d'autres qui en ont beaucoup n'en manifestent que très peu et paraissent ainsi assez mal doués sous ce rapport. Les uns ressemblent au torrent, les autres aux sources profondes.

Eskelpas me donna d'abord du vin dans lequel il versa quelques gouttes d'un liquide cramoisi dont il ne voulait révéler le secret à personne. Après avoir bu, je me sentis mieux. Il retira froidement sa main avec laquelle il semblait m'infuser de la vitalité et me dit : « Vous, enseignez aux autres le danger de céder à des influences extérieures malfaisantes et vous succombez vous-même ! Médecin, guéris toi toi-même. » Puis il s'étendit devant le feu qui brûlait dans l'âtre et ferma les yeux. Mais je savais qu'il né dormait que d'un œil et qu'au moindre signe de ma part, sa main puissante serrerait la mienne. Cette pensée me soulagea.

Vers minuit Benederdin me dit : « Le degré d'être psycho-nerveux de Nimred est rentré dans le degré nerveux et ils viennent dans notre direction. »

Mon cœur bondit de joie, car je savais que le degré psycho-nerveux enveloppait tous les états et degrés de Nimred et que celui-là étant revêtu du degré nerveux et rentrant ainsi dans le corps que j'avais si longtemps gardé, ce serait la restitution.

J'appris aussi qu'Aubis était victorieux et je partageai la joie de tous les mages. Instinctivement j'appelai Shoofoo mais je n'eus pas de réponse. Bannissant toute autre pensée je pris la main de Nimred dans la mienne et bientôt je sentis la chaleur naturelle revenir et le pouls battre nor-malement.

— « Les degrés d'être de notre Chef sont revenus, dit Benederdin ; il repose dans le sommeil de l'assimilation et de la réparation. » La chambre paraissait se soulever et se mouvoir comme un navire sur une mer houleuse. Je sentis que le bras vigoureux d'Eskelpas me soutenait ; puis je n'eus plus conscience de rien.

Récit de Menès, principal Mage de Nimred.

Vive à jamais Aubis, fils de Nimred !

« Au commencement du cinquième mois de son épreuve initiatique, à l'âge de quinze ans, il a lutté et prévalu contre Chatter, grande Emanation de Devo, qui posséda pendant dix années les états nerveux et nervo-psychiques de Nimred le puissant guerrier. Aubis a lutté depuis le troisième jour de la douzième lune à minuit jusqu'au quatrième jour à minuit ; à minuit, fin du quatrième jour, il a vaincu.

« Terrible fut cette lutte, si terrible que, lorsqu'elle prit fin, Aubis resta étendu comme un mort, que nous ne savions pas s'il se réveillerait à la conscience des choses de la terre. Ni pendant tout le temps du combat, ni avant, ni après, il ne fit entendre aucune plainte, aucun gémissement; jamais il ne perdit son sang-froid.

« Lorsqu'il eut chassé Chatter, cette grande victoire ne lui suffit pas. Dès qu'il eut repris conscience il s'extériorisa de nouveau, poursuivit Chatter jusque dans l'état nerveux qui est la forteresse de Devo et lui imprima sur le front un signe qui pût le faire reconnaître de tous. Puis il reposa quelque temps avec Kahi et Kahie et, rentrant dans son corps, il se leva parmi nous. Il était entouré d'une telle splendeur que nous l'enveloppâmes d'un voile. Ensuite il est entré dans la tour bâtie par Nimred et est parvenu à son sommet; il a pénétré dans le Sanctuaire que surplombe le dôme à base carrée dont le sommet s'élance vers le ciel et il s'y est reposé de ses longs travaux. »

Dans son repos une lumière carminée a remplacé la splendeur de son aura; lorsque le voile fut enlevé elle se répandit sur le fleuve et dans la vallée comme le soleil couchant. Tous ceux de bonne volonté, qui avaient de l'affinité avec elle se sont baignés dans cette lumière et ont acquis des forces dans leurs quatre degrés d'être nervophysique. Quant à ceux de volonté perverse qui ont essayé d'y pénétrer, ils sont tombés comme des insectes qui s'approchent trop près d'une lampe; de sorte que l'Empire de Nimred fut purifié dans une large mesure.

Après sept mois et sept jours de repos, Aubis se dépouilla de sa gloire et revint chez Nimred et Nechohaba qu'il trouva réunis comme autrefois. La joie de Nimred fut vive quand il embrassa l'être de son être qu'il avait vu tout enfant et qui maintenant était un jeune géant, plein de vie et de force, d'une beauté mâle. Nechohaba, sa mère, était sans voix.

Il se dégagea doucement, ses yeux rencontrèrent ceux de sa mère et il vit de la tristesse dans son regard. Comprenant qu'il voulait s'entretenir avec elle, je me rappro-

chai de Nimred que je saluai affectueusement et avec respect. Il me donna l'accolade et me dit :

« Je me réjouis d'être encore une fois parmi vous ; mais
ma joie est d'autant plus grande que notre fils Aubis a dépassé mes espérances ; ce n'est pas seulement à cause de
mon amour pour lui, mais... »

Il hésita et je vis son trouble :

«... Mais, continua-t-il, quoique je sois rétabli, je sais
que mes états d'être nerveux et psycho-nerveux, possédés
si longtemps par l'Emanation de Devo, sont affaiblis et
peut-être endommagés ; est-ce temporairement ou non,
c'est ce que je ne peux dire encore, en tous cas, je ne
suis plus le Nimred d'autrefois à la volonté ardente et au
corps de fer. Parfois les impulsions et les sensations do-
minent presque ma raison et c'est à force de vigilance et
de réflexion que je parviens à me maîtriser.

« Aubis sera donc un autre moi-même parmi notre peuple
jusqu'à l'époque où je pourrai me ressaisir. Je suis heureux pourtant à cause de lui ; il est devenu un homme
sage et puissant grâce aux soins des mages et à ceux de la
reine, sa mère. »

Je compris alors la tristesse de Nechohaba.

Un mois après Nimred me fit appeler ainsi que le Chef
des Chefs et me dit :

« Nechohaba désire vivement que nous visitions l'Empire d'Aoual, car je sens de plus en plus que Chatter
m'influence encore de temps en temps d'une façon
mystérieuse ; ma compagne dit qu'Aoual pourra nous
aider. »

— Ne vaudrait-il pas mieux, répondis-je, faire appel à
Chi, d'abord ; il est le représentant de Kahi sur la terre et
ainsi le premier en puissance parmi les fils des hommes.
De plus, son Empire est plus proche que celui d'Aoual.

— Il est vrai, dit Nimred ; mais ce que je veux demander n'est pas facile à donner. Imposerai-je encore une
lourde tâche à Chi ; n'a-t-il pas assez à faire de s'occuper

de la collectivité ? D'ailleurs Aoual est dans une passivité relative tandis que Chi est en continuelle activité.

Il fit part de son intention au Chef des Chefs et lui dit : « Considérez Aubis comme moi-même. »

Aubis occupa le trône de son père et Nimred partit avec Nechohaba pour l'Empire éloigné d'Aoual.

FIN DU PREMIER VOLUME

GLOSSAIRE

Attribut. — L'Attribut est une qualité particulière de l'être manifestée en forme définie mais impersonnelle : Ainsi, la *Cause Cosmique* des Matérialismes a sept attributs dont le septième est l'Attribut de Justice (voir pages 6 et 7).

Aura. — L'Aura est un environnement procédant de la personne qu'elle enveloppe. Elle est une trace du corps glorieux dont Kahi fut dépouillé par Devo.

Arcana (voir Sommeils).

Centraliser. — Expression qui signifie se diriger vers les états ou degrés de matière de plus grande raréfaction.

Ce mot est l'opposé du terme *Extérioriser*.

Degré. — Les degrés de matière sont les subdivisions des *États* de matière ou des *États d'être* (voir ces mots).

Normalement, chaque état a quatre degrés : le *physique*, le *nerveux*, le *psychique* et le *mental*.

Un sensitif doit évoluer et individualiser ces quatre degrés pour pouvoir être de quelque utilité dans chaque état.

Emanation. — Une Emanation est une conception intellectuelle de l'Emanateur revêtue de densités matérielles soit par l'Emanateur soit par elle-même.

Une Emanation peut être indépendante de son émanateur.

Etats de matière (ou de matérialité intégrale). — Dans la matière intégrale il y a quatre classes principales énumérées à la page 3. Chacune de ces classes est subdivisée en parties ; ce sont ces parties que l'on nomme des *États de matière* ou Etats *de matérialité*.

On trouvera les sept Etats des Ethérismes à la page 5 et les sept états des Matérialismes à la page 106 du présent volume.

Ces derniers états sont ceux qui ont été influencés par Aoual

et formés par Elohim (voir chapitres III à IX). On les
nomme aussi les sept *Cieux*, ou simplement les *Cieux*, ou
encore les *Terres*.

Chaque Etat a une couleur spéciale et caractéristique.

Chacun d'eux est subdivisé en quatre degrés (voir ce mot).

ETATS D'ÊTRE. — Sont des états de matière qui font partie
constituante d'un être individuel. Ainsi est notre état physique, qui consiste en degrés mental, psychique, nerveux
et physique.

EXTÉRIORISER. — Expression qui signifie se diriger vers les
états ou degrés de matière, de moindre raréfaction :

Ce mot est l'opposé du terme : *Centraliser*.

S'EXTÉRIORISER. — Terme qui signifie sortir de son état d'être
(voir ce mot) le plus extérieur, pour ne conserver que les
états qu'il enveloppait. Par exemple, un être terrestre ne
peut généralement pénétrer dans l'état nerveux qu'en s'*extériorisant* de son corps physique ; il ne passe de l'état
nerveux à l'état psychique qu'en s'*extériorisant* de son
corps nerveux, et ainsi de suite.

FORMATION. — Une formation est un être qui est produit par
une *Emanation* (voir ce mot), au moyen de la matérialité
qu'elle trouve à sa disposition.

Elle peut être ou ne pas être selon la Conception du Formateur. Il peut arriver qu'un Formateur utilise de son
mieux la matière pour la soustraire à l'hostile, sans réussir
à la parfaire : la Tradition en offre plusieurs exemples
(voir notamment les chapitres III à IX).

La *Formation* est un être individuel indépendant de son
Formateur.

FORCE. — Toute Force efficace est duelle :

1° La Force de pénétration.

2° La Force responsive et réceptive, qui est pénétrée par le
degré le plus raréfié.

PATHÉTISEUR. — Un pathétiseur est celui qui peut émettre
ses forces et en pénétrer un récepteur, ou *pathétisé* (voir
ce mot).

PATHÉTISÉ. — Un pathétisé est un récepteur des forces d'un
pathétiseur (voir ce mot).

PRÉDILECTION. — La Prédilection est le onzième sens par
lequel l'homme évolué peut refuser le mal et choisir le
bien. Ce sens résulte de l'évolution du sens de *prévoyance*.

PRÉDILICTION. — C'est le douzième sens, qui permet d'éviter
toute chose antipathique et de rencontrer toute chose sympathique. Ce sens résulte de l'évolution de l'Intuition.

RESPONSIVITÉ. — Faculté de répondre à une force.

LES SOMMEILS. — On trouve dans la Tradition l'indication de
diverses sortes de sommeils : Le sommeil *éveillé*, le sommeil
sans rêve, le sommeil de *l'assimilation*, le sommeil de
l'*Alifa*, le sommeil de l'*Avasha*, le repos de l'*Arquana*,
etc... Tous ces termes désignent des états qui ne peuvent
être compris que par les initiés, parce qu'ils correspondent
précisément à autant de degrés d'initiation que l'on ne
peut divulguer.

LES VOILES. — Entre les quatre classes de la matière intégrale se trouvent le Nucleolus, le Nucleus et la région
attributale ; ce sont eux qu'on nomment les *Voiles*.

Quelquefois les Etats dont ces quatre classifications sont
constituées sont appelées les *Voiles*.

ERRATA

Pages	Lignes	*Lisez*	*Au lieu de :*
16	18	Aurorise	Autorise.
28	26	Peut	Peu
39	30	Sans laquelle	Dans laquelle
50	29	Tout étant dans tout	Tout en étant dans tout
50	31	Assumer	Assurer
84	23	Pourrais le faire	Pourrais faire
172	18	S'approchèrent	S'approcha
216	28	Tzère	Izère
256	4	Devo	Deva
260	23	Matérialités	Matérialistes
263	12	Nefa	Nadell
283	17	id.	id.
270	34	Devint	Devient
301	12	Brah	Bra
340	14	Barashino	Baraskino
271	27	*Supprimer le mot* Matériel	

TABLE DES MATIÈRES

Imprimerie BUSSIÈRE. — Saint Amand (Cher).